Kohlhammer

Veranstaltungen und Events

Sicher und rechtskonform – planen – organisieren – leiten

Holger Gerdes
Dipl. Verwaltungswirt, Fachplaner für Besuchersicherheit (TH Köln), ehemaliger Verwaltungsleiter der Fortbildungsakademie Innenministerium NRW

Olaf Jastrob
Technischer Unternehmensberater, Sachverständiger für Veranstaltungs- und Besuchersicherheit

Verlag W. Kohlhammer

1. Auflage 2024

Alle Rechte vorbehalten
© W. Kohlhammer GmbH, Stuttgart
Gesamtherstellung: W. Kohlhammer GmbH, Stuttgart

Print:
ISBN 978-3-17-038045-5

E-Book-Formate:
pdf: ISBN 978-3-17-038046-2
epub: ISBN 978-3-17-038047-9

Dieses Werk einschließlich aller seiner Teile ist urheberrechtlich geschützt. Jede Verwendung außerhalb der engen Grenzen des Urheberrechts ist ohne Zustimmung des Verlags unzulässig und strafbar. Das gilt insbesondere für Vervielfältigungen, Übersetzungen, Mikroverfilmungen und für die Einspeicherung und Verarbeitung in elektronischen Systemen.
Für den Inhalt abgedruckter oder verlinkter Websites ist ausschließlich der jeweilige Betreiber verantwortlich. Die W. Kohlhammer GmbH hat keinen Einfluss auf die verknüpften Seiten und übernimmt hierfür keinerlei Haftung.

Die Autoren

Beide Autoren kommen aus unterschiedlichen Branchen. Sie vereint, dass sie auf viele Jahrzehnte Berufserfahrung zurückblicken können. In diesem Zeitraum haben sie sich in verschiedenen Bereichen zu Spezialisten mit Fachwissen aus unterschiedlichen Themengebieten entwickelt. Die unterschiedlichen Expertisen, Erfahrungen und Sichtweisen spiegeln sich in diesem Buch wider. Wissen um die Organisation aller Arten von Veranstaltungen, vom Staatsempfang bis zum Open-Air-Konzert, Tag der deutschen Einheit, oder auch einer Theateraufführung im Bürgerzentrum, einer Produktpräsentation bzw. eine Schul- oder Sportveranstaltung sind hier gebündelt und bieten einen umfassenden Überblick über das Themenfeld „Veranstaltungsleitung und Veranstaltungssicherheit".

Holger Gerdes ist ein typischer Quereinsteiger. Der Zufall hat ihn in den Veranstaltungsbereich gespült. Dort ins kalte Wasser geworfen, hatte der Diplom-Verwaltungswirt schon früh den Eindruck, dass mit Fragen der Veranstaltungs- und Besuchersicherheit – gerade auch von der öffentlichen Hand – oft nachlässig umgegangen wird. Selbststudium, zahlreiche Seminare und eine wissenschaftliche Ausbildung zum Fachplaner für Besuchersicherheit an der TH Köln machten ihn zu einem Veranstaltungsplaner, auf dessen Expertise und Hilfe sowohl bei streng protokollarischen Staatsakten, Empfängen, Kongressen, Konzerten aber auch Großveranstaltungen zurückgegriffen wird. Zuletzt arbeitet er bis zu seiner Pensionierung als Fachbereichsleiter an der Fortbildungsakademie des Ministeriums des Innern des Landes Nordrhein-Westfalen und leitet auch hier Seminare zum Thema Veranstaltungssicherheit. Zusätzlich gibt er sein Wissen auch als freiberuflicher Dozent und Unternehmensberater weiter.

Olaf Jastrob ist Geschäftsführer der Technischen Unternehmensberatung Jastrob GmbH & Co. KG. Er ist leitender Dozent für Veranstaltungssicherheit und Besuchersicherheit der TÜV Nord Akademie GmbH & Co. KG und der AVB Akademie GmbH. & Co. KG. Das Eventgeschäft hat er „von der Pike auf" gelernt und dabei zahlreiche Aus- und Fortbildungen abgeschlossen: Betriebswirt (IHK), Fachkaufmann für Marketing (IHK), Groß- und Außenhandelskaufmann (IHK), Konflikt-Moderator (VBG), Fachplaner und Leiter Besuchersicherheit (TH Köln), Fachkraft für Arbeitssicher-

Die Autoren

heit, Notfall- und Krisenmanager (Institut Firmitas), Risikomanager (TÜV), SiGeKo Sicherheits- und Gesundheitskoordinator (VBG), Richtmeister/ Aufsichtsperson im Zeltbau (BGN), etc.

Vorwort

Veranstaltungen zu konzipieren, sicher und reibungslos durchzuführen ist eine Aufgabe, die häufig unterschätzt wird. Oft hört man „das kann doch jeder" oder „da muss man doch nur ein bisschen Organisationsgeschick mitbringen". Häufig sind verbindliche Schutzvorschriften nicht bekannt. Manchmal werden sie aber auch unterlaufen, weil sie als zu bürokratisch oder zu aufwendig und zu teuer angesehen werden. Manchmal wird auch die Sinnhaftigkeit nicht erkannt.

Erschwerend kommt hinzu, dass es keine überschaubare und einheitliche Rechtslage gibt. Zusätzlich sind viele Pflichten, Begriffe, Vorgehensweisen und Qualifikationen nach wie vor nicht verbindlich definiert oder geregelt. Das schafft Raum auch für weniger qualifizierte Personen in verantwortlichen Positionen und erschwert die Situation für seriöse Veranstaltungsorganisatoren und die beteiligten öffentlichen Stellen.

Kommunikationsabteilungen, die Öffentlichkeitsarbeit oder der Innere Dienst eines Betriebes oder einer Behörde haben nicht per se das notwendige Know-how zur Durchführung von rechtskonformen Veranstaltungen. Aus deren originärer Zuständigkeit lässt sich das meistens nicht ableiten.

Aber genau hier wird das Betriebsfest in der Lagerhalle oder der Tag der offenen Tür häufig organisiert. Und so sieht sich plötzlich auch der Hausmeister in einer Aufsichtspflicht, auf die er überhaupt nicht vorbereitet ist. Das geht dann so lange gut, bis …

Dem Autorenteam sind solche Situationen oder Einschätzungen mehr als einmal begegnet. Das „bis …" aber nicht mehr dem Zufall zu überlassen, haben sich die beiden Autoren deshalb zum Ziel gesetzt.

Viele Verantwortliche in Planung und Durchführung einer Veranstaltung sehen sich einem Sammelsurium vieler offener Fragen gegenüber. Hier wollen die Autoren für mehr Klarheit und Handlungssicherheit sorgen. Sie erheben aber nicht den Anspruch, die einzige Wahrheit zu kennen oder alles vollständig und zu 100 Prozent zu berücksichtigen. Gerade das Thema „Veranstaltungsleitung" ist dabei besonders wichtig und hat in diesem

Vorwort

Buch die höchste Priorität. Beim Veranstaltungsleiter handelt es sich um eine der wichtigen Personen bei der Gewährleistung von Rechtskonformität und Sicherheit. Das gilt bei großen und kleinen Veranstaltungen aller Art.

Das Buch verwendet aus Gründen der besseren Lesbarkeit nur die männliche Form eines Begriffs. Gleichwohl bezieht sich jeder verwendete Begriff selbstverständlich sowohl auf die weibliche als auch männliche Variante.

Inhaltsverzeichnis

Die Autoren V
Vorwort VII

- **A.** Einleitung: Blick zurück..................... 1
- **B.** Sicherheit, Gefahr, Gefährdung – Versuch einer Definition . 9
- **C.** Veranstaltungsplanung und Genehmigung............. 13
  - I. Konzeption 13
  - II. Planungsphasen 15
  - III. Wichtige Planungsschritte................... 17
    1. Idee 17
    2. Akquise der notwendigen Finanzmittel...... 17
    3. Auswahl einer geeigneten Veranstaltungsstätte. 17
    4. Genehmigungen............................ 17
    5. Vorbesichtigung 17
    6. Abläufe Aufbau und Abbau inklusive Koordinierung 18
    7. Bau und Flächenplanerstellung 18
    8. Gesamtdisposition und Programmablauf (Regieplan). 18
    9. Gefährdungsbeurteilung 19
    10. Personalplanung 19
  - IV. Genehmigende Behörde 20
  - V. Genehmigungsgrundlage 22
- **D.** Die wichtigsten Beteiligten an einer Veranstaltung........ 25
  - I. Betreiber 26
  - II. Veranstalter 27
  - III. Veranstaltungsleiter 29
  - IV. Der Verantwortliche für Veranstaltungstechnik........... 31
  - V. Die Beauftragung der Veranstaltungsleitung und des Verantwortlichen für Veranstaltungstechnik............ 32
- **E.** Die wichtigsten gesetzlichen Vorschriften............. 34
  - I. Rechtssystematik 34
  - II. Die Verkehrssicherungspflicht............... 36

Inhaltsverzeichnis

III. Die Musterversammlungsstättenverordnung (MVStättVO)..... 38
  1. § 1 MVStättVO Anwendungsbereich................. 41
  2. § 1 Abs. 1 Nr. 1 Veranstaltungen in Gebäuden.......... 42
  3. § 1 Abs. 1 Nr. 2 Veranstaltungen im Freien............ 47
  4. § 1 Abs. 2 MVStättVO (u. a. Schleswig-Holstein, Bayern) .. 51
  5. § 1 Abs. 2 SBauVO (NRW)....................... 51
  6. § 1 Abs. 2 MVStättVO alte Fassung (Hamburg, Niedersachsen, Bayern und Hessen)......................... 51
  7. § 1 Ausnahmen................................ 55
  8. § 2 Begriffsdefinitionen.......................... 58
      a) Abs. 1 Versammlungsstätten.................... 59
      b) Abs. 2 Erdgeschossige Versammlungsstätten........ 59
      c) Abs. 3 Versammlungsräume 59
      d) Abs. 4 Szenenflächen........................ 59
      e) Abs. 5 Bühnenhaus.......................... 60
      f) Abs. 5 Nr. 1 Zuschauerhaus 60
      g) Abs. 5 Nr. 2 Bühnenhaus 60
      h) Abs. 5 Nr. 3 Bühnenöffnung................... 60
      i) Abs. 5 Nr. 4 Bühne.......................... 60
      j) Abs. 5 Nr. 5 Großbühne...................... 60
      k) Abs. 5 Nr. 6 Unterbühne...................... 61
      l) Abs. 5 Nr. 7 Oberbühne...................... 62
      m) Abs. 6 Mehrzweckhallen...................... 62
      n) Abs. 7 Studios 63
      o) Abs. 8 Foyers.............................. 63
      p) Abs. 9 Ausstattungen 63
      q) Abs. 10 Requisiten.......................... 63
      r) Abs. 11 Ausschmückungen.................... 64
      s) Abs. 12 Sportstadien......................... 64
      t) Abs. 13 Tribünen 65
      u) Abs. 14 Innenbereich 65
      v) Freisportanlagen............................ 65
  9. §§ 6, 7 Rettungswege........................... 66
      a) Grundsätzliches zu Rettungswegen 67
      b) Anzahl, Führung und Kennzeichnung der Rettungswege.. 69
      c) Breite der Rettungswege und Fluchttüren 70
      d) Länge der Rettungswege...................... 72
      e) Exkurs: Notwendiger Flur/Notwendiger Treppenraum 73
  10. § 8 Treppen................................... 74
  11. § 9 Fluchttüren und Fluchttore 75

Inhaltsverzeichnis

12. Exkurs: Barrierefreie Rettungswege................. 76
13. § 10 Bestuhlung, Gänge und Stufengänge............ 78
    a) Stühle:................................... 78
    b) Tische:................................... 79
14. § 11 Abschrankungen und Schutzvorrichtungen........ 79
15. § 12 Toilettenräume........................... 81
16. § 13 Barrierefreie Stellplätze..................... 81
17. §§ 14, 15 Sicherheitsstromversorgungsanlagen, elektrische Anlagen und Blitzschutzanlagen sowie Sicherheitsbeleuchtung.. 86
18. § 16 Rauchableitungen......................... 90
19. § 17 Heizungsanlagen und Lüftungsanlagen........... 92
20. § 18 Stände und Arbeitsgalerien für Licht-, Ton-, Bild- und Regieanlagen................................ 94
21. § 19 Feuerlöscheinrichtungen und -anlagen........... 95
22. § 20 Brandmelde- und Alarmierungsanlagen, Brandmelder- und Alarmzentrale, Brandfallsteuerung der Aufzüge.. 98
23. § 21 Werkstätten, Magazine und Lagerräume.......... 101
24. § 23 Großbühnen............................. 102
25. § 24 Feuerlösch- und Brandmeldeanlagen............ 104
26. § 25 Platz für die Brandsicherheitswache............ 105
27. §§ 26 – 27 Versammlungsstätten mit mehr als 5.000 Besucherplätzen und größere Sportstadien................ 105
28. §§ 28 – 29 Wellenbrecher, Abschrankung von Stehplätzen vor Szenenflächen............................. 107
29. § 30 Einfriedungen und Eingänge................. 110
30. § 31 Rettungswege und Besucherplätze.............. 111
31. § 32 Besucherplätze nach dem Bestuhlungs- und Rettungswegeplan................................... 113
32. § 33 Vorhänge, Sitze, Ausstattungen, Requisiten und Ausschmückungen................................ 114
33. § 34 Aufbewahrung von Ausstattungen, Requisiten, Ausschmückungen und brennbarem Material............ 115
34. § 35 Rauchen, Verwendung von offenem Feuer und pyrotechnischen Gegenständen....................... 116
35. § 36 Bedienung und Wartung der technischen Einrichtungen.. 118
36. § 37 Laseranlagen............................. 119
37. § 38 Pflichten der Betreiber, Veranstalter und Beauftragten 121
38. § 38 Der Veranstaltungsleiter..................... 122
39. §§ 39 und 40 Verantwortliche für Veranstaltungstechnik und deren Aufgaben und Pflichten................. 127

Inhaltsverzeichnis

	40.	§ 41 Brandsicherheitswache, Sanitäts- und Rettungsdienst	132
		a) Brandsicherheitswache	132
		b) Sanitäts- und Rettungsdienst	134
	41.	§ 42 Brandschutzordnung, Räumungskonzept, Feuerwehrpläne	138
		a) Brandschutzordnung	138
		b) Räumungskonzept	143
		c) Räumungshelfer	147
		d) Feuerwehrpläne	150
	42.	§ 43 Sicherheitskonzept, Ordnungsdienst	151
	43.	§ 44 Zusätzliche Bauvorlagen, Bestuhlungs- und Rettungswegeplan	154
	44.	§ 45 Gastspielprüfbuch	157
	45.	§ 46 Anwendung der Vorschriften auf bestehende Versammlungsstätten	158
	46.	§ 47 Ordnungswidrigkeiten	159
IV.		Arbeitsschutzvorschriften	161
	1.	Arbeitsschutzgesetz	162
	2.	Vorschriften der Gesetzlichen Unfallversicherungen (DGUV)	164
	3.	Forderungen aus Arbeitsschutz und Unfallverhütungsvorschriften	166
		a) Organisationspflicht (§ 3 Abs. 2 ArbSchG/§ 2 Abs. 3 DGUV-V 1)	169
		b) Unterweisung (§ 12 ArbSchG/§ 7 DGUV-V 1)	169
		c) Befähigung (§ 7 ArbSchG/§ 7 DGUV-V 1)	169
		d) Zusammenarbeit mehrerer Arbeitgeber (§ 8 ArbSchG/§ 8 DGUV-V 1)	169
		e) Besondere Gefahren/Betretungsverbote (§ 9 Abs. 1 ArbSchG/§§ 9 und 18 DGUV-V 1)	170
		f) Erste Hilfe, Brandschutz, Evakuierung (§ 10 ArbSchG/§§ 22 u. 24 DGUV-V 1)	170
		g) Arbeitsanweisungen (§§ 2 Abs. 4 u. 15 Abs. 1 DGUV-V 1)	170
		h) Handlungspflicht (§ 11 DGUV-V 1)	171
	4.	DGUV Vorschrift 17 Besondere Unfallverhütungsvorschrift für Veranstaltungs- und Produktionsstätten für szenische Darstellung	171
		a) Technische Vorgaben	171
		b) Betriebsvorschriften	171
		c) Regeln für technische Prüfungen	172

Inhaltsverzeichnis

V.	Instrumente für eine sichere Veranstaltung.		172
	1. Sicherheitskonzept		172
		a) Anforderungen an die Veranstaltungsleitung	182
		b) Übersicht BOS (nicht abschließend)	185
		aa) Polizei	185
		bb) Verfassungsschutz	185
		cc) Zoll	185
		c) Nicht-polizeiliche Gefahrenabwehr	185
		d) Prüfung des Sicherheitskonzepts durch die Genehmigungsbehörde	186
	2. Gefährdungsbeurteilung/Risikoanalyse		188
		a) Schritt 1: Gefährdungen werden systematisch ermittelt	192
		b) Schritt 2: Die Eintrittswahrscheinlichkeit wird bewertet.	192
		c) Schritt 3: Das mögliche Schadensausmaß wird bewertet.	194
		d) Schritt 4: Risikobewertung/Schadenserwartungswert.	194
	3. Crowd Management		197
	4. Szenarien		200
	5. Der Ordnungsdienst		205
	6. Hygienekonzepte.		208
		a) Infektionsschutz am Arbeitsplatz.	209
		b) Infektionsschutz für Besucher einer Veranstaltung	210
		c) Vorgaben zu Hygienekonzepten und Form	211
		d) Ziel eines Hygienekonzepts	211
	7. Protokolle und Dokumentationen		212
F.	**Vorbereitung auf den Notfall**		214
I.	Gefahren bei Veranstaltungen		216
II.	Besondere Gefahren durch Brandereignisse		217
	1. Lärm		221
	2. Unsicherheitsfaktor Besucher		223
	3. Panikreaktion		228
G.	**Zusammenfassung**		232
Stichwortverzeichnis			235

A. Einleitung: Blick zurück

Um die in Deutschland bestehenden Regeln einer gesetzeskonformen Veranstaltung besser zu verstehen, lohnt sich ein Blick in die Vergangenheit. Dabei wird schnell ersichtlich, dass sich die Gefahren für Veranstaltungen nicht grundlegend geändert haben. Die Anzahl der Katastrophen bei Veranstaltungen hat durch den technischen Fortschritt abgenommen. Aber wenn es doch zur Katastrophe gekommen ist, unterscheiden sich die Ursachen gegenüber früher kaum.

1

Bereits in der Antike waren Schauspiel und Gesangsdarbietungen vor großem Publikum etabliert und für große Teile der Bevölkerung zugänglich. Das Theater als Bauform entwickelte sich zuerst in Griechenland und Rom. Von dort aus verbreitete sich diese Architektur in Europa und dem Orient. Es entstanden große Arenen wie das Kolosseum in Rom oder die Arena von Verona. Schon damals hatten diese Veranstaltungsstätten Kapazitäten von bis zu 50.000 Besucher und eine ausgeklügelte Veranstaltungstechnik. Viele Arenen ließen sich sogar mit Wasser fluten, um Seeschlachten nachstellen zu können.

2

Zu dieser Zeit lassen sich auch die ersten baulichen und organisatorischen Maßnahmen zurückdatieren, die der Besuchersicherheit dienten. Die Arenen hatten oftmals ein ausgeklügeltes großzügiges Eingangssystem mit strategisch angelegten Treppen und umlaufenden Korridoren. Diese Systeme sind bis heute bei modernen Stadionbauten zu finden. Eintrittskarten, fest zugewiesene Plätze und eine intelligente Wegeführung ermöglichten eine zügige und störungsfreie Befüllung und eine schnelle Räumung. Das Kolosseum in Rom ließ sich in nur 15 Minuten mit Zuschauern füllen und in gleicher Zeit auch wieder räumen. Schon das antike Rom kannte eine Berufsfeuerwehr, der nicht nur die Brandbekämpfung oblag. Auch der vorbeugende Brandschutz mit regelmäßigen Brandbegehungen und Begutachtungen gehörte zu den Aufgaben.

3

Im Mittelalter erlebte die Ingenieurkunst der Antike, wie viele andere Wissenschaften auch, einen großen Rückschritt. Das Wissen über Bautechniken, Prävention und Brandschutz verschwand, der Eimer, Besen und Äxte wurden wieder die bevorzugten Mittel der Brandbekämpfung. Religiöse

4

Fanatiker erklärten im frühen Mittelalter Brände zur gerechten Strafe Gottes und ächteten die Brandbekämpfung als Gotteslästerung[1]. Theater- und Gesangsvorführungen für die breite Bevölkerung fanden überwiegend im Freien auf Marktplätzen statt. Der Adelsstand traf sich in kleinen geschlossenen Gesellschaften an Königs- und Fürstenhäusern.

5 Erst Ende des 16. Jahrhunderts wurden mit Schwerpunkten in England, Frankreich und Italien wieder Theater im heutigen Sinne gebaut. London entwickelte sich rasch zur Theatermetropole Europas.

Zunächst in Innenhöfen von Pubs und Schänken mit Holztribünen, später in festen Gebäuden, schlossen sich die fahrenden Gaukler und Musiker zu „Kompanien" zusammen. Schnell entstand eine Vielzahl kommerzieller Theater.

Die Bauweise der Theater entsprach dem damaligen Stand der Technik. Sicherheitsaspekte spielten allenfalls eine untergeordnete Rolle. Auch Feuerwehren existierten noch nicht[2], der vorbeugende Brandschutz als Aufgabe der kommunalen Verwaltung steckte noch in den Kinderschuhen.

Quelle: Wikipedia „The Globe Theatre, Panorama Innenraum, London", unbekannter Fotograf.

Abbildung 1: Innenraum des nachgebauten Globe-Theaters in London

6 Die meisten Theater Londons waren Rundbauten mit einer Fachwerkkonstruktion aus Holz mit ausgemauerten Zwischenräumen und einem Dach, das entweder mit Stroh oder hölzernen Schindeln gedeckt war. Im offenen Innenhof befand sich das Bühnenhaus mit Lagerräumen bzw. Umkleiden und davor unüberdachte Stehplätze. Die umlaufenden Galerien boten überdachte Zuschauerplätze für das zahlungskräftigere Publikum auf bis zu drei Stockwerken. Die Kapazität dieser Häuser lag regelmäßig zwischen 2.000 und 3.000 Besuchern.

---

1 Rainer Jaspers, Die Geschichte großer Brandkatastrophen und des Brandschutzes, Script, GRIN.de
2 1686 gilt als das Gründungsjahr der ersten Berufsfeuerwehr (Wien)

A. Einleitung: Blick zurück

Publikum und Akteure gingen zu dieser Zeit ziemlich sorglos mit offenem Feuer um. Rauchen in Gesellschaft und in geschlossenen Räumen war in allen sozialen Schichten anerkannt und üblich[3]. Beleuchtung mit Kerzen und Öllampen auf der Bühne und den Publikumsrängen entsprach den Möglichkeiten der Zeit. Und selbst Pyrotechnik war als besonderes Stilmittel der szenischen Darstellung schon üblich. So verwundert es heute nicht, dass die meisten Gebäude wie das Londoner Globe Theatre oder das Fortune Theatre innerhalb vergleichbar kurzer Zeitspannen abbrannten. Viele Theater wurden aber auch nach wenigen Jahren wieder abgerissen, weil sie nicht mehr dem Zeitgeist entsprachen oder fielen dem großen Stadtbrand von London 1666 zum Opfer. Deshalb ist zu diesen Theatern auch nur wenig überliefert. Einige große Theaterbrände sind in den Chroniken vermerkt, über die Auswirkungen ist aber kaum etwas bekannt.

Einer der wenigen im Detail bekannten Theaterbrände dieser Zeit ist das Feuer im Theater Amalienborg Kopenhagen im Jahr 1689[4]. Gleich zu Beginn der Vorstellung wurde mit pyrotechnischen Effekten ein Gewitter simuliert. Die Pyrotechnik setzte die Bühnenkulissen aus Papier und Wacholdersträuchern in Brand. Die Schauspieler entkamen durch den separaten Bühnenausgang, das Publikum staute sich vor der einzigen Ausgangstür. Das Theater brannte völlig nieder, 230 Menschen starben (einzelne zeitgenössische Quellen sprechen auch von 500 Menschen) und auch der in unmittelbarer Nähe befindliche Königspalast wurde zerstört.

Mit dem Aufkommen des Barocks entstanden dann Theater in der Form, wie wir sie auch heute noch kennen. Das Teatro Olimpico in Italien oder das Ottoneum in Kassel waren massiv aus Stein gebaute geschlossene Baukörper. Das Theater breitete sich in dieser Zeit in allen Ländern Europas aus. Das Bürgertum entdeckte das Theater für sich. Die Zuschauerzahlen stiegen rapide an und neue Volks- und Nationaltheater entstanden[5]. Kulturveranstaltungen gewannen an politischer und gesellschaftlicher Bedeutung.

Aber auch jetzt spielte der Schutz der Besucher eine eher untergeordnete Rolle. Wirtschaftlichkeit und hohe Auslastung der Theater und Opernhäuser standen im Fokus der Theatergesellschaften. Einhergehend mit technischen Entwicklungen wuchs gleichzeitig das Gefahrenpotential von Veranstaltungen. Die Erfindung des Gaslichts eröffnete neue Möglichkeiten und brachte viele Vorteile in der Bedienung. Die „Nebenwirkungen" der neuen

---

3 Magnus Ljunge: Die Dannike-Frau Eine Pfeifenraucherin des späten 17. Jahrhunderts. In: Knasterkopf – Fachzeitschrift für Tonpfeifen und historischen Tabakgenuss. Nr. 19, 2007, S. 48–49,
4 Daniel Ernst Wagner, Allgemeine Weltgeschichte 66. Band, von 1788, Bayerische Staatsbibliothek
5 Eckhard Müller, Entwicklung des baulichen Brandschutzes bei Versammlungsstätten, SchadenPrisma, Zeitschrift für Schadensverhütung und Schadensforschung der öffentlich-rechtlichen Versicherer, Nov. 1977

Beleuchtungstechnik, die starke Hitzeentwicklung, traf auf Dekorationen aus Papier und Seide. Das eröffnete neue Gefahrenquellen. Zusätzlich galt offenes Feuer auf der Bühne und Pyrotechnik auch damals schon als wichtiges dramaturgisches Element und wurde deshalb häufiger als heute eingesetzt.

Das 19. Jahrhundert stand dann fatal und folgerichtig im Zeichen großer Theaterbrände. Allein in Deutschland ereigneten sich zwanzig große Theaterbrände, das verheerendste am 28. Februar 1847 in Karlsruhe.

11 Das 1810 erbaute Hoftheater wurde zu dieser Zeit umgebaut. Bemalte Leinwände und Seidenstoffe kaschierten die Baubereiche. Zwei der vier Fluchtwege aus der dritten bzw. obersten Galerie waren hierdurch verdeckt. Ein weiterer Notausgang war verschlossen, um Personal einzusparen.

Eine zu dicht an einer Gaslampe angebrachte Ausschmückung entzündet sich durch die Hitze. Ein Page, der den Brand frühzeitig bemerkte, lief davon, um Meldung zu erstatten, anstatt den Entstehungsbrand zu bekämpfen. Das Feuer breitet sich rasch aus, die Besucher im Parkett und in den unteren Galerien konnten sich rechtzeitig in Sicherheit bringen. Die Besucher in der zuerst betroffenen obersten Galerie stauten sich vor dem einzigen verbliebenen Notausgang. 65 Menschen starben, über 200 Personen wurden verletzt[6].

12 Noch katastrophaler waren die Auswirkungen des Brandes im Ringtheater Wien am 8. Dezember 1881. Auch dieser Brand folgte dem schon aus Karlsruhe bekannten Muster: Eine Gasleuchte entzündete die Bühnenkonstruktion und die leicht entflammbare Dekoration im Zuschauerraum. Wie in Karlsruhe begünstigte auch in Wien eine fatale Fehlreaktion der Verantwortlichen das schnelle Überspringen des Feuers auf den Zuschauerraum.

---

6 Ute Grau, Barbara Guttmann, „Gegen Feuer und Flamme: das Löschwesen in Karlsruhe und die Berufsfeuerwehr", Karlsruher Stadtarchiv, S. 35 ff

A. Einleitung: Blick zurück

Abbildung 2: Wikipedia „Ringtheater Ruine 1881" – Fotograf unbekannt

Bei der versuchten Räumung des Gebäudes trafen dann weitere technische und organisatorische Unzulänglichkeiten auf menschliches Versagen: Das Gaslicht wurde ausgeschaltet und hüllte das Gebäude in totale Dunkelheit. Die Notbeleuchtung mit Öllampen war nicht einsatzfähig. Öl war teuer und wurde deshalb häufig eingespart. Die Notausgänge öffneten sich nach Innen und ließen sich durch den Druck der Flüchtenden nicht öffnen.

Organisatorisch war das Theater auf einen Notfall nicht vorbereitet. Es gab keine Verhaltensmaßregeln für Personal und Publikum. Kommunikationswege waren nicht definiert, deswegen waren Ursache und Ausmaß der Katastrophe anfangs nicht ausreichend bekannt. Eine falsche Information an die zur Hilfe eilende Feuerwehr führte dann auch dazu, dass diese zunächst nur mit einem kleinen Löschtrupp anrückte. Erst nach deren Eintreffen wurde Verstärkung angefordert und viel Zeit verschenkt.

Bei diesem Brand starben 384 Menschen[7]. Einige Quellen sprechen sogar von bis zu 1.000 Opfern[8]. Aber die Wiener lernten aus dieser Katastrophe. Zur Identifizierung wurde erstmals die Zahnforensik genutzt, der Eiserne Vorhang als feuerfeste Trennung zwischen Bühne und Zuschauerraum wurde erfunden und ebenso verbindlich vorgeschrieben wie die feuerhemmende Imprägnierung von Kulissen und Dekorationen.

Im Gegensatz zu früheren Zeiten blieben solche Ereignisse keine regionalen Begebenheiten mehr. Neue Kommunikationsmöglichkeiten sorgten dafür, dass spektakuläre Ereignisse rasch nationale oder auch internationale Aufmerksamkeit erregten. In der Gesellschaft entwickelte sich dadurch ein

---

7 *Der Brand des Wiener Ringtheaters. In: Neue Freie Presse*, Morgenblatt (Nr. 6209/1881), 9. Dezember 1881, S. 2 ff. (Online bei ANNO)
8 https://www.concerti.de/das-publikum-des-jahres/der-wiener-ringtheaterbrand/

Bewusstsein für die Gefahren und Risiken von öffentlichen Versammlungen vieler Menschen auf kleinem Raum. Das wiederum erzeugte Handlungsdruck auf Politik und Verwaltung und führte zu Veränderungen in der Gesetzgebung und zu technischen Innovationen.

17 Neue Sicherheitstechniken (z. B. der Eiserne Vorhang, nach außen öffnende Türen, brandhemmende Imprägnierung der Bühnendekoration) wurden vorgeschrieben. Berufsfeuerwehren und Freiwillige Feuerwehren gründeten bzw. professionalisierten sich nach dem Vorbild des Durlacher Pompier-Korps. Diese von Carl Metz 1846 gegründete Freiwillige Feuerwehr hatte beim Karlsruher Theaterbrand durch ihre moderne Ausrüstung, Organisation und Brandbekämpfungsstrategie europaweit Aufsehen erregt.

18 Die Analyse der Katastrophen zeigte deutlich, dass verpflichtende Bauvorschriften die Grundlage für eine wirksame Präventionsstrategie gegen Brandkatastrophen sind.

1879 wurde in Deutschland die „Ortspolizeiliche Vorschriften über die Feuerpolizei in Theatern" erlassen. 1889 folgte die „Polizeiverordnung betreffend die baulichen Anlagen und die innere Einrichtung von Theatern, Circusgebäuden und öffentlichen Versammlungsräumen" vom 22. November 1889.

19 Obwohl diese und ähnliche Standards in Europa und Amerika konsequent umgesetzt wurden, blieben kleinere und größere Brände in Veranstaltungsräumen an der Tagesordnung. Und spätestens nach dem Brand des Iroquist Theatre in Chicago am 30. Dezember 1903 mit 602 Todesopfern wurde den Fachleuten bewusst, dass die Konzentration der Schutzvorschriften auf Bauvorschriften zu kurz gesprungen war. Bauliche Brandschutzmaßnahmen reichten offensichtlich nicht aus. Schließlich galt das erst fünf Wochen vor dem Brand eröffnete Iroquist Theatre als modern, auf dem höchsten Stand der Sicherheitstechnik und „absolut feuerfest", so die Werbung des Theaters.

Die Analyse dieser Katastrophe zeigte deutlich, dass auch aus den betrieblichen Abläufen eines Theaters Gefahren erwachsen können.

20 Die in Berlin 1909 erlassene „Verordnung über die baulichen Anlagen, die innere Einrichtung und den Betrieb von Theatern, öffentlichen Veranstaltungsräumen und Zirkusanlagen" nahm deshalb erstmalig neben Bauvorschriften auch Betriebsvorschriften in den Regelungsbestand mit auf. Den Betreibern von Theatern wurde nun auch die Einhaltung von Betriebsvorschriften auferlegt, die die Ausbreitung von Bränden verhindern und die schnelle Räumung eines Gebäudes sicherstellen sollten. Bei der Ausarbeitung der Betriebsvorschriften wurden erstmals auch psychologische Beobachtungen und Annahmen zum Verhalten des meist ortsunkundigen Publikums berücksichtigt.

Viele der damals in die Verordnung aufgenommenen Schutzmaßnahmen finden sich auch heute noch in der Musterversammlungsstättenverordnung (MVStättVO) wieder. Eine elektrische Notbeleuchtung, ein grundsätzliches Rauchverbot, Qualifizierungsvorgaben für Bühnenpersonal und Regeln für die Aufbewahrung von Requisiten und Dekorationen sind nur einige Beispiele dafür. Diese Verordnung galt für fast 30 Jahre und wurde in dieser Zeit durch zahlreiche Ministererlasse ergänzt, korrigiert und angepasst. Obwohl ursprünglich als preußische Verordnung erlassen, setzte sie sich als Musterverordnung im gesamten Deutschen Kaiserreich durch[9] und galt bis zum Ablauf des Jahres 1939. Eine Anschlussregelung wurde wegen des Beginns des 2. Weltkrieges jedoch nie verabschiedet.

Das 20. Jahrhundert brachte durch den technischen Fortschritt neue Möglichkeiten und Formen von Veranstaltungen. Das neue Medium Film entwickelte sich rasant zum Magneten für ein Massenpublikum. Überall in Europa entstand in einer kürzesten Zeit eine enorm große Anzahl von Lichtspielhäusern. Allein Berlin zählte in den 20'er Jahren rund 300 Lichtspielhäuser mit einem Fassungsvermögen von bis zu 2.800 Personen. Die damalige Vorführtechnik war gefährlich. Sie basierte auf sehr leicht entzündlichen Celluloid-Filmen und sehr heißen Leuchtmitteln. Das barg besonders hohe Risiken. Die Weiterentwicklung des Brandschutzes Anfang des 20. Jahrhunderts war deshalb besonders wichtig. Den neuen Herausforderungen trug die „Lichtspielverordnung" von 1925 Rechnung.

Nach dem 2. Weltkrieg und der Verabschiedung des Grundgesetzes verlagerte sich die Gesetzgebungskompetenz in der Bundesrepublik für das Baurecht und damit auch für die Veranstaltungssicherheit auf die Bundesländer.

Zunächst wurde diskutiert, die Sicherheitsbedingungen für Veranstaltungen in Form einer Technischen Norm zu definieren. Der 1961 vorgelegte Entwurf der DIN 18600 „Versammlungsstätten" kam aber nie über einen Entwurfsstatus hinaus.

Die Bauministerkonferenz der Landesbauminister (ARGEBAU) legte 1969 eine erste Musterverordnung den Ländern zur Umsetzung als eigene Rechtsverordnung vor. Das erfolgte jedoch nur schleppend. Selbst heute haben einige Bundesländer die MVStättVO noch nicht in eigenes Recht umgesetzt.

---

9 Eckhard Müller, Entwicklung des baulichen Brandschutzes bei Versammlungsstätten, SchadenPrisma, Zeitschrift für Schadensverhütung und Schadensforschung der öffentlich-rechtlichen Versicherer, Nov. 1977 Seite 55

24 In der Deutschen Demokratischen Republik entwickelte sich parallel ein eigenständiges zentralstaatlich ausgerichtetes Baurecht. Auf der Grundlage der 1958 erlassenen Deutschen Bauordnung wurde ein „Sonderbauordnung für Versammlungsräume" entwickelt und zum DDR-Standard erklärt.

Bis 1970 wurde dieser Standard weiterentwickelt. Eine Überarbeitung in den 1980'er Jahren lief vor dem Hintergrund der Wiedervereinigung und der Angleichung der Rechtssysteme ins Leere.

25 Die MVStättVO wurde durch die deutsche Bauministerkonferenz auch nach der Wiedervereinigung regelmäßig weiterentwickelt. Die letzte Version datiert aus dem Jahr 2014. Dabei trug die Überarbeitung den aktuellen veranstaltungsrelevanten Entwicklungen der Zeit Rechnung. Waren in den 50er Jahren noch Theater und Kino Schwerpunkte der Verordnung, so sind heute die besonderen Bedingungen von Großveranstaltungen, der Einsatz moderner Bühnentechnik mit neuen Gefahrenpotentialen (z. B. Lasertechnik), der Brandschutz, Räumungskonzepte und verbindliche Betriebsvorschriften für den Ablauf einer sicheren Veranstaltung mehr in den Fokus gerückt.

26 Die in der MVStättVO enthaltenen Bau- und Betriebsvorschriften finden sich so oder in ähnlicher Form in den Vorschriften vieler Länder weltweit. Und trotzdem geschehen auch heute noch immer wieder große Katastrophen, die zumeist hätten vermieden werden können. Die verheerenden Brände im New Yorker Nachtclub „The Station" 2003, in einem Tanzlokal in Perm (Russland) 2009 und in Diskotheken in Brasilien (2013) und Bukarest (2015) seien hier beispielhaft genannt.

Die Analyse der jüngsten Vorkommnisse mit den Abläufen der Katastrophen des 19. zeigt schnell die Gemeinsamkeiten:

Entzündliche Requisiten und Dekorationen treffen auf ungesicherte Zündquellen, unzureichende Notfallorganisation und menschliches Versagen verhindern eine effektive und schnelle Räumung. Notausgänge sind verschlossen, verstellt oder nicht vorhanden. Bau- und Betriebsvorschriften wurden nicht eingehalten.

27 Dieses Muster kann immer wieder (besonders unter dem Druck wirtschaftlicher Zwänge) beobachtet werden. Allen Katastrophen ist gemeinsam, dass Baumängel nicht erkannt oder sogar wissentlich hingenommen wurden, menschliches oder organisatorisches Fehlverhalten akzeptiert wurde und niemand dem Einhalt gebot. Diese erschütternden Vorkommnisse sollten Mahnung für alle Veranstalter sein, mit den bestehenden Schutzvorschriften verantwortungsvoll und kompetent umzugehen und Verstößen hiergegen auf keinen Fall zu akzeptieren.

B. Sicherheit, Gefahr, Gefährdung – Versuch einer Definition

Bevor in der Folge die relevanten Sicherheitsvorschriften für Veranstaltungen näher beleuchtet werden, gilt es, zunächst den Begriff „Sicherheit" zu definieren. Lässt sich Sicherheit statistisch erheben und bedeutet Sicherheit mehr als nur das Ausbleiben eines Unfalls? Wann ist eine Veranstaltung sicher?

Das Gefühl, sich sorglos bewegen zu können, ist ein Grundbedürfnis der Gesellschaft. Der Begriff geht auf das lateinische Wort *sēcūrus* zurück, das mit „sorglos" oder Sorglosigkeit übersetzt werden kann[1]. In der deutschen Sprache bietet er im Gegensatz zu seinem Äquivalent im Englischen *(Security* – Sicherheit vor Gefährdungen von außen, *Safety* – Sicherheit vor Gefährdungen von innen, z. B. Arbeits- oder Betriebssicherheit) keine Möglichkeit der weiteren Unterscheidung.

So verwundert es nicht, dass der Begriff „Sicherheit" in der modernen Welt ein umfassender Begriff (Catch-all-Begriff) geworden ist[2]. In vielen verschiedenen gesellschaftlichen, wirtschaftlichen oder politischen Zusammenhängen hat der Begriff Einzug gehalten. Sicherheit wird als Beschreibung eines sorglosen Zustandes sowohl im sozialen Kontext als auch im Zusammenhang mit Wirtschaft, Technik und der äußeren und inneren Sicherheit eines Staates genutzt.

Trotzdem – oder gerade deshalb – kann die Wissenschaft bisher eine umfassende und universelle Definition des Begriffs „Sicherheit" nicht liefern, zumal er in einem engen Kontext mit dem Zeitalter, der Kultur und dem Wissensstand einer Gesellschaft steht.

Die Gesellschaft verändert sich und deshalb unterliegt auch der Begriff Sicherheit einem sich stets wandelnden und dynamischem Prozess, der ihn

---

1   „Sicherheit", in: Nohlen, Dieter/Schultze, Rainer-Olaf/Schüttemeyer, Suzanne S. (Hrsg.), Lexikon der Politik, Band 7, Politische Begriffe, München 1998.
2   Herfried Mückler, Matthias Bohlender, Sabine Meurer: Sicherheit und Risiko. Über den Umgang mit Gefahr im 21. Jahrhundert, Transscript Verlag 2010 S 22

"zu einem zentralen Wertebegriff demokratischer Gesellschaften"[3] gemacht hat. Tagesaktualitäten, der Zugang zu Informationen und die Befindlichkeit einer Gesellschaft üben weiteren Einfluss aus. Vor allem die subjektive gefühlte Sicherheit der Menschen wird hierdurch stark beeinflusst.

5   Bei Attentaten, Unfällen und Katastrophen richten sich die Blicke der Öffentlichkeit auf neue oder bisher unbeachtete Gefahren. Soziale Medien mit offenen Zugängen „befeuern" die Meinungsbildung und Meinungsmache mit einem hohen Tempo und verändern das Sicherheitsbedürfnis und -gefühl des Einzelnen oder von gesellschaftlichen Gruppen. In der Folge entsteht hierdurch politischer Handlungsdruck auf den Staat als obersten Garanten der inneren Sicherheit[4].

6   Die Anschläge vom 11. September 2001 in New York und Washington führten auch in Deutschland zu einer kollektiven Angst vor Attentaten, die vorher so nicht vorhanden war. Der damalige Bundesinnenminister Schily brachte vor diesem Hintergrund verschärfte Sicherheitsgesetze auf den Weg und begründete sie u. a. mit der These, das *„Grundrecht auf Sicherheit"* stehe *„zwar nicht direkt, aber sehr wohl indirekt, im Grundgesetz"*[5]. Er löste damit eine Verfassungsdiskussion aus, obwohl das Risiko, in Deutschland Opfer eines Attentates zu werden, äußerst gering war und in keinem Vergleich stand zu den Zeiten des RAF-Terrors. Im Kontext mit innerer und äußerer Sicherheit wird der Begriff häufig mit der *„Abwesenheit einer existenziellen Bedrohung"* beschrieben, *„die zentrale Werte eines Individuums gefährden könnte"*.[6]

7   Die Ansicht von Minister Schily konnte sich damals nicht durchsetzen. Es besteht aber seitdem Konsens darüber, dass der Bürger gegenüber dem Staat einen grundrechtlich verbürgten Anspruch auf Schutz genießt. Das gilt auch vor latent drohenden Gefahren aus gefährlichem Tun anderer[7].

8   Wie sehr ein kollektives Sicherheitsgefühl auch täuschen kann, zeigt die Diskussion in Deutschland über die Gefährdung durch islamistischen Terrorismus. Das kollektive Gefühl sagt, dass es derzeit zwei besonders gefährdete Bereiche gibt: Großveranstaltungen und Synagogen. Massive Panzersperren um Veranstaltungsgelände und polizeiliche Überwa-

---

3   Christian Endreß, Nils Petersen, Dimensionen der Sicherheitskultur. Studien zur inneren Sicherheit,
    VS Springer Verlag, S. 19–32
4   Lars Gerhold/Jochen Schiller: Perspektiven der Sicherheitsforschung. Beiträge aus dem Forschungsforum Öffentliche Sicherheit, Lang Verlag.
5   Schily, Otto, in: Süddeutsche Zeitung vom 29.10.2001
6   Thomas Nielebock, Frieden und Sicherheit – Ziele und Mittel der Politikgestaltung, in: Neue Herausforderungen der Friedens- und Sicherheitspolitik, Landeszentrale für Politische Bildung BW (2016)
7   Lisken, Hans, Verdachts- und ereignisunabhängige Personenkontrollen zur Bekämpfung der grenzüberschreitenden Kriminalität, in: NVwZ 1998, S. 23.

B. Sicherheit, Gefahr, Gefährdung – Versuch einer Definition 9–13

chungsmaßnahmen sind die Folge. Das mag aufgrund der einzelnen Lageeinschätzungen der Sicherheitsbehörden gerechtfertigt sein, die Statistik zeigt jedoch einen anderen eindeutigen Schwerpunkt.

In den letzten 10 Jahren gab es in Deutschland rd. 140 Gewalttaten, die als Terroranschläge eingestuft wurden. Zwei davon richteten sich gegen Großveranstaltungen und 13 gegen die jüdischen Gemeinden in Deutschland. 87 Anschläge richteten sich hingegen gegen Flüchtlinge, Flüchtlingsunterkünfte oder muslimische Einrichtungen. 9

Abseits möglicher Terroranschläge spielt die technische und organisatorische Veranstaltungssicherheit in der öffentlichen Diskussion meist eine untergeordnete Rolle. Sie tritt nur zeitweise durch besondere Ereignisse aus dem Schatten der großen Themen (nationale Sicherheit, Kriminalitäts- und Terrorismusbekämpfung) heraus. Beispielhaft sei die Loveparade-Katastrophe von 2010 genannt. Besuchersicherheit war plötzlich im Fokus der Öffentlichkeit und nahezu reflexartig wurden in der Folge Gesetzesverschärfungen gefordert und diskutiert. 10

Meistens verebben diese Aktivitäten gemeinsam mit den Schlagzeilen. Die nach der Loveparade 2010 in Nordrhein-Westfalen zunächst diskutierte Verordnung über Großveranstaltungen wurde zunächst zu einer Richtlinie und zum Schluss zu einer Empfehlung herabgestuft. Damit bewegt sich die Leitlinie mit ihrer Rechtsverbindlichkeit auf dem Niveau einer Norm, die den Stand der Technik darstellt. 11

So verwundert es nicht, dass der Begriff „Sicherheit" oft einseitig oder schwammig definiert wird und Aspekte der Besuchersicherheit bei Veranstaltungen nicht immer rechtsverbindlich geregelt sind. Verschiedene Organisationen der Veranstaltungsbranche und Forschungsinstitute haben versucht, die Lücke zu füllen und haben dabei durchaus einen wichtigen Input geleistet. Das Forschungsprojekt BASIGO[8] oder die Veranstaltungssicherheitsrichtline (VaSiRi) des Deutschen Expertenrates für Besuchersicherheit[9] können hier exemplarisch genannt werden. Alle Empfehlungen haben aber bis heute keine Rechtsverbindlichkeit erreicht. 12

Für alle Vorschriften, Richtlinien oder Empfehlungen zu Veranstaltungen gilt, dass der Zustand einer absoluten Sicherheit eine Utopie ist. Jede Veranstaltung geht mit Gefährdungen einher und birgt immanent auch Risiken für Besucher, Akteure, Mitarbeiter und Umwelt in sich. Das liegt in der Natur der Sache. Sicherheit und Gefährdungen sind somit „Schwestern", die beide auch nebeneinander existieren können, ohne den gesellschaftli- 13

---

8 http://www.basigo.de
9 https://www.expertenrat-besuchersicherheit.de/wp-content/uploads/2021/04/VaSi-Ri_Version-2021_Deutscher-Expertenrat-Besuchersichehreit-DEB.pdf

chen und politischen Konsens über Art und Umfang des Bedürfnisses nach „Sicherheit" zu verletzen.

14 Eine treffende Definition des Begriffs „Gefährdung" liefert der Arbeitsschutz. Hier wird *„Gefährdung ..."* als *„die Möglichkeit eines Schadens oder einer gesundheitlichen Beeinträchtigung ohne bestimmte Anforderungen an deren Ausmaß oder Eintrittswahrscheinlichkeit"*[10] beschrieben.

15 Die Gefährdung ist hiernach abstrakt zu bewerten, d. h. es besteht zunächst eine rein theoretische Möglichkeit, dass ein Schutzgut verletzt werden könnte. Eine weitere Voraussetzung ist das räumliche und zeitliche Zusammentreffen von Mensch (Schutzgut) und Gefahr[11].

16 Im Arbeitsschutz leitet aus der abstrakten Gefährdung die Verpflichtung des Arbeitgebers oder Unternehmers zu einer Beurteilung der Wahrscheinlichkeit und der Auswirkung der Gefährdung ab (Gefährdungsbeurteilung). Daraus resultieren dann verpflichtend geeignete präventive Schutzmaßnahmen. Das können sowohl organisatorische, technische und/oder persönliche Schutzmaßnahmen sein. Damit soll ein akzeptables Grenzrisiko unterschritten werden.

17 Der Begriff **Gefahr** beschreibt hingegen einen **konkreten Zustand mit einer hohen Eintrittswahrscheinlichkeit** und damit einen konkreten Zustand. Auch hier bietet der Arbeitsschutz wieder eine treffende Definition: „Gefahr ist ein Zustand oder Ereignis, bei dem ein nicht akzeptables Risiko vorliegt und somit die Wahrscheinlichkeit eines Schadenseintritts besteht. D. h., das Risiko, einen Arbeitsunfall zu erleiden, ist größer als das in den Arbeitsschutzvorschriften bestimmte Grenzrisiko."[12]

18 Die Vorschriften des Arbeitsschutzes lassen sich gut auf die Veranstaltungssicherheit übertragen. Auch hier gilt, Gefährdungen zu erkennen und richtig zu bewerten, hieraus geeignete Schutzmaßnahmen abzuleiten und entsprechend präventiv umzusetzen. Damit soll verhindert werden, dass aus der abstrakten Bedrohung eine konkrete Gefahr werden kann und ein somit akzeptables Grenzrisiko unterschritten wird.

---

10 Handbuch für Arbeitschutzfachleute, Praxishilfen. Hrsg. BAuA. Dortmund, 2016. Hier: Teil 1. Hinweise zur Vorbereitung und Durchführung der Gefährdungsbeurteilung
11 https://www.bgbau-medien.de/handlungshilfen_gb/daten/ga_bau/f_e/e00044.htm
12 www.bfga.de/arbeitsschutz-lexikon-von-a-bis-z/fachbegriffe-c-i/gefahr-fachbegriff/

C. Veranstaltungsplanung und Genehmigung

Eine **Veranstaltung** ist *„ein zeitlich begrenztes und geplantes Ereignis mit einer definierten Zielsetzung oder Absicht, einer Programmfolge mit thematischer, inhaltlicher Bindung oder Zweckbestimmung in der abgegrenzten Verantwortung eines Veranstalters, einer Person, Organisation oder Institution, an dem eine Gruppe von Menschen teilnimmt."*[1]   1

I. Konzeption

Bereits bei der Planung einer Veranstaltung werden die Weichen für eine sichere und rechtskonforme Realisierung gestellt. Das ist unabhängig von der Art der Veranstaltung und gilt für Konzerte, Sportevents oder Kongresse im gleichen Maße. Dabei ist es unerheblich, ob es sich um eine erstmalige, einmalige oder wiederkehrende Veranstaltung handelt. Auch langjährige Erfahrungen und Expertisen sollten nicht davon abhalten, jede Veranstaltung sorgfältig und fachgerecht zu planen und vorzubereiten. Rahmenbedingungen, Bewertungen und Gefährdungslagen können sich verändert haben. Der unvoreingenommene Blick auf das Projekt ist deshalb für eine reibungslose Genehmigung und einen sicheren Ablauf der Veranstaltung elementar und hat die Planungsphase in den letzten Jahren auch immer mehr in den Fokus der Exekutive gerückt.   2

Schon in diesem frühen Stadium sind fundierte Kenntnisse über die rechtlichen und örtlichen Rahmenbedingungen unbedingt erforderlich. Bei der Entwicklung kreativer Ideen und der Überwachung des Budgets dürfen diese Aspekte nicht in den Hintergrund treten oder gar durch Unwissenheit unbeachtet bleiben.   3

Wichtig ist auch, dass stets die zeitlichen Abläufe im Auge behalten werden. Jede gute Veranstaltung braucht einen verlässlichen Zeitplan. Gleiches gilt aber auch für die Vorbereitung. Jede Planungsphase benötigt ausreichend Zeit. Zeitdruck führt häufig zu Fehlern in der Planung. Genehmi-   4

---

1 Oberlandesgericht Düsseldorf: Urteil vom 1.7.2014, I-20 U 131/13.

gungsverfahren und Abstimmungsverfahren sind häufig zeitintensiv. Eine Planung unter Zeitdruck öffnet Tür und Tor für Planungsfehler, die sich dann spätestens in der Veranstaltung offenbaren.

5   Ein Hinweis sei an dieser Stelle auch zu eventuell vorgesehenen Einladungsverfahren erlaubt: Die Einladung ist eine Visitenkarte der Veranstaltung. Sie verrät dem Adressaten viel über die Professionalität der Vorbereitung. Versenden Sie die Einladung deshalb frühzeitig. Einladungen, die erst 14 Tage vor einer Veranstaltung verschickt werden, suggerieren dem Empfänger negative Eindrücke. Zum einen kann die Kurzfristigkeit Mängel in der Organisation anzeigen, zum anderen aber auch mangelnde Wertschätzung dem Eingeladenen gegenüber ausdrücken (Bin ich zweite Wahl, weil andere vorher abgesagt haben?).

6   Die Planung einer Veranstaltung sollte im Einklang aller Beteiligten durchgeführt werden. Das erhöht die Akzeptanz und fördert die Motivation der eingebundenen Personen.

7   Folgende Aspekte sind bei der Entwicklung eines Veranstaltungskonzeptes besonders wichtig:
- Tatsächliche Rahmenbedingungen des Veranstaltungsortes;
- Vereinbarkeit von kreativen Ideen und tatsächlichen Rahmenbedingungen;
- Definition und Schaffung einer geeigneten Organisation;
- Realisierbarkeit (Zeit, Finanzen, technische Machbarkeit, praktische Umsetzung);
- Erwartbare Ereignisse, die die Veranstaltung beeinflussen könnten;
- Gefährdungen, die dem Konzept, der Veranstaltung, den Mitwirkenden oder den Besuchern drohen könnten;
- Ständige Überprüfung des Konzeptes bei Weiterentwicklung.

8   Konstruktive Kritikfähigkeit ist in jeder Phase wichtig. Die durch die verschiedenen Mitwirkenden vorgebrachten Wünsche, Anforderungen und Einwände dürfen mit Blick auf die Veranstaltungssicherheit nicht unkritisch übernommen werden. Die Attraktivität und Finanzierbarkeit einer Veranstaltung muss immer im Einklang mit der Realisierbarkeit und der rechtlichen und technischen Sicherheit stehen.

9   Eine gute und effektive Planung setzt zudem voraus, dass die verschiedenen Interessensphären offen miteinander kommunizieren und ggfls. diskutieren. Eine gute und gesunde Konfliktkultur, die sachliche Einwände jederzeit zulässt, ist für eine zielgerichtete und effiziente Projektumsetzung wichtig und förderlich.

II. Planungsphasen

Die Abläufe der Veranstaltungsplanung bis zum Veranstaltungsabschluss lassen sich in sieben Phasen gliedern: **10**

Vorbereitungsphase
- Ziele definieren (was will ich erreichen, welches Publikum will ich ansprechen).
- Veranstaltungsdatum festlegen.
- Datum für Planungsschritte (Milestones), technische Vorbereitung und Umsetzung, Aufbau und Abbau definieren.
- Veranstaltungsort festlegen/passende Veranstaltungsstätte finden.
- Verfügbarkeit der Veranstaltungsstätte prüfen.
- Budget festlegen.
- Mietoption für Veranstaltungsstätte erwirken.

Erste grobe Planung **11**
- Erste grobe Programmplanung.
- Budgetüberwachung installieren.
- Weiteres Personal hinzuziehen und Verantwortlichkeiten definieren.
- Ggfls. Ausschreibungen für externe Dienstleistungen.
- Kontaktaufnahme mit Genehmigungsbehörden (falls notwendig) und
- Genehmigungsverfahren einleiten.

Feinplanung **12**
- Programmplanung verfeinern.
- Abläufe bestimmen und festlegen.
- Veranstaltungsstätte verbindlich festlegen und mieten.
- Aufträge an externe Dienstleister vergeben.
- Signalisation zur Wegeführung und Gästeinformation planen.
- Ggfls. Werbemaßnahmen durchführen.
- GEMA-Anmeldung (falls erforderlich).
- Einladungsverfahren durchführen (wenn vorgesehen).
- Falls nötig: Sicherheitskonzept erstellen.
- Unbedingt empfehlenswert: Szenarien und Maßnahmen verbindlich definieren.

Aufbau/Abbau **13**
- Zeiten festlegen.
- Koordination der einzelnen Gewerke.
- Ggfls. Erste Hilfe/besonderen Sanitätsdienst einrichten.
- Ggfls. Überwachung Arbeitsschutzmaßnahmen vorsehen.

14 Veranstaltung
- Personal einweisen.
- Kontrolle der Sicherheitseinrichtung und Dokumentation.
- Kontrolle der Technik.
- Kontrolle der An- und Abreise der Besucher/Überwachung des Befüllungsgrades.
- Programmzeiten überwachen.

15 Veranstaltungsende
- Abreise der Besucher beobachten.
- Koordination des Abbaus (s. 4.).
- Entsorgung und Reinigung überwachen.
- Dokumentation vervollständigen und sichern.

16 Nach der Veranstaltung
- Schlussbesprechung (zeitnah).
- Rechnungsbearbeitung.
- Gesamtdokumentation.

17 In allen Phasen des Planungsprozesses müssen die Anliegen der verschiedenen Prozessbeteiligten ständig bewertet und beachtet werden. Das können in den ersten Planungsphasen sein:
- Kreative und Ideengeber
- Vorgesehene Veranstaltungsleitung
- Finanzen
- Technik
- Geschäftsführung/Vorstand
- Weitere Dienstleister (Architekten, Ordnungsdienst usw.)
- Behörden
- Sponsoren

18 Hilfreich kann auch die Einbeziehung einer Fachkraft für Arbeitssicherheit oder eines Brandschutzbeauftragten sein. Sie verfügen in der Regel über Expertisen, die auch für Veranstaltungen wichtig sind. Dieser Aspekt ist auch deshalb beachtenswert, weil bei vielen Veranstaltungen die Schutzinteressen der Besucher automatisch im Fokus stehen. Die gleichberechtigt bestehenden Interessen des Arbeitsschutzes werden aber oft stiefmütterlich behandelt, obwohl Veranstaltungen immer auch Arbeitsplatz für viele Beteiligte sind.

III. Wichtige Planungsschritte

1. Idee

Gute Veranstaltungen leben von kreativen Ideen. Da gibt es zunächst keine Denkverbote, soweit eine realistische Möglichkeit besteht, das Projekt auch umzusetzen. Idealer Weise treffen in diesem Stadium der Planung „Spinner" und „Realisten" aufeinander, die die Planungen gegenseitig auf ihre eigene Weise befruchten und damit ein Gleichgewicht von Attraktivität und Realisierbarkeit erzeugen.

2. Akquise der notwendigen Finanzmittel

Eine realistische Einschätzung der zu erwartenden Kosten inklusive Sicherheitsreserven sichert die Qualität der Veranstaltung. Unrealistisch niedrige Prognosen führen häufig dazu, dass das Budget durch Einsparungen bei der „unsichtbaren" Veranstaltungssicherheit gedeckt wird.

3. Auswahl einer geeigneten Veranstaltungsstätte

Besonders wichtig bei der Auswahl ist die Bewertung der vorhandenen Infrastruktur und im Umkehrschluss die Frage: Welche Infrastruktur zu welchen Kosten muss zusätzlich geschaffen werden? Auch bereits bestehende Genehmigungen wie genehmigte Bestuhlungspläne sollten hier bereits frühzeitig betrachtet werden. Abweichungen hiervon gehen meistens mit einem zeitintensiven Genehmigungsverfahren einher.

4. Genehmigungen

Veranstaltungen können grundsätzlich von vielen verschiedenen Genehmigungsverfahren abhängig sein. Das geht oft auch über die naheliegenden Genehmigungen wie genehmigungspflichtige Nutzungsänderungen von Räumen oder Gebäuden hinaus. Der Einsatz von Kindern und Jugendlichen auf der Bühne oder in der Organisation bedarf einer Genehmigung nach dem Jugendschutzgesetz. Tiere müssen ggfls. vom Amtsveterinär begutachtet werden. Und auch der Einsatz von Pyrotechnik kann mit einem aufwendigen Genehmigungs- oder Anmeldeverfahren einhergehen. Die meisten Verfahren sind zeitintensiv. Deshalb sollte die Planung einer Veranstaltung immer ausreichend Zeit für Genehmigungsverfahren berücksichtigen.

5. Vorbesichtigung

Der persönliche Eindruck ist für die Einschätzung der Realisierbarkeit von unschätzbarem Wert. Bei der Bewertung einer Versammlungsstätte sollte man sich nicht auf Pläne und technische Zeichnungen verlassen, sondern schon zu Beginn der Planungen eine Vorbesichtigung am Ort der Veranstaltung durchführen. Die Bedingungen für die Veranstaltung lassen sich vor Ort besser bewerten. Ratsam ist auch, die Expertise von Fachleuten einzuholen und alle relevanten Details zu dokumentieren.

6. Abläufe Aufbau und Abbau inklusive Koordinierung

24 Alle logistischen und zeitlichen Abläufe bei Aufbau und Abbau müssen exakt geplant werden. Hierzu gehören auch zulässige Arbeits-, Pausen- und Ruhezeiten der Beschäftigten. Bei größeren Veranstaltungen mit hohem Materialbedarf und komplexen technischen Anforderungen sollte durch kompetente Hand immer eine verbindliche Koordinierung erfolgen.

7. Bau und Flächenplanerstellung

25 Bereits einfache Flächenpläne können schriftliche Konzepte verdeutlichen. Grafische Darstellungen von Besucherbereichen, Bestuhlung, Bühne, Verkehrs- und Rettungswege vermitteln wichtige Informationen auf einen Blick und helfen bei der Analyse von Schwachstellen in der Planung und bei der Umsetzung der Veranstaltung.

26 Bei Genehmigungsverfahren ist jedoch Fachkunde gefragt. Häufig sind – mit Abweichungen in den einzelnen Bundesländern – formale Bedingungen an die zu fertigenden Pläne zu beachten. Für Bestuhlungs- und Rettungswegepläne gilt nach § 44 MVStättVO ein verpflichtender Maßstab von mindestens 1 : 200. Die technischen Pläne im Rahmen eines Genehmigungsverfahrens sollten daher von Fachplanern erstellt werden.

8. Gesamtdisposition und Programmablauf (Regieplan)

27 Gesamtdisposition und Regieplan sollen in chronologischer und anschaulicher Form Übersicht darüber geben,
- Was und an welchen Stellen geschehen soll.
- Wann die Arbeit/der Auftritt erledigt werden soll.
- Wer dafür verantwortlich ist.
- Wer unterstützen muss.
- Welche Technik benötigt wird.

28 Die Gesamtdisposition umfasst dabei auch die Auf- und Abbauphase, während sich der Regieplan auf den engeren Ablauf einer Veranstaltung und deren Inhalt konzentriert. Die Gesamtdisposition dient dabei zur Information aller Beteiligter, der Regieplan richtet sich primär an die Personen, die

III. Wichtige Planungsschritte

für den Veranstaltungsablauf technisch und inhaltlich zuständig sind. Er soll darüber informieren, wie z. B. das Bühnenprogramm ablaufen soll.

Beide Pläne dienen der Transparenz der Veranstaltungskonzeption. Damit tragen sie zu besserem Verständnis und mehr Akzeptanz bei den Beteiligten bei und dienen hierdurch auch der Fehlerminimierung. Sie müssen präzise genug sein, um die Vorstellungen des Entwicklers verständlich zu vermitteln. Das trägt zur Sicherheit maßgeblich bei. Die aktuelle Version des Plans sollte erkennbar sein. Sind unterschiedliche Versionen im Umlauf, kann das schnell zu Verwirrung und Pannen führen.

Bei der Erstellung von Ablaufplänen haben sich Excel-Tabellen bewährt. Das Internet bietet dazu eine Vielzahl von Mustern und Vorlagen. Es sollte aber darauf geachtet werden, dass die Pläne kompakt und sprachlich leicht verständlich verfasst werden. Vieles im Kopf des Planers ist denen, die den Plan umsetzen sollen, nicht ohne weiteres geläufig. Deshalb dürfen die Angaben dort auch kein ausgeprägtes Hintergrundwissen voraussetzen.

9. Gefährdungsbeurteilung

Zur Vorbereitung einer Veranstaltung gehört auch die Bewertung der möglichen Gefährdungen, die sich aus der Art der Veranstaltung ergeben können. Das sollte stets mit Blick auf Auswirkungen und Gefährdungen für die Beschäftigten, die Besucher oder auch Dritte erfolgen. Auch die Auswirkungen auf die Anwohner in der Nachbarschaft der Veranstaltung oder die Umwelt dürfen nicht aus dem Blick geraten.

Die Bewertung geschieht in einem sich fortschreibenden Prozess. Neben den technischen Gefährdungen müssen auch elementare Einflüsse (Wetter) oder das zu erwartende Verhalten der Besucher bewertet und berücksichtigt werden.

Siehe hierzu auch Kapitel V.2 „Gefährdungsbeurteilung" (Rn. 636 ff.)

10. Personalplanung

Welches Personal wird für die praktische Umsetzung benötigt? Dazu gehören alle an der Veranstaltung beteiligten Personen, unabhängig von ihrem Beschäftigungsverhältnis, Status oder ihrer konkreten Aufgabe – zum Beispiel angestelltes Personal, Künstler, Selbstständige, Freelancer oder Volunteers. Das eingesetzte Personal muss über angemessene Qualifikationen und Erfahrungen für die jeweilige Arbeitsaufgabe verfügen. Hier gilt es, der Auswahlverantwortung nachzukommen und nur die Personen mit Aufgaben zu betrauen, die der Herausforderung auch fachlich und persönlich gewachsen sind. Fehler bei der Auswahl führen im Schadensfall auch zu

Haftungsansprüchen gegenüber demjenigen, der sich ein Auswahlverschulden anrechnen lassen muss. Komplexe und aufwendige Veranstaltungen fordern in der Regel auch hohe Ansprüche an die Qualifikation und Erfahrung des eingesetzten Personals (s. hierzu auch Ausführungen zu § 40 MVStättVO).

34 Personen, die Sicherungsaufgaben übernehmen, sollten nicht für andere zusätzliche Tätigkeiten eingeplant werden. Eine Ablenkung hierdurch bei der Ausführung wichtiger Sicherheitsaufgaben kann zu Gefahren führen.

IV. Genehmigende Behörde

35 Genehmigungsbehörde für Veranstaltungen und Veranstaltungsstätten ist grundsätzlich die Kommune oder der Landkreis, in deren Zuständigkeitsbezirk sich das Gebäude befindet oder die Veranstaltung stattfinden soll. Sonderregelungen können sich bei Gebäuden und Grundstücken im Bundeseigentum oder Landeseigentum ergeben.

36 Welche konkrete Behörde innerhalb der Kommune oder der Kreisverwaltung für die Genehmigung der Veranstaltung zuständig ist, ist abhängig von der Rechtsgrundlage für die Genehmigung.

37 Bei Veranstaltungen in Gebäuden ist diese Frage schnell beantwortet, denn hier gilt die Versammlungsstättenverordnung in der jeweiligen Länderfassung. Damit ist dann auch die federführende Zuständigkeit in den meisten Kommunen und Landkreisen beim Bauamt angesiedelt. Hier gilt es dann zu unterscheiden,
   a. ob die Veranstaltung in einer genehmigten Versammlungsstätte, z. B. einer Stadthalle oder einem regelmäßig genutzten Kongresszentrum, im Rahmen der genehmigten Parameter (genehmigte Bestuhlungspläne, Bühnenbaupläne usw.) stattfindet;
   b. die Veranstaltung in einer genehmigten Versammlungsstätte stattfindet, die konkrete Veranstaltungsplanung aber die genehmigten Rahmenbedingungen verlässt;
   c. oder zu der Veranstaltungsstätte keine Genehmigung vorliegt und erst eine ggf. temporäre Nutzungserlaubnis erlangt werden muss.[2]

38 Zur Variante a) bedarf es keiner weiteren Genehmigung, zu b) und c) sind entsprechende Bauanträge einzureichen. Hierbei ist eine längere Vorlauffrist einzuhalten.

---

2 Seit 2024 in NRW für temporär genutzte Versammlungsstätten keine Genehmigung nach SBauVO mehr erforderlich (Runderlass des MHKBD NRW an die unteren und oberen Bauaufsichtsbehörden vom 17. Juni 2024, 53.06.04.03-000675) www.mhkbd.nrw/system/files/media/document/file/2024_06_17_mhkbd_rderl_bauo_nrw_2018_-_voruebergehende_nutzung.pdf

IV. Genehmigende Behörde

Bei Veranstaltungen im Freien, außerhalb baulicher Anlagen, ist die Frage leider nicht so eindeutig zu beantworten. Hierzu wird an späterer Stelle noch ausgiebig eingegangen.

Neben der eigentlichen Bau- oder Durchführungsgenehmigung können aber auch Genehmigungen weiterer Behörden für die Durchführung einer Veranstaltung notwendig sein. Welche das sind, ist von der Art der Veranstaltung, dem Inhalt und anderen relevanten Parametern der geplanten Veranstaltung abhängig.

Ein Rosenmontagsumzug ist ein gutes Beispiel: Hier wird in der Regel eine Genehmigung der Straßenbehörde für die Sperrung und Nutzung der Strecke, eine Genehmigung des Straßenverkehrsamtes und eine technische Abnahme für die Nutzung von (oft nicht zugelassenen) Anhängern als Motivwagen zusätzlich erforderlich. Und wenn dann auch noch Pferde (oder andere Tiere) mitlaufen, muss auch die Veterinärbehörde hinzugezogen werden.

Die Ämter haben in den Städten und Gemeinden oft unterschiedliche Namen und Bezeichnungen. In den meisten Verwaltungen ist aber die zum Namen gehörende Funktionskennziffer einheitlich nach dem Schlüssel des Rahmenorganisationsplans der Kommunalen Gemeinschaftsstelle für Verwaltungsmanagement benannt.

Zur Erleichterung des dann doch manchmal unübersichtlichen Genehmigungsmarathons haben viele Kommunen für Veranstaltungen eigene Koordinierungsstellen eingerichtet. Beispielhaft sei hier das Service-Center Veranstaltungen der Stadt Frankfurt genannt. Sie gelten als erste Ansprechpartner für den Veranstalter und koordinieren die einzelnen zu beteiligenden Ämter.

Der in Nordrhein-Westfalen geltende Orientierungsrahmen für die Kommunale Planung, Genehmigung, Durchführung und Nachbereitung von Veranstaltungen im Freien (Neufassung aus November 2021) geht hier sogar noch weiter und empfiehlt den Kommunen die Einrichtung eines zusätzlichen Koordinierungsgremiums als übergeordnete Fachinstanz. In diesem Gremium entscheiden dann die fachlich angesprochenen einzelnen Behörden, wenn die Kompetenzgrenze der Koordinierungsstelle erreicht ist.

Allgemeine Verwaltung:	Amt	Finanzverwaltung:	Amt
Hauptamt	10	Kämmerei	20
Personalamt	11	Stadtkasse	21
Presseam	13	Liegenschaftsamt	23

Rechts-, Sicherheits- und Ordnungsverwaltung:	Amt	Schul- und Kulturverwaltung:	Amt
Rechtsamt	30	Schulverwaltungsamt	40
Ordnungsamt	32	Kulturamt	41
Feuerwehr	37		
Sozial-, Jugend- und Gesundheitsverwaltung:	Amt	Bauverwaltung:	Amt
Sozialamt	50	Bauverwaltungsamt	60
Jugendamt	51	Stadtplanungsamt	61
Sportamt	52	Vermessungs- und Katasteramt	62
Gesundheitsamt	53	Bauordnungsamt	63
		Hochbauamt	65
		Tiefbauamt	66
		Grünflächenamt	67
Verwaltung für öffentliche Einrichtungen	Amt	Verwaltung für Wirtschaft und Verkehr:	Amt
Stadtreinigungsamt	70	Amt für Wirtschafts- und Verkehrsförderung	80
Marktamt	72	Eigenbetriebe	81

V. Genehmigungsgrundlage

46 Die Frage, welche Rechtsgrundlagen bei Planung, Genehmigung und Durchführung neben der allgemeinen Verkehrssicherungspflicht zu beachten und welche Behörden zuständig sind, ist pauschal nicht zu beantworten. Vor allem der Veranstaltungsort hat in Deutschland im Gegensatz zu den Regularien in Österreich oder der Schweiz bei der Beurteilung eine maßgebliche Bedeutung. Die Rahmenbedingungen und die Infrastruktur bestimmen vorrangig, welches Rechtsgebiet Anwendung findet.

47 In einem ersten Schritt ist zu klären, ob für eine Veranstaltung eine Genehmigung erforderlich ist, ob für diese Bewertung das Baurecht gilt oder vielleicht doch das Ordnungsrecht Vorrang hat. In letzterem Fall ist zu beachten, dass das Ordnungsrecht einen Genehmigungstatbestand in den meisten Bundesländern überhaupt nicht kennt.

48 Bei Veranstaltungen in Gebäuden oder baulichen Anlagen ist die Frage nach der Genehmigungsgrundlage deshalb schnell beantwortet. Hier gilt regelmäßig mit klar definierten Ausnahmen die Versammlungsstättenverordnung in der jeweiligen Länderfassung. Die Versammlungsstättenverordnungen der Länder basieren auf verschiedenen Versionen der Musterversammlungsstättenverordnung (MVStättVO), die von der Bauministerkonferenz der deutschen Bundesländer als Empfehlung an die Länder entworfen wurde.

V. Genehmigungsgrundlage

49 Sie ist damit die zentrale Rechtsvorschrift bei der Organisation und Durchführung von Veranstaltungen in Versammlungsstätten und setzt wichtige technische und organisatorische Sicherheitsstandards. Veranstaltungen wurden durch sie unzweifelhaft sicherer gemacht.

50 Die Gesetzes- und Verordnungslage in Deutschland bietet den Planern und Organisatoren von Veranstaltungen leider kein Gerüst einer überschaubaren Anzahl von Gesetzen und Verordnungen. Es gibt keine Vorschrift, die alles regelt. Stattdessen existiert eine Vielzahl von Gesetzen, Verordnungen, Vorschriften und Richtlinien zu einzelnen Teilaspekten der Veranstaltungssicherheit, die die Veranstaltungssicherheit betreffen. Dazu kommen weitere zu beachtende Vorschriften. Vorschriften zur Arbeitssicherheit, das Recht auf künstlerische Freiheit, Hygienevorschriften seien hier stellvertretend für eine große Anzahl von weiteren relevanten Vorschriften genannt.

51 Aber selbst dann, wenn sie in einzelnen Fragen einer Veranstaltungsplanung zu dem Ergebnis kommen, dass keine Vorschrift hierzu besteht, gilt, dass der Veranstalter die in Artikel 2 GG garantierten Rechte seiner Gäste auf körperliche Unversehrtheit und allgemeine Handlungsfreiheit zu garantieren hat. In einem solchen Fall müssen dann Vorschriften aus anderen Rechtsgebieten mit vergleichbaren Schutzzielen herangezogen werden (z. B. BGB, Arbeitsschutz, Umweltschutz, usw.).

52 Die folgenden Gesetze enthalten wichtige Vorgaben für Planung, Organisation und Durchführung von Veranstaltungen (ohne Anspruch auf Vollständigkeit)

- Muster-Versammlungsstätten VO (MVStättVO)
- Bauordnung der Länder bzw. Musterbauordnung (MBO)
- Richtlinien über Fliegende Bauten (FlBauR)
- Ordnungsbehördengesetz (OBG) z. B. des Landes Nordrhein-Westfalen
- Arbeitsschutzgesetz
- Unfallverhütungsvorschriften (DGUV Vorschriften)
- Hygienevorschriften
- Technische Regeln für Arbeitsstätten (ASR, TRBS)
- Gewerbeordnung (z. B. Bewachung)
- Immissionsschutzgesetz
- Usw.

53 Manches wird aber auch in DIN-Normen oder ISO-Normen definiert. Damit wird der Stand der Technik beschrieben. DIN- und ISO-Normen haben – sofern das nicht durch ein Gesetz oder eine Verordnung gefordert ist – keine gesetzliche Verbindlichkeit. Sie können aber im Zweifel auf ein rechtmäßiges, angemessenes und funktionales Verhalten hinweisen und ein professionelles Handeln dokumentieren. Zwar sind diese Normen nicht zwangsläufig zu beachten, aber sie zu ignorieren kann angreifbar machen:

Ein Schadensfall kann – wenn ein Schadensereignis bei Beachtung der Norm nicht oder nur mit verminderten Schadensauswirkungen eingetreten wäre – als Fahrlässigkeit ausgelegt werden.

54 Sicherheit kann in der Regel vom Besucher nicht eingeschätzt werden. Auftraggeber, Vorgesetzte und andere investieren oft lieber in andere Veranstaltungsbereiche, die ein attraktives und viel beachtetes Programm, eine spektakuläre Show oder Dekoration versprechen. Fakt ist, dass vieles, das durch Sicherheitsvorschriften gefordert wird, Kosten und personellen Aufwand verursacht und die räumlichen, kreativen und technischen Möglichkeiten oft beschränkt.

55 Erfahrungsgemäß ist die Versuchung, diese Vorschriften zu umgehen, latent vorhanden. Sie erzeugt bei den verantwortlichen Planern und Organisatoren erheblichen Druck, den einen oder anderen möglichen Mangel zu übersehen oder durch organisatorische Maßnahmen zu verschleiern oder vermeintlich zu kompensieren.

56 Hier ist höchste Vorsicht geboten, denn grundsätzlich sind Vorschriften einzuhalten!

57 Abweichungen und Ausnahmen sind nur zulässig, wenn sie durch die Vorschrift selbst oder z. B. die Bauaufsicht im Rahmen des Ermessens zugelassen werden. Haftbar bleibt immer derjenige, der die Vorschrift tatsächlich nicht beachtet hat. Der „Anstifter" bleibt meistens außen vor.

58 Abweichungen und Kompensationen sollten immer gut dokumentiert werden und im Vorfeld auf ihre Wirksamkeit nachvollziehbar überprüft werden.

59 Ist das Kind erst einmal in den Brunnen gefallen, dann zieht das häufig richterliche Beurteilungen nach sich. Das sind nachträglich erstellte Bewertungen auf der Basis von nachweisbaren Fakten. Hier haben nicht dokumentierte Gedankengänge des Planers wenig Beweiskraft.

60 Auf keinen Fall darf der Blick auf die Finanzen die Beurteilung einer geforderten Maßnahme beeinflussen. Der Bundesgerichtshof hat eindeutig festgestellt:

Die Sicherheit der Besucher hat absoluten Vorrang vor den wirtschaftlichen Interessen des Veranstalters![3]

---

3 BGH NJW 1984 801 (802)

D. Die wichtigsten Beteiligten an einer Veranstaltung

Bevor auf die einzelnen technischen und organisatorischen Vorgaben der MVStättVO und anderer Vorschriften im Detail eingegangen wird, ist an dieser Stelle zur Definition der maßgeblichen Beteiligten und deren Rollen ein Vorgriff auf die Vorschrift des § 38 MVStättVO angezeigt. 1

Hier nennt die MVStättVO verschiedene wichtige Protagonisten einer Veranstaltung. In besonderer Verantwortung sieht die MVStättVO
- den Betreiber einer Versammlungsstätte,
- den Veranstalter und
- den Vertreter von Betreiber oder Veranstalter, in der Folge Veranstaltungsleiter genannt.

Ihnen werden besondere Zuständigkeiten, Rechte und Pflichten zugeordnet: 2

Einhaltung der für die Sicherheit der Veranstaltung geltenden Vorschriften
- Gewährleistung der Zusammenarbeit von Ordnungsdienst, Brandsicherheits- und Sanitätswache mit der Polizei, der Feuerwehr und dem Rettungsdienst.
- Einstellung des Betriebes, wenn für die Sicherheit der Versammlungsstätte notwendige Anlagen, Einrichtungen oder Vorrichtungen nicht betriebsfähig sind oder, wenn Betriebsvorschriften nicht eingehalten werden können.

Zusätzlich verlangt § 38 Abs. 2 MVStättVO, dass während des Betriebes von Versammlungsstätten der Betreiber bzw. der Veranstalter (bei entsprechender Pflichtenübertragung) oder ein Veranstaltungsleiter ständig anwesend sein muss. Diese Forderung richtet sich immer an natürliche Personen. Sind der Betreiber bzw. der Veranstalter keine natürlichen, sondern juristische Personen, müssen sie sich zwingend durch einen Beauftragten vertreten lassen. 3

Eine genauere Definition der Begriffe „Betreiber", „Veranstalter" und „Veranstaltungsleiter" bleibt die MVStättVO jedoch schuldig. Die Begrifflich- 4 keiten lassen sich nicht nur auf Veranstaltungen im Rahmen der MVStättVO eingrenzen. Die drei genannten Akteure finden sich in der Praxis auch bei vielen anderen Arten von Veranstaltungen wieder. Deshalb ist als Vorgriff auf die späteren detaillierten Erläuterungen zur MVStättVO an dieser Stelle eine Definition sinnvoll.

I. Betreiber

5 Aus § 38 Abs. 1 MVStättVO ergibt sich eine umfassende ordnungsrechtliche Verantwortung für den Betreiber. Die Verantwortlichkeit bezieht sich auf die Beachtung der Bau- sowie der Betriebsvorschriften[1]. Der Betreiber hat damit eine zentrale Verantwortung für die Veranstaltungssicherheit einer Versammlungsstätte. Wer ist aber der Betreiber einer Versammlungsstätte?

6 **Betreiber** ist in der Regel der Inhaber oder Eigentümer. Er besitzt eine rechtliche und tatsächliche Verfügungsgewalt auf Errichtung, Betrieb oder Stilllegung des Betriebes oder einer Anlage. Er gilt damit als wichtiger Garant für die Betriebssicherheit des Gebäudes. Betreiber in der Rechtsform einer juristischen Person müssen sich zwingend durch eine natürliche Person vertreten lassen.

7 Ist die Anlage einem Mieter, Pächter oder einem anderen übertragen, so kann dieser andere „Betreiber" sein. Hierbei kommt es darauf an, wie groß der Einfluss des Mieters auf Beschaffenheit, Nutzung und Betrieb des Gebäudes im Einzelnen ist.

8 *„Betreiber ist diejenige natürliche oder juristische Person, die rechtlich befugt und tatsächlich imstande ist, bestimmenden Einfluss auf eine Anlage auszuüben."*[2]

9 Nach § 38 Abs. 5 MVStättVO kann der Betreiber seine Verpflichtungen durch schriftliche Vereinbarung auf den *Veranstalter* übertragen, ohne sich dabei seiner grundsätzlichen Verantwortung entledigen zu können. Die Gesamtverantwortung des Betreibers bleibt also unberührt. Damit bleibt der Betreiber auch Adressat ordnungsbehördlicher Maßnahmen.

10 Im Hinblick auf die Gebäudesicherheit bedeutet das, dass sich der Betreiber bzw. die von ihr oder ihm beauftragte Person nur von der Anwesen-

---

1 Begründung und Erläuterung zur Musterverordnung über den Bau und Betrieb von Versammlungsstätten (MVStättV), Juni 2005, zuletzt geändert Februar 2010 zu § 38
2 BVerwGE 90, 225, 262

heitspflicht nach Absatz 2 befreien kann. Im Rückschluss kann der Veranstalter nie allein verantwortlich sein.³

II. Veranstalter

Ein Veranstalter ist immer eine natürliche oder eine juristische Person, die eine Veranstaltung eigenverantwortlich durchführt. Der Begriff findet sich in verschiedenen Gesetzen. Das Versammlungsgesetz bestimmt, dass Veranstalter ist, wer zu einer Veranstaltung „öffentlich einlädt"⁴. Das Urheberrecht erweitert die Definition um einen Personenkreis, der nicht unmittelbar mit den Organisatoren einer Veranstaltung übereinstimmt, aber notwendige Infrastruktur bereitstellt. In Fällen von Urheberrechtsverletzungen können auch Gaststätten-, Diskotheken- oder Kinobetreiber⁵ in Haftung genommen werden. Auch das BGB kennt den Begriff, trotzdem gibt es keine Fundstelle mit einer allgemein anwendbaren Definition. Allen gemeinsam ist aber, dass dem Veranstalter regelmäßig ein umfassendes Haftungsrisiko zugerechnet wird. Deshalb verwundert es auch nicht, dass sich bereits seit mehr als 100 Jahren Gerichte mit der Frage auseinandersetzten: „Wer gilt als Veranstalter?" **11**

Bereits 1911 stellte das Reichsgericht fest, „Veranstalter sei derjenige, der eine Veranstaltung angeordnet habe" und „durch dessen Tätigkeit sie „ins Werk gesetzt" wurde".⁶ **12**

In verschiedenen Verfahren zu unterschiedlichen Veranstaltungsformaten vom Tanzkurs bis zum Profiboxkampf hat der BGH sich seitdem mit der Rolle befasst.⁷

Dabei hat sich folgende Definition herauskristallisiert: **13**

Veranstalter ist, wer

- das wirtschaftliche Risiko für die Veranstaltung trägt (auch dann, wenn keine Gewinnerzielungsabsicht besteht),
- öffentlich zu Veranstaltungen aufruft (Werbung macht),

---

3 Nr. 38.5 der Erläuterungen des MHKGB NRW zur Verordnung über Bau und Betrieb von Sonderbauten in Nordrhein-Westfalen und Begründung
und Erläuterung zur Musterverordnung über den Bau und Betrieb von Versammlungsstätten (MVStättV), Fassung Juni 2005, zuletzt geändert im Februar 2010 – zu § 38
4 § 2 Abs. 1 Versammlungsgesetz
5 § 81 Urheberrechtsgesetz
6 RG, Urteil vom 9. Dezember 1911, Az.: Rep. I 487/10 = RGZ 78, 84
7 U: a: BGH 19.6.1956 I ZR 104/54 GRUR 1956, 515, 516 – „Tanzkurse", BGH GRUR 1960, 606, 607 – „Eisrevue II"; BGH 22.4.1958 I ZR 67/57, BGHZ 27, 265,266 „Programmheft" und BGH 29.4.1970 I ZR 30/68 GRUR 1971, 46, 46 – „Bubi-Scholz-Urteil"

- die notwendige Organisation übernimmt und wesentliche Entscheidungen treffen kann,
- die Letztentscheidungsbefugnis hat, oder
- nach außen als Veranstalter auftritt (Anscheinsveranstalter z. B. bei Sponsoring). *Dies ist häufig bei Veranstaltungsformaten der Fall, die den Namen des Sponsors tragen.* Da der Besucher –besonders bei eintrittsfreien Veranstaltungen – einen Vertrag durch konkludentes Handeln[8] mit dem Veranstalter eingeht, muss er davon ausgehen können, dass der Namensgeber der Veranstaltung auch (Mit-)Veranstalter ist. Es hat also den Anschein, dass der Sponsor Veranstalter ist – mit den entsprechenden zivil- und strafrechtlichen Konsequenzen.

14 Die Gesetzliche Unfallversicherung definiert ebenfalls den Begriff „Veranstalter". Hier erfolgt die Definition über die Beschreibung der Verantwortlichkeiten: *„Der* **Veranstalter** *ist für alle sicherheitsrelevanten, organisatorischen, technischen und wirtschaftlichen Abläufe einer Veranstaltung verantwortlich."*[9]

15 Veranstalter können kommerziell oder auch nichtkommerziell ausgerichtet sein. Gerade der Veranstaltungssektor bietet Raum für professionelle und nebenberufliche Anbieter bis hin für engagierte Ehrenamtliche. Die Größe einer Veranstaltung ist dabei kein Anhaltspunkt für deren Professionalität. Gerade im Bereich der Vereinsaktivitäten und Sportturniere finden sich Veranstaltungen, die in Bezug auf Größe, Zuspruch und Gefährdung mit kommerziellen Veranstaltungen mithalten können. Hier finden sich häufig ehrenamtliche Organisatoren.

16 Die MVStättVO überträgt dem Veranstalter zusammen mit dem Betreiber die Verantwortung für die Sicherheit der Veranstaltung. Wer von beiden welche Verantwortlichkeiten wahrnimmt, muss im Vorfeld detailliert geklärt werden. Zuständigkeiten sind exakt abzugrenzen und zu dokumentieren. Das gilt sowohl für den inhaltlichen Teil der Verantwortung, die genaue Definition der Räume und Flächen, sowie für die zeitliche Geltungsdauer, also die Frage, wann die Zuständigkeit beginnt und endet.

17 Leider wird das in der Praxis oft nicht so eindeutig umgesetzt. Das kann sich dann für den Betreiber im Schadensfall negativ auswirken. Unklarheiten in der Kompetenzabgrenzung gehen immer zu Lasten des ursprünglichen Verkehrssicherungspflichtigen.[10]

18 Besondere Anforderungen an Qualität und Qualifikation oder Referenzen bestehen in Deutschland bislang nicht. Jede geschäftsfähige Person kann als Veranstalter auftreten, ohne ihre Eignung nachweisen zu müssen. Die hierzulande bekannten Ausbildungsberufe „Eventmanager" oder „Veran-

---

8 Mittelbare Auslegung aus BGB § 116
9 DGUV-Information 215-310, Abs. 2.1, Seite 15
10 *OLG Celle* 13 U 120/05 (Münch Komm/Wagner, § 823 Rn. 295)

staltungskaufmann" sind eher kaufmännisch ausgerichtet. Sicherheitsaspekte werden in den Lehr- und Ausbildungsplänen häufig nebensächlich behandelt. Diese Ausbildungen sagen also meistens nur etwas über die wirtschaftliche Kompetenz der Person oder des Unternehmens aus.

III. Veranstaltungsleiter

Sowohl Betreiber als auch Veranstalter können sich vertreten lassen. § 38 spricht in einem solchen Fall von dem „beauftragten **Veranstaltungsleiter**". Basierend auf den Vorgaben des § 38 der MVStättVO hat sich der Veranstaltungsleiter zu einem wesentlichen Akteur im Rahmen der Sicherheitsarchitektur von Veranstaltungen entwickelt. Gleichwohl bietet § 38 MVStättVO kein Anforderungsprofil, geschweige denn eine Qualifizierungsvorgabe. Es findet sich in Deutschland keine inhaltlich vergleichbare rechtliche Grundlage, die analog herangezogen werden könnte. **19**

Sowohl der Betreiber als auch der Veranstalter können einen Veranstaltungsleiter berufen. Die Auswahl sollte immer in enger Abstimmung zwischen dem Veranstalter und dem Betreiber erfolgen. Wegen der umfassenderen Garantiepflichten hat in Zweifelsfällen jedoch der Betreiber das letzte Wort. Gegen sein Votum kann ein Veranstalter seinen Veranstaltungsleiter nicht durchsetzen. Voraussetzung ist auch, dass der Veranstalter zuvor selbst durch schriftliche Vereinbarung mit dem Betreiber Pflichten übernommen hat. **20**

Zur notwendigen Qualifikation des Veranstaltungsleiters macht die MVStättVO keine konkreten Angaben. Deshalb existieren in der Fachwelt auch viele verschiedene Auffassungen hierüber. Darauf wird in der Folge noch unter den Ausführungen zu § 38 MVStättVO eingegangen. Bei der Auswahl des Versammlungsleiters durch Betreiber oder Veranstalter können die Bestimmungen des Arbeitsschutzes und der Unfallverhütungsvorschriften wertvolle Hinweise liefern. Analog angewendet bedeutet das, dass die beauftragte Person für ihre Aufgabenerfüllung befähigt sein muss. Bestehen daran Zweifel, dann darf eine Aufgabenübertragung nicht erfolgen. Das gilt expressis verbis zwar nur im Kontext mit Maßnahmen des Arbeitsschutzes. Wegen der engen Themenverwandtschaft und Ähnlichkeit der Aufgaben sollte das auch bei der Bestellung eines Versammlungsleiters gelten. **21**

> **§ 7 Arbeitsschutzgesetz (Auswahlverantwortung)**
> Bei der Übertragung von Aufgaben auf Beschäftigte hat der Arbeitgeber je nach Art der Tätigkeiten zu berücksichtigen, ob die Beschäftigten befähigt sind, die für die Sicherheit und den Gesundheitsschutz bei der Aufga-

benerfüllung zu beachtenden Bestimmungen und Maßnahmen einzuhalten

§ 10 Arbeitsschutzgesetz
(2) Der Arbeitgeber kann *zuverlässige* und *fachkundige* Personen *schriftlich* damit beauftragen, ihm obliegende Aufgaben nach diesem Gesetz in eigener Verantwortung wahrzunehmen.

§ 7 DGUV Nr. 1 Befähigung für Tätigkeiten
Bei der Übertragung von Aufgaben auf Versicherte hat der Unternehmer je nach Art der Tätigkeiten zu berücksichtigen, ob die Versicherten befähigt sind, die für die Sicherheit und den Gesundheitsschutz bei der Aufgabenerfüllung zu beachtenden Bestimmungen und Maßnahmen einzuhalten.
Der Unternehmer darf Versicherte, die erkennbar nicht in der Lage sind, eine Arbeit ohne Gefahr für sich oder andere auszuführen, mit dieser Arbeit nicht beschäftigen.

§ 13 DGUV 1 Pflichtenübertragung
Der Unternehmer kann *zuverlässige* und *fachkundige* Personen *schriftlich* damit beauftragen, ihm nach Unfallverhütungsvorschriften obliegende Aufgaben in eigener Verantwortung wahrzunehmen. Die Beauftragung muss den *Verantwortungsbereich* und *Befugnisse* festlegen und ist vom *Beauftragten zu unterzeichnen*.

DGUV-Information 215-310, Abs. 2.1, Seite 15
Gesamtverantwortliche Person des Veranstalters ist eine zuverlässige und fachkundige Person, die die Veranstaltung und Produktion leitet und beaufsichtigt. Als gesamtverantwortliche Person fungiert in der Regel die Technische Direktion, Herstellungsleitung, Produktionsleitung, Projektleitung, Produktionsingenieur.

22 Diese Vorschriften gelten zunächst einmal nur für das Verhältnis zwischen Arbeitgeber und Arbeitnehmer bzw. zwischen Unternehmer und Versichertem. Dieser Grundsatz gilt über das Schuldrecht mittelbar auch, wenn der Betreiber oder Veranstalter eine externe Person (z. B. Freelancer) mit der selbstständigen Wahrnehmung der Aufgabe betraut hat. Wählt er eine Person aus, die nicht geeignet ist, haftet er für deren Fehler (Auswahlverschulden nach § 831 BGB). Deshalb ist bei der Auswahl externer Dienstleister besondere Sorgfalt geboten.

23 Der Veranstaltungsleiter sollte bei der Übertragung der Aufgabe seine eigenen Grenzen kennen. Nimmt er eine Aufgabe an, der er objektiv nicht gewachsen ist, so könnte er seine Sorgfaltspflichten nach § 276 Abs. 2 BGB fahrlässig verletzen (Annahmeverschulden). Das kann zu Haftungsansprüchen führen. Bei der Beurteilung der Fahrlässigkeit kommt es nicht auf das persönliche Verantwortungsvermögen des Betroffenen an, sondern nur darauf, wie eine sorgfältig und verantwortungsbewusst handelnde Person in dieser konkreten Lage die Auswirkungen ihres Verhaltens hätte voraussehen und Schaden vermeiden können.

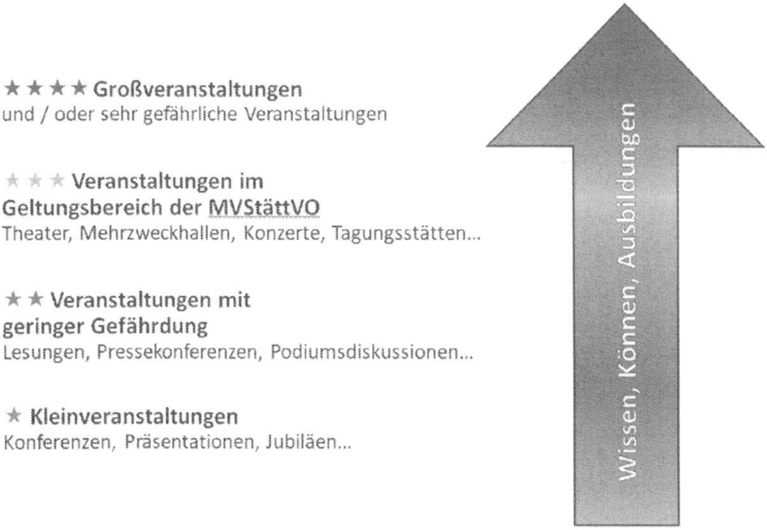

★ ★ ★ ★ **Großveranstaltungen**
und / oder sehr gefährliche Veranstaltungen

★ ★ ★ **Veranstaltungen im
Geltungsbereich der MVStättVO**
Theater, Mehrzweckhallen, Konzerte, Tagungsstätten...

★ ★ **Veranstaltungen mit
geringer Gefährdung**
Lesungen, Pressekonferenzen, Podiumsdiskussionen...

★ **Kleinveranstaltungen**
Konferenzen, Präsentationen, Jubiläen...

Wissen, Können, Ausbildungen

Grafik: Olaf Jastrob
Abbildung 3: Qualifikationsanforderungen an Veranstaltungsleiter

IV. Der Verantwortliche für Veranstaltungstechnik

Neben dem Veranstaltungsleiter nennt die MVStättVO in §§ 39 und 40 als weiteren wichtigen Akteur in der Veranstaltung den **Verantwortlichen für Veranstaltungstechnik (VfVt)**. Der Begriff umschreibt kein Berufsbild, sondern eine Funktion.

Der Verantwortliche für Veranstaltungstechnik führt Aufsicht über die Bühne oder Szenenfläche und ihre technischen Einrichtungen. Er sorgt dafür, dass diese sicher und technisch zuverlässig funktionieren und von ihnen keine Gefahren für die Besucher, Mitarbeiter und Mitwirkenden ausgehen. Zusätzlich ist er auch für die Einhaltung der Sicherheitsbestimmungen und des Brandschutzes zuständig.

Die Tätigkeit des Verantwortlichen für Veranstaltungstechnik setzt definierte Mindestqualifikationen voraus, die durch entsprechende berufliche Qualifikationen erworben werden. Die üblichen Qualifikationsnachweise sind dabei die Absolventen eines Hochschulstudiums, also Ingenieure für Theater- oder Veranstaltungstechnik, und die geprüften Meister für Veranstaltungstechnik. Darüber hinaus kann durch die zuständigen Stellen (in NRW z. B. die IHK, in Hessen das Regierungspräsidium Darmstadt) entsprechend geeigneten und qualifizierten Personen ein „Befähigungszeugnis als Verantwortlicher für Veranstaltungstechnik" ausgestellt werden. Die Erteilung dieses Befähigungszeugnisses setzt grundsätzlich zumindest das Bestehen des fachspezifischen Teils der Prüfung zum Meister für Veranstaltungstechnik voraus.

26 Verantwortliche für Veranstaltungstechnik werden aber nicht bei jeder Veranstaltung benötigt. Die allermeisten Veranstaltungen in Deutschland kommen auch ohne sie aus. Nur wenn durch hohe Besucherzahlen oder/und Größe der Bühne, besondere Bühnentechnik oder die Art der Veranstaltung auch eine besondere Gefährdungslage entsteht, ist die Anwesenheit eines Verantwortlichen für Veranstaltungstechnik vorgeschrieben. Mehr zum Verantwortlichen für Veranstaltungstechnik findet sich in den Ausführungen zu §§ 39 und 40 MVStättVO.

V. Die Beauftragung der Veranstaltungsleitung und des Verantwortlichen für Veranstaltungstechnik

27 Veranstaltungsleiter und Verantwortlicher für Veranstaltungstechnik übernehmen Aufgaben, Verantwortung und Zuständigkeiten des Betreibers oder Veranstalters. Die Übernahme der Aufgaben erfolgt im Rahmen einer Delegation. Wie hat eine solche Delegation auszusehen? Gibt es formale Erfordernisse für eine rechtlich verbindliche Delegation?

Die Art und Weise einer Delegation ist in Deutschland nur in wenigen Bereichen rechtlich geregelt:
- § 13 Abs. 2 ArbSchG,
- § 15 Abs. 1 Nr. 1 SGB VII,
- § 13 BGV A1,
- § 9 Abs. 2 Nr. 2 OWiG,
- BGB,
- Aktiengesetz/GmbH-Gesetz.

28 Der Deutsche Verband für Facility Management hat für seinen Bereich die GEFMA-Richtlinie 190 erlassen. Sie fordert:
- Klare und eindeutige Definition der zu übertragenden Pflichten,
- Widerspruchsfreie Aufgabenverteilung ohne Überschneidungen und Lücken,

- Sorgfältige Auswahl von geeigneten Führungskräften/Beschäftigten/ Dienstleistern,
- Ausstattung der Verpflichteten mit erforderlichen Mitteln und Befugnissen,
- An/ Ein/ Unterweisung des Verpflichteten,
- Laufende Aufsicht und Überwachung.

Die Deutschen Gerichte befassen sich seit der Jahrhundertwende mit dem Thema und haben für die Delegation Mindeststandards entwickelt.

- *„Das Schriftformerfordernis gemäß § 13 Abs. 2 ArbSchG dient der rechtlichen Absicherung sowohl des Arbeitgebers als auch der beauftragten Person. Damit kein Zweifel über die Beauftragung und ihren Inhalt bestehen kann, muss der Umfang der begründeten Pflichten hinreichend präzise niedergelegt werden."*[11]
- *„Eine Delegation der Verkehrssicherungspflichten setzt eine klare Absprache voraus, die eine Ausschaltung von Gefahren zuverlässig sicherstellt".*[12]
- *„Unklarheiten in der Kompetenzabgrenzung gehen zu Lasten des ursprünglich Verkehrssicherungspflichtigen"* [13]

Aus der Rechtsprechung kann abgeleitet werden, dass für eine Pflichtendelegation für alle Seiten verlässliche und verständliche Rahmenbedingungen gelten müssen. Außerdem muss die Beauftragung den Verantwortungsbereich und die Befugnisse klar festlegen und bedarf der Unterzeichnung durch den Delegierenden und den Beauftragten.

---

11 BVerwG, Urteil v. 23.6.2016 – Az. 2 C 18/15
12 BGH, NJW 1996, 2646
13 *OLG Celle* 13 U 120/05, Münch Komm/Wagner, § 823 Rn. 295

E. Die wichtigsten gesetzlichen Vorschriften

1 Die Fülle der denkbaren einschlägigen Vorschriften ist groß und nach Art der Veranstaltung und ihre Auswirkungen und Einflüsse auf Dritte individuell unterschiedlich. Besonders wichtig sind hier:
- die allgemeine Verkehrssicherungspflicht,
- die Vorschriften der (Muster)-Versammlungsstättenverordnungen,
- die Vorschriften des Arbeitsschutzes,
- die Vorschriften der Gesetzlichen Unfallversicherungen.

Auf die sich hieraus ergebenden Pflichten wird in der Folge detaillierter eingegangen.

I. Rechtssystematik

2 Bei der Suche nach der richtigen Rechtsvorschrift spielen oft eine Vielzahl von Vorschriften, Verordnungen und Normen eine Rolle. Um deren Bedeutung besser zu verstehen und eine sichere Einordnung zu erleichtern, lohnt sich ein kurzer Blick auf das deutsche Rechtssystem.

3 In Deutschland steht das Grundgesetz an oberster Stelle der nationalen Rechtsordnung. Neben der Staatsordnung hat das Grundgesetz besonders die Menschenrechte (Art 1 GG) und in der weiteren Folge die Grundrechte der Bürgerinnen und Bürger im Fokus (Art. 2 – 19 GG u. a.). Diese Rechte legen die richtigen „Umgangsformen" des Staates gegenüber den Menschen fest. Sie garantieren Einzelpersonen oder Personengruppen grundlegende Freiheits- und Gleichheitsrechte. Gleichzeitig ist in den einzelnen Artikeln festgehalten, unter welchen Voraussetzungen und Beschränkungen der Staat in die Grundrechte eingreifen kann.

4 Während die in Art. 1 GG genannten Menschenrechte einer Ewigkeitsgarantie unterliegen, sind Einschränkungen einzelner Grundrechte nur unter den im jeweiligen Artikel genannten Bedingungen möglich. Hierzu bedarf es in der Regel eines Gesetzes, in der Rechtssystematik der zweithöchsten Stufe nach dem Grundgesetz. Gesetze sind grundsätzlich durch das jewei-

I. Rechtssystematik 5–7

lige Parlament (und ggfls. durch den Bundesrat) zu verabschieden. Verordnungen hingegen können durch die Regierung erlassen werden, Verwaltungsvorschriften durch Ministerien.

Die Grundrechte wirken aber nicht nur zwischen Staat und Bürger und schützen diesen vor der Staatsgewalt. Vielmehr können sie auch Drittwirkungen auf die Rechte einzelner Personen oder Personengruppen untereinander entwickeln. Deshalb verpflichten sie gleichzeitig auch den Gesetzgeber mit entsprechender Gesetzgebung, Grundrechtsverletzungen durch Dritte zu unterbinden. Dadurch gewinnen einzelne Grundrechte auch für die Planung und Durchführung von Veranstaltungen Relevanz. 5

Gesetze und Verordnungen, die sich unmittelbar oder mittelbar mit der Sicherheit bei Veranstaltungen befassen, beziehen sich besonders auf das Recht auf Freizügigkeit (Art. 2 Abs. 1 GG), das Recht auf Leben und körperliche Unversehrtheit (Art. 2 Abs. 2 GG) und die Freiheit der Kunst (Art. 5 Abs. 3 GG). Auch Eigentumsrechte (Art. 14 GG) und Berufsfreiheit (Art. 12 GG) können betroffen sein. Darauf wird in der Folge noch weiter eingegangen. 6

Unterhalb der Ebene des Grundgesetzes finden sich Gesetze, Verordnungen und Richtlinien. Gesetze und Verordnungen haben Rechtsverbindlichkeit. Ihre Rangfolge wird jedoch durch die Ermächtigung deutlich. Während Gesetze nur von der Legislative, dem Parlament, beschlossen werden dürfen, werden Verordnungen durch die Exekutive, der Regierung, erlassen. 7

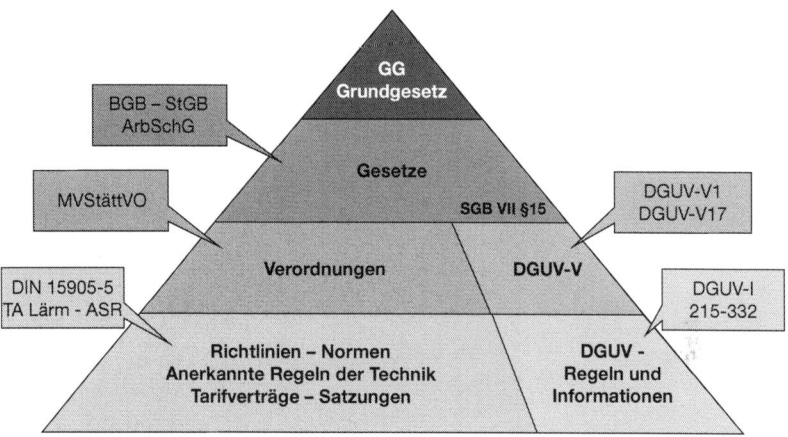

Grafik: Olaf Jastrob
Abbildung 4: Rechtsgrundlagen

8 Voraussetzung hierfür ist allerdings, dass die Exekutive durch ein entsprechendes Gesetz hierzu ermächtigt wurde. In ihm müssen der Zweck, der Rahmen und die Grenzen der Ermächtigung geregelt sein. Bei Versammlungsstätten leiten die obersten Baubehörden ihre Ermächtigung zu besonderen Regelungen für Sonderbauten aus § 85 Musterbauordnung (MBO) ab und haben auf dieser Grundlage die MVStättVO erlassen. Richtlinien entwickeln grundsätzlich keine Rechtsverbindlichkeit. Das heißt jedoch nicht zwangsläufig, dass sie nicht zu beachten sind. Ihre Verbindlichkeit ist mit den „Anerkannten Regeln der Technik" zu vergleichen. Ein Missachten der Richtlinien kann spätestens im Schadensfall zu einer negativen rechtlichen Bewertung führen. Es sollten deshalb schon immer gute Gründe vorhanden sein, Richtlinien oder die Anerkannten Regeln der Technik nicht zu beachten.

II. Die Verkehrssicherungspflicht

9 Wer Veranstaltungen plant, organisiert oder durchführt, muss sich nahezu zwangsläufig auch mit dem Begriff der „Verkehrssicherungspflicht" auseinandersetzen. Der Begriff leitet sich aus dem Zivilrecht ab, knüpft aber nahtlos an die Garantie der körperlichen Unversehrtheit und dem Recht auf Leben an. Dadurch hat die Verkehrssicherungspflicht in der Praxis eine große rechtliche Relevanz. Gleichwohl findet sich keine eindeutige gesetzliche Definition.

10 Die Schadensersatzpflicht leitet sich aus § 823 BGB ab, unabhängig davon, ob es sich um Personenschäden, Sachschäden oder finanzielle Schäden handelt. Demnach ist zum Schadensersatz verpflichtet, wer vorsätzlich oder fahrlässig das Leben, den Körper, die Gesundheit, die Freiheit, das Eigentum oder ein sonstiges Recht eines anderen widerrechtlich verletzt. Der Begriff „widerrechtlich" wurde durch den Gesetzgeber in der Folge nicht weiter ausgeführt. Eine umfassende Definition wäre für den Gesetzgeber auch kaum möglich, weil die allgemeinen Umstände des täglichen Lebens eine viel zu breite Anzahl an relevanten Tatbeständen bieten. Hier unterscheidet sich das Zivilrecht vom Strafrecht, in dem nur die Tatbestände sanktioniert werden können, die per Gesetz verboten wurden. Nur das, was explizit durch Gesetz verboten ist, kann auch strafrechtlich verfolgt werden.

11 Eine Schadensersatzpflicht kann jedoch nicht nur durch aktives Tun ausgelöst werden. Auch das Unterlassen kann nach § 823 BGB Schadensersatzpflichten auslösen. Auch in der Veranstaltungsorganisation bin ich daher verpflichtet, aktiv bei der Reduzierung von Gefährdungen und Gefahren hinzuwirken. Kommt es infolge der mangelhaften Verkehrssicherung während einer Veranstaltung zu einem Schadensfall, so ist der Veranstalter in

II. Die Verkehrssicherungspflicht

der Schadensersatzpflicht und hat sich u. U. auch strafrechtlich angreifbar gemacht.

12 Die weitere Auslegung des Begriffes **Verkehrssicherungspflicht** und die Umschreibung der damit einhergehenden Pflichten ergibt sich aus der ständigen Rechtsprechung der deutschen Gerichte.

13 *„Verkehrssicherungspflichtig ist derjenige, der die Gefahr geschaffen hat und für sie verantwortlich und in der Lage ist, dieser Gefahrenlage zu begegnen und die zur Gefahrenabwehr notwendigen Maßnahmen zu treffen."*[1]

14 Die verschiedenen Gerichte haben über die Zeit eine Pflicht zur Gefahrenabwehr definiert, die vereinfacht lautet: Wer eine Gefahrenquelle schafft oder unterhält, hat auch das Notwendige und Zumutbare zu leisten, um Schäden anderer zu vermeiden. Kommt er dieser Pflicht nicht nach und schädigt hierdurch andere, ist er nach § 823 BGB zu Schadensersatz verpflichtet. Der Begriff „Gefahrenquelle" ist dabei nicht nur konkret auszulegen (z. B. das Loch im Gehweg), sondern als allgemeingültig zu deuten.

15 Die Verkehrssicherungspflicht geht eng einher mit der Garantenpflicht aus dem Strafrecht. Verletzungen der Verkehrssicherungspflicht können auch Verstöße gegen Garantenpflichten darstellen und somit Grundlage für einen zivilrechtlichen Schadensersatzanspruch und gleichzeitig auch die Strafverfolgung bieten.

16 Auf Veranstaltungen bezogen lässt sich der Umfang der Verkehrssicherungspflicht nicht allgemeinverbindlich beschreiben. Art und Umfang der Gefährdungen und Gefahren aus einer Veranstaltung und die sich hieraus ableitenden notwendigen Schutzmaßnahmen müssen genauso konkret und individuell bewertet werden wie ihre mögliche Wirkung auf Dritte. Dabei kann es bei der gleichen Veranstaltung zu unterschiedlichen Beurteilungen kommen. Besteht das Publikum überwiegend aus Kindern oder Senioren, können sich andere Schutzmaßahmen ergeben als bei einem durchschnittlichen erwachsenen Publikum. Bei Kindern können deren besonderer Drang zu Bewegung, ihre kindstypische Neugier und ihre geringe Erfahrung zusätzliche Schutzmaßnahmen notwendig machen, bei Senioren kann dieses aufgrund der eingeschränkten Beweglichkeit erforderlich sein.

17 Ziel der Verkehrssicherungspflicht ist die Garantie eines Schutzniveaus, das dem allgemeinen Lebensrisiko entspricht. Die Verkehrssicherungspflicht muss deshalb auch nicht jeder denkbaren abstrakten Gefahr vorbeugen. Sie umfasst nur Maßnahmen, *„die ein umsichtiger und verständiger, in vernünfti-*

---

1 BGH v. 2.2.2006 – III ZR 159/05

gen Grenzen vorsichtiger Mensch für notwendig und ausreichend hält, um andere vor Schäden zu schützen".[2]

III. Die Musterversammlungsstättenverordnung (MVStättVO)

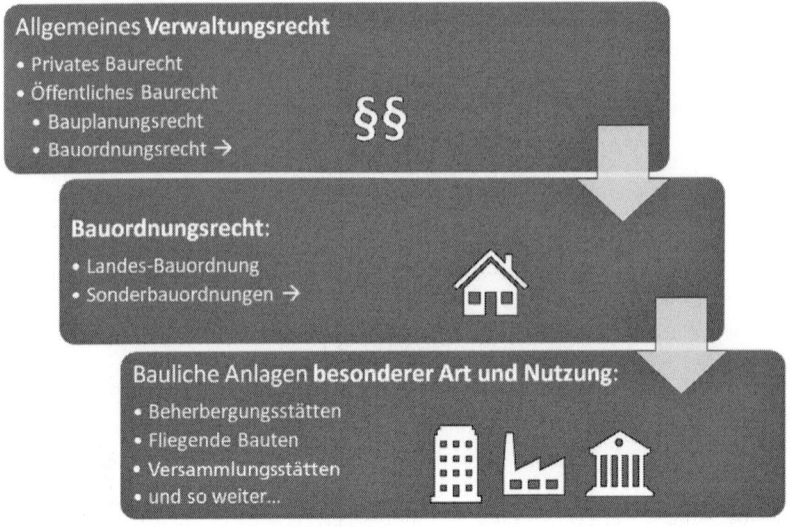

Grafik: Olaf Jastrob

Abbildung 5: weitere Rechtsgrundlagen

18 Die MVStättVO gliedert sich in sieben Teile:
- **Allgemeine Vorschriften** (Anwendungsbereich, Anzahl der Besucher, Begriffsdefinitionen)
- **Allgemeine Bauvorschriften** (besondere Bauteile und Baustoffe, Rettungswege, Besucherplätze/-flächen, Technische Anlagen und Einrichtungen, besondere Räume
- **Besondere Bauvorschriften** (Großbühnen und Versammlungsstätten mit mehr als 5.000 Besucherplätzen)
- **Betriebsvorschriften** (Rettungswege, Besucherplätze, Brandverhütung Bedienung und Wartung der technischen Einrichtungen /Laseranlagen, Pflichten der Betreiber, Veranstalter und Beauftragte, Verantwortliche für Veranstaltungstechnik, Brandsicherheitswache, Sanitäts- und Ret-

---

2 S. u. a. BGH Urteile vom 15.4.1975 – VI ZR 19/74 – VersR 1975, 812; vom 15.7.2003 – VI ZR 155/02; vom 8.11.2005 – VI ZR 332/04 und vom 16.5.2006 – VI ZR 189/05]

III. Die Musterversammlungsstättenverordnung (MVStättVO)   **19, 20**

tungsdienst, Brandschutzordnung, Räumungskonzept, Feuerwehrpläne, Sicherheitskonzept, Ordnungsdienst)
- **Zusätzliche Bauvorlagen** (z. B. Bestuhlungs- und Rettungswegeplan, Gastspielprüfbuch)
- **Bestehende Versammlungsstätten** (Anwendung der Vorschriften auf bestehende Versammlungsstätten)
- **Schlussvorschriften** (u. a. Ordnungswidrigkeiten)

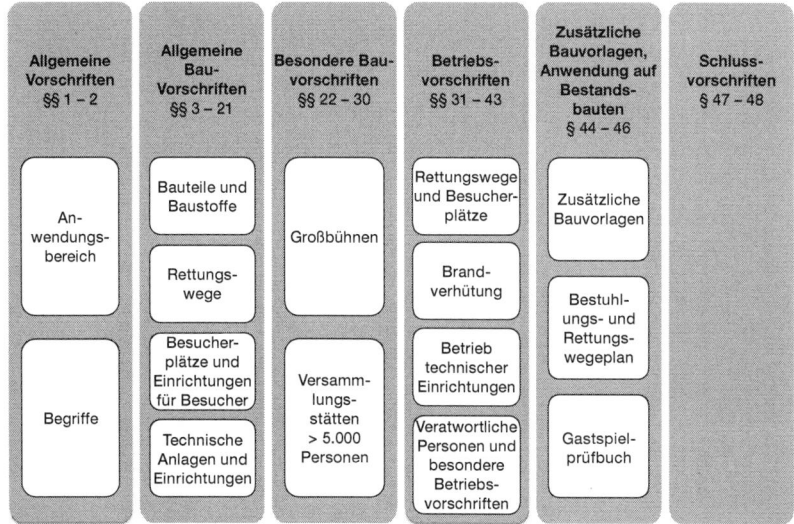

Grafik: Olaf Jastrob
Abbildung 6: Musterversammlungsstättenverordnung

Die MVStättVO ist aber nur für einen Teil der ständig stattfindenden Veranstaltungen verbindlich. Außerdem ist sie nicht bundesweit einheitlich umgesetzt. Abweichungen zwischen den Bundesländern in Auslegung und Umsetzung bestehen auch bei elementaren und wichtigen Bestandteilen der Vorschrift. Darüber hinaus bezieht sie sich vorrangig auf die Sicherheit der Besucher einer Veranstaltung und ist auch inhaltlich nicht abschließend. **19**

Ihre rechtliche Grundlage findet die MVStättVO in der Musterbauordnung (MBO) bzw. den entsprechenden Bauordnungen der Länder. § 2 Abs. 4 Nr. 7 MBO weist Versammlungsräume als Sonderbauten aus, für die – neben den allgemeinen Anforderungen nach § 3 Abs. 1 MBO, besondere Anforderungen gestellt werden können. Zur Umsetzung ermächtigt § 85 MBO die oberste Bauaufsichtsbehörde, entsprechende Rechtsvorschriften zu erlassen. Hierzu gehören auch Anforderungen, die geeignet sind, die in § 3 MBO **20** verankerte Garantie der Aufrechterhaltung der öffentlichen Ordnung, vor allem den Schutz von Leben und Gesundheit zu gewährleisten.

21 Der Anwendungsbereich der MVStättVO umfasst den Bau und Betrieb von Versammlungsstätten mit unterschiedlichen Nutzungsarten. Ziel der MVStättVO ist es, den Personen in einer Veranstaltung einen bestmöglichen Schutz zu gewährleisten und im Falle eines Schadensereignisses durch eine schnelle Evakuierung Schäden an Leib und Leben zu vermeiden. Dabei hat die ARGE BAU den Fokus der MVStättVO überwiegend auf die Besucher einer Veranstaltung gelegt. Entsprechend ist auch der Terminus, der überwiegend die Bezeichnung „Besucher" verwendet. Nur an wenigen Stellen weicht die MVStättVO von diesem Prinzip ab und spricht dann von „Personen".

22 Die Verordnung kann rechtlich jedoch nicht isoliert oder abschließend betrachtet werden. Vielmehr ist sie stets im Kontext mit der regional gültigen Landesbauordnung zu betrachten. Für Tatbestände, zu denen die MVStättVO keine besonderen Regelungen enthält, gelten die Bestimmungen der jeweiligen Landesbauordnungen.

23 Auch Arbeitsschutzvorschriften für die Beschäftigten in einer Veranstaltung werden durch sie nicht erfasst. Diese finden sich im Arbeitsschutzgesetz oder in den Unfallverhütungsvorschriften der Gesetzlichen Unfallversicherer (s. auch IV. – Rn. 549 ff.).

24 Die MVStättVO ist in Deutschland die zentrale Sicherheitsvorschrift bei Veranstaltungen. Das durch sie geforderte Sicherheitsniveau entspricht dem Stand der Technik bei der technischen und organisatorischen Sicherheitsprävention. Deshalb wird sie analog ganz oder auszugsweise auch häufig für die Bewertung von Veranstaltungen herangezogen, die außerhalb des Geltungsbereichs liegen.

25 Im Gegensatz zu anderen Bauvorschriften wartet die MVStättVO mit einer Besonderheit auf. Sie definiert sich nicht nur als technische Bauvorschrift, sondern geht darüber hinaus und erweitert ihren Regelungsgehalt auch um **Betriebsvorschriften** für den allgemeinen Betrieb. Diese besonderen Betriebsvorschriften gelten dem organisatorischen Schutz der Besucher und werden in den §§ 38 – 43 MVStättVO genauer beschrieben.

Muster-Versammlungsstättenverordnung (MVStättVO) – Fassung Juni 2005, zuletzt geändert durch Beschluss der Fachkommission Bauaufsicht vom Juli 2014

Teil 1 Allgemeine Vorschriften
§ 1 Abs. 1 MVStättVO Anwendungsbereich

(1) Die Vorschriften dieser Verordnung gelten für den Bau und **Betrieb** von
1. Versammlungsstätten mit Versammlungsräumen, die einzeln mehr als 200 Besucher fassen. Sie gelten auch für Versammlungsstätten mit

> mehreren Versammlungsräumen, die insgesamt mehr als 200 Besucher fassen, wenn diese Versammlungsräume gemeinsame Rettungswege haben;
> 2. Versammlungsstätten im Freien mit Szenenflächen **und** Tribünen, die **keine** fliegenden Bauten sind und insgesamt mehr als 1.000 Besucher fassen;
> 3. Sportstadien und Freisportanlagen mit Tribünen, die keine fliegenden Bauten sind, und die jeweils insgesamt mehr als 5.000 Besucher fassen

1. § 1 MVStättVO Anwendungsbereich

Der § 1 MVStättVO führt den Begriff „Versammlungsstätte" ein. Bei der weiteren Begriffsbestimmung ist neben dem Begriff „bauliche Anlage" die **„gleichzeitige Anwesenheit vieler Menschen in einer baulichen Anlage"** das ausschlaggebende Attribut. Das gilt unabhängig davon, zu welchem konkreten Zweck sich diese Menschen versammeln. Deshalb zählen auch Schank- und Speisewirtschaften grundsätzlich zu den Versammlungsstätten. Das gilt auch, wenn nur Speisen und Getränke angeboten werden.

> **§ 2 Abs. 2 MBO**
> **Gebäude** sind selbstständig benutzbare, überdachte bauliche Anlagen, die von Menschen betreten werden können und geeignet oder bestimmt sind, dem Schutz von Menschen, Tieren oder Sachen zu dienen.

Gegenüber älteren Fassungen differenziert die MVStättVO nicht mehr zwischen verschiedenen Arten und Nutzungsformen einer Versammlungsstätte. Eine Versammlungsstätte im Sinne der MVStättVO definiert sich einheitlich über Größe und Nutzung. Die Gefährdungseinschätzung einer Veranstaltung erfolgt vorrangig durch eine Bewertung der baulichen Gegebenheiten einer Versammlungsstätte. Eine Bewertung der Gefährdung durch die Art der Veranstaltung findet hier zunächst nicht statt.

Es macht also anfangs keinen Unterschied, ob es sich bei der Veranstaltung um eine Lesung, ein klassisches Konzert oder einen Auftritt einer Heavy-Metal-Band handelt. Damit unterscheidet sich Deutschland vom restlichen deutschsprachigen Raum. Hier steht in der Regel die Art der Veranstaltung im Vordergrund der Betrachtung. Um unterschiedliche Gefährdungsgrade der verschiedenen Arten von Versammlungsstätten zu berücksichtigen, sind für die einzelnen Nutzungen verschiedene Besucherzahlen festgelegt worden.

29 § 1 Abs. 1 MVStättVO nennt damit drei Kriterien, die alle erfüllt sein müssen, damit die Vorschrift Anwendung findet:
- Es muss sich um eine **bauliche Anlage** handeln,
- Die bauliche Anlage muss für die **gleichzeitige Anwesenheit vieler Menschen bei Veranstaltungen** geeignet sein, und
- Sie muss einer bestimmten **Anzahl von Personen** Platz bieten.

30 Das kann in Gebäuden oder grundsätzlich auch im Freien der Fall sein. Um den hieraus resultierenden verschiedenen Gefährdungslagen gerecht zu werden, hat die MVStättVO bei der dritten Bedingung (Anzahl von Personen) unterschiedliche Schwellenwerte definiert und diese mit der Besucherkapazität der Versammlungsstätte verknüpft.

31 In der Folge bleibt der § 1 Abs. 1 an einigen Stellen ungenau. Es werden zwar die Begriffe Versammlungsstätten und Versammlungsräume eingeführt. Diese werden aber zunächst nicht weiter definiert. Das wird in § 2 zusammen mit verschiedenen weiteren Definitionen nachgeholt.

2. § 1 Abs. 1 Nr. 1 Veranstaltungen in Gebäuden

32 In festen Gebäuden findet die MVStättVO immer dann Anwendung, wenn für eine Veranstaltung Räume genutzt oder geschaffen werden, die einzeln oder zusammen eine rechnerische Kapazität von mehr als 200 **Besuchern** haben (§ 1 MVStättVO).

33 Mit dem Begriff „Besucher" sind alle passiv anwesenden Personen in einer Veranstaltung erfasst. Personen, die an der Organisation oder Durchführung der Veranstaltung beteiligt sind, gelten nicht als Besucher.

Besucher, die aktiv in die Veranstaltung eingebunden werden, z. B. bei Zirkusvorführungen, behalten den Status „Besucher".[3]

---

3 Pkt. 1.1.1.1 der Erläuterungen des MHKGB NRW zur Verordnung über Bau und Betrieb von Sonderbauten in Nordrhein-Westfalen sowie Erläuterungen Versammlungsstätten VO Baden-Württemberg zu § 1

III. Die Musterversammlungsstättenverordnung (MVStättVO)   34–36

Foto: Holger Gerdes

Abbildung 7: Beispiel einer typischen Versammlungsstätte nach MVStättVO; NRW-Sommerkonzert im Gerry-Weber-Stadion Halle/Westfalen

Die Kapazität einer Versammlungsstätte berechnet sich nach § 1 Abs. 2 MVStättVO wie folgt: **34**

- Bei einer Ausstattung mit Stühlen und Tischen ist 1 Person/qm anzusetzen;
- Bei Reihenbestuhlung gelten 2 Personen /qm Grundfläche des Versammlungsraumes;
- Bei Stehplätzen **mindestens** 2 Personen /qm Grundfläche des Versammlungsraumes;
- In Ausstellungsräumen 1 Person/qm Grundfläche des Versammlungsraumes;
- Stehplätze auf Stufenreihen 2 Personen/lfd. Meter der Stufenreihe.

In vielen Genehmigungsverfahren dient die mit dieser Berechnung ermittelte Personenzahl auch als die maximale Besucheranzahl. Dieses Vorgehen allein kann aber nicht richtig sein, weil hierbei auch noch andere Faktoren zu berücksichtigen sind, z. B. die Dimension der Rettungswege[4].   **35**

Bei bestuhlten Veranstaltungen liefert die Berechnung allein aufgrund der physikalischen Bedingungen eine maximale Anzahl von Sitzplätzen. Durch die Maße von Stühlen, Tischen und Sitztiefen ist dort die Berechnung mit 1 Person, bzw. 2 Personen pro Quadratmeter nahe am physikalisch Machbaren. Diese Ableitung ist bei Stehplätzen aber nicht möglich. Hier können sich höhere Verdichtungen ergeben und sind bei Konzerten oft auch als besonderes Gemeinschaftsgefühl gewollt. Unter Freunden und Bekannten wird auch eine Personendichte von 4 Personen als komfortabel empfunden.   **36**

---

[4] s. a. Bayerisches Staatsministerium des Innern vom 17.2.2012 „Hinweise zum Vollzug der Versammlungsstättenverordnung" Seite 3, Pkt. 3

Foto: Holger Gerdes

Abbildung 8: Mischung aus Reihenbestuhlung (2 Pers./qm) und Parlamentarischer Bestuhlung (1 Pers./qm)

37 Publikumsbereiche, die für den Besucher den Eindruck einer freien Fläche erwecken (z. B. weil sich die Besucher dieses Bereichs freiwillig vor der Bühne drängeln), können zu ungewollten Personenbewegungen (z. B. durch Übersteigen von Abschrankungen) führen und dadurch zusätzliche Risiken entstehen lassen.

38 Zum Vergleich: Im ÖPNV und bei der Bahn werden in Stoßzeiten auch Personendichten von > 4 Personen/m^2 als unkritisch bewertet.

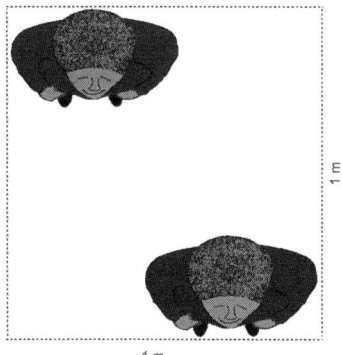 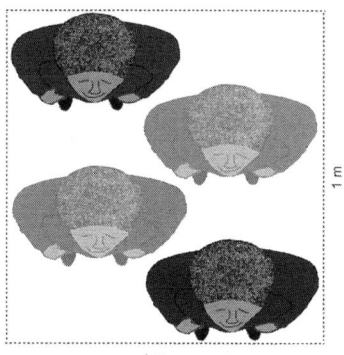

Grafik: Holger Gerdes

Abbildung 9: Personendichte

Mit der Neufassung der MVStättVO ist dem Verordnungstext bei den Stehplätzen das Wort „mindestens" zugefügt worden. Damit wurde klargestellt, dass der § 1 MVStättVO keine verpflichtende Höchstteilnehmerzahl liefern kann und für die Bewertung weitere Faktoren hinzuzuziehen sind. Grundsätzlich sind das die Dimensionen der Rettungswege (s. Rn. 329 ff., 514 ff.) und – besonders bei Stehplätzen – eine Gefährdungsanalyse. 39

Das wird auch durch die Kommentierung der MVStättVO gestützt: 40

„*die Bemessungsformel des Anwendungsbereichs [… stellt] keine abschließende Grundlage für die maximal zulässige Belegung einer Versammlungsstätte dar*".[5]

Bei der Festlegung der zu berücksichtigenden Flächengröße ist nur die für die Besucher zugängliche Fläche maßgeblich. 41

Verfügt ein Gebäude über mehrere Räume, die gemeinsame Fluchtwege haben, müssen die einzelnen Kapazitäten addiert werden, auch wenn nur ein Raum genutzt wird.

Von der allgemeinen Regel gibt es aber Ausnahmen. Bei der letzten Novellierung der MVStättVO wurde in den § 1 Abs. 2 der Teilsatz „Soweit sich aus den Bauvorlagen **nichts Anderes ergibt** …" eingefügt. Das hat Raum für Ausnahmen von der Regel geöffnet. 42

In der Praxis können über diesen Zusatz Räume – unabhängig von ihrer Fläche – von den Auflagen der MVStättVO befreit werden, wenn in den 43

---

5 Löhr und Gröger zur MVStättVO, 2014, S. 109

Bauvorlagen ein festgelegtes Volumen von unter 200 Personen verbindlich festgelegt wurde. Vor allem Gaststätten profitieren davon. Sie haben in der Regel viel Grundfläche. Die für den Besucher zugängliche Fläche ist jedoch aufgrund der typischen großzügigeren Möblierung meist geringer als in reinen Eventräumen.

44 Die Entscheidung hierzu obliegt einzig der Baubehörde und muss dort vom Betreiber oder Veranstalter temporär oder dauerhaft beantragt werden. Aber auch wenn die MVStättVO in einem solchen Fall keine Anwendung findet, kann der Raum ein Sonderbau nach der Bauordnung der Länder sein. Und auch hier gilt: „Anlagen sind so anzuordnen, zu errichten, zu ändern und instand zu halten, dass die öffentliche Sicherheit und Ordnung, insbesondere Leben, Gesundheit und die natürlichen Lebensgrundlagen, nicht gefährdet werden."[6]

45 Außerdem ist zu beachten, dass auch für Versammlungsstätten, die nicht unter den Anwendungsbereich der MVStättVO fallen, im Einzelfall aufgrund der jeweils geltenden Landesbauordnungen besondere Anforderungen gestellt werden können.

Der Gesetzgeber hat in § 1 MVStättVO nur die theoretisch maximale Höchstkapazität als Bewertungskriterium zugelassen. Liegt keine abweichende Genehmigung der Baubehörde vor, kommt es also nicht darauf an, für wie viele Personen eine bestimmte Veranstaltung organisiert wird, sondern nur darauf, für wie viele Personen das möglich wäre. Auch organisatorische Beschränkungen durch den Betreiber oder Veranstalter (nur 199 Personen werden hereingelassen, obwohl mehr möglich wären) sind nicht zulässig. Diese Auslegung entspricht der ständigen Rechtsprechung der Verwaltungsgerichte.

46 *„Im Hinblick auf den vom Verordnungsgeber festgelegten Anwendungsbereich samt vorgebene Berechnungsweise ist für die vom Kläger vorgesehene Begrenzung der Besucherzahlen durch Einladungen und Einlasskontrollen auf max. 190 Personen zur Vermeidung des Anwendungsbereichs der VStättVO nicht geeignet. Die Verordnung selbst legt eine Berechnung nach der Grundfläche zwingend fest."*

„Zu Recht hat das Ministerium für Städtebau und Wohnen, Kultur und Sport des Landes Nordrhein-Westfalen als oberste Bauaufsicht [...] erklärt, die Angabe eines Bauherrn, weniger Besucher als möglich in sein Gebäude zu lassen, könne von der Bauaufsichtsbehörde und dem Ersteller eines Brandschutzkonzeptes nicht geduldet werden. Denn sonst könnte der in öffentlichem Interesse liegende Brandschutz von jedem Bauherren unterlaufen werden."[7]

---

6 § 3 Musterbauordnung
7 OLG Düsseldorf (29. April 2004, Aktenzeichen: 1-5 U144/03)

3. § 1 Abs. 1 Nr. 2 Veranstaltungen im Freien

Galt bis 2014 noch der Grundsatz, dass faktisch nahezu alle Veranstaltungen unabhängig vom Veranstaltungsort unter die MVStättVO fielen, so hat sich das mit der Novellierung der MVStättVO 2014 deutlich geändert.

Jetzt ist die MVStättVO bei Open-Air-Veranstaltungen gemäß § 1 Abs. 1 Nr. 2 und 3 MVStättVO nur anzuwenden, bei

- Versammlungsstätten im Freien mit Szenenflächen **und** Tribünen, die **keine** fliegenden Bauten sind und insgesamt mehr als 1.000 Besucher fassen;
- Sportstadien und Freisportanlagen mit Tribünen, die keine fliegenden Bauten sind, und die jeweils insgesamt mehr als 5.000 Besucher fassen.

Das Wort „und" im § 1 Abs. 1 Nr. 2 MVStättVO ist kumulativ auszulegen. Das **gleichzeitige** Vorhandensein von Szenenflächen **und** Tribünen und deren Verkoppelung mit dem dauerhaften Nutzungszweck der Anlage sind Voraussetzungen, um unter die Regelung zu fallen.[8]

Ein Ergebnis der Novellierung und der Neuformulierung des § 1 Abs. 1 Nr. 2 MVStättVO ist, dass die ARGE BAU Open-Air-Veranstaltungen aus der MVStättVO herausgelöst[9] und faktisch damit – weil es keine Spezialvorschrift hierfür gibt – in das allgemeine Ordnungsrecht verlagert hat.

Damit folgte die ARGE BAU der Erkenntnis, dass viele der Schutzvorschriften der MVStättVO explizit auf Veranstaltungen in geschlossenen Räumen ausgerichtet sind, diese aber unter freiem Himmel wenig Relevanz haben oder kaum umsetzbar sind. Im Fokus der neuen Verordnung blieben damit vorrangig nur Freilichtbühnen und Multifunktions-Arenen[10].

Als typische Versammlungsstätten im Freien sieht die ARGE-BAU Freilichttheater, Anlagen für den Rennsport oder Reitbahnen sowie Sportstadien. Auch diese Begriffe werden in der Folge durch § 2 näher erläutert. Ihnen ist gemeinsam, dass sie ortsfeste, auf Dauer angelegte Anlagen mit festen tribünenartigen Besucherbereichen sind. Zudem ist das Vorhandensein einer festen Szenenfläche gleichzeitige Voraussetzung für die Anwendung der Vorschrift, mit Ausnahme der Sportstadien und Freisportanlagen.

Bei Veranstaltungen im Freien gilt die MVStättVO nun meistens nicht mehr unmittelbar. Bei einer Vielzahl von Open-Air-Veranstaltungen im Freien oder im öffentlichen Verkehrsraum mangelt es an der Kombination Szenenfläche plus feste Tribüne bzw. bauliche Anlage. Wenn aber die

---

8 Begründung der Fachkommission Bauaufsicht zur MVStättVO, Stand Juli 2014, zu § 1
9 Begründung der Fachkommission Bauaufsicht zur MVStättVO, Stand Juli 2014, zu § 1
10 Begründung der Fachkommission Bauaufsicht zur MVStättVO, Stand Juli 2014, zu § 1

MVStättVO hier nicht mehr zwingend Anwendung findet, bleibt die Frage, was stattdessen gilt und welche technischen Vorgaben anzuwenden sind.

54 Die Bauämter haben faktisch ihre Zuständigkeit für die Genehmigung von Großveranstaltungen an die Ordnungsbehörden verloren. Die Polizei- und Ordnungsgesetze der Länder bieten für diese neuen Anforderungen bis auf wenige Ausnahmen (z. B. Bayern) keine eindeutigen Antworten. Häufig wird als Entscheidungsgrundlage die wenig spezifizierte Generalklausel des herangezogen (z. B. § 14 OBG NRW), nach der die Ordnungsbehörden die notwendigen Maßnahmen treffen können, um eine im einzelnen Falle bestehende Gefahr für die öffentliche Sicherheit oder Ordnung abzuwehren. Verbindliche Vorgaben, was als Gefahr in einer Open-Air-Veranstaltung zu werten ist und welche technischen und organisatorischen Anforderungen sich daraus ableiten, liefert das Ordnungsrecht nicht. Ein allgemeines Bundesgesetz für Veranstaltungen wird seitdem immer wieder diskutiert, bisher allerdings ergebnislos.

55 Veranstaltungen im Freien sind nach der MVStättVO zu bewerten, wenn das Gelände über

- eine Szenenfläche

und (beide Voraussetzungen müssen vorliegen!)

- eine ortsfeste Tribüne verfügt

und

- die für die Besucher zugänglichen Bereiche Platz für 1.000 bzw. 5.000 Besucher bieten. Für die Berechnung der maßgeblichen Anzahl gelten die gleichen Formeln wie bei Veranstaltungen in Gebäuden (§ 1 Abs. 2 MVStättVO).

56 Temporäre Veranstaltungen wie Musikfestivals auf frei zugänglichen Flächen werden durch die Vorschrift nicht mehr erfasst. Dies gilt auch dann, wenn der frei zugängliche Bereich selbst großflächig umzäunt ist und innerhalb der Umzäunung ausreichende Ausgleichsflächen vorhanden sind. Das findet sich oft in Schlossparks, ehemaligen Flughäfen und Fabrikgeländen. Ihnen fehlen die als Bedingung geltende Kombination aus Szenenfläche und festen Tribünen. Bei diesen Veranstaltungen werden in der Regel temporäre bauliche Anlagen aufgestellt. Diese gelten regelmäßig als Fliegende Bauten, für die es ein eigenes Genehmigungsverfahren nach § 76 MBO gibt.

57 Viele Bundesländer haben die aktuelle MVStättVO jedoch bisher noch nicht oder nur abgewandelt umgesetzt. Bei der Auslegung des § 1 Abs. 1 Nr. 2 MVStättVO gibt es deshalb in vielen Bereichen abweichende Regelungen.

58 Der neuen Auffassung der ARGE BAU sind einige Bundesländer gefolgt, andere haben einen anderen Weg beschritten und eigene unterschiedliche Rechtsauffassungen entwickelt, wiederum andere haben die Novellierung

III. Die Musterversammlungsstättenverordnung (MVStättVO)

nicht umgesetzt. Das spiegelt sich in den Formulierungen der jeweiligen Versammlungsstättenverordnungen wider.

In Hessen findet sich in der Richtlinie über den Bau und Betrieb von Versammlungsstätten kein Hinweis auf Tribünen. Hier ist das gleichzeitige Vorhandensein von Szenenfläche und einem Besucherbereich, der ganz oder teilweise aus baulichen Anlagen besteht, ausschlaggebend. Gleiches findet sich in den Versammlungsstättenverordnungen von Niedersachsen, Baden-Württemberg, Hamburg und dem Saarland, die bis heute an der alten Formulierung aus der MVStättVO 2002 festgehalten haben. Hier gilt die Versammlungsstättenverordnung (VStättVO) bei Open-Air-Veranstaltungen, wenn

- eine Szenenfläche vorhanden ist
- und ein Besucherbereich für mehr als 1.000 Besucher vorhanden ist
- und dieser ganz oder teilweise aus **baulichen Anlagen** besteht.

Alle Voraussetzungen müssen gleichzeitig vorliegen. Durch den Begriff „bauliche Anlagen" wurde der Anwendungsbereich der VStättVO weit gefasst.

Die Musterbauordnung definiert den Begriff „bauliche Anlagen" in

> **§ 2 Abs. 1 MBO:**
> „Bauliche Anlagen sind mit dem Erdboden verbundene, aus Bauprodukten hergestellte Anlagen. Eine Verbindung mit dem Erdboden besteht auch dann, wenn die Anlage durch eigene Schwere auf dem Erdboden ruht oder auf ortsfesten Bahnen begrenzt beweglich ist oder wenn die Anlage nach ihrem Verwendungszweck dazu bestimmt ist, überwiegend ortsfest benutzt zu werden."

Zusätzlich gilt die VStättVO bei Veranstaltungen in Sportstadien, die mehr als 5.000 Besucher fassen. Hier ist nur die Anzahl der Besucher maßgeblich.

Berlin, Brandenburg, Bayern, Hessen, Sachsen, Sachsen-Anhalt, Schleswig-Holstein, Rheinland-Pfalz, Mecklenburg-Vorpommern und Nordrhein-Westfalen haben ihre Vorgaben entsprechend der MVStättVO von 2014 angepasst. Hierbei ist der Begriff „bauliche Anlagen" durch „Tribünen" begrifflich eingegrenzt worden.

Diese Länder sehen die Anwendbarkeit der MVStättVO bei Open-Air-Veranstaltungen nur dann vor, wenn folgende Voraussetzungen vorliegen:

- es muss eine Szenenfläche (außer in Hessen)

und zusätzlich (kumulativ)

- eine feste Tribüne vorhanden sein, die nicht unter die Richtlinie über Fliegende Bauten fällt

und zusätzlich (kumulativ)

- muss der Besucherbereich mehr als 1.000 Personen Platz bieten.

65 Für Sportstadien wurde neben der Zuschauerbemessung (5.000 Personen) auch das Vorhandensein einer festen Tribüne als zusätzliches Kriterium eingeführt.

66 Damit grenzt die Konkretisierung Veranstaltungen im Freien im Sinne der MVStättVO deutlich ein. Freilichttheater und ähnliche Veranstaltungsstätten, also ortsfeste, auf Dauer angelegte Anlagen mit tribünenartiger Anordnung bleiben Versammlungsstätten. Temporäre Veranstaltungen wie Musikfestivals auf der grünen Wiese, sind grundsätzlich keine Versammlungsstätten im Sinne der Verordnung mehr. Das gilt sogar dann, wenn temporäre Tribünen aufgebaut werden, die als Fliegende Bauten gelten.

67 Es ist aber Vorsicht geboten: Auch bei identischen Formulierungen in den jeweiligen VStättVO'en können von Land zu Land abweichende Auslegungen existieren. Deshalb lohnt sich zusätzlich ein Blick in die veröffentlichten Begründungen zu den länderspezifischen VStättVO'en. Dabei ist auf die Feinheiten der unterschiedlichen Formulierungen bei § 1 zu achten:

Beispielsweise vertritt die nordrhein-westfälische Landesregierung die Auffassung, dass auch weitere Versammlungsstätten im Freien in den Anwendungsbereich des Teils 1 der Sonderbauverordnung fallen können und hat deshalb den § 1 Abs. 1 Nr. 2 SBauVO entsprechend ergänzt. In NRW wird hierbei ein besonderes Augenmerk auf die Abgrenzung der Veranstaltungsfläche zum öffentlichen Raum gelegt. So fallen in NRW auch Versammlungsstätten im Freien **ohne** Tribünen oder Szenenflächen in den Anwendungsbereich der Sonderbauverordnung, wenn sie durch bauliche Anlagen räumlich begrenzt werden.[11] Ein Beispiel dafür wäre eine Umzäunung des Geländes mit fest installierten Ein- und Ausgängen[12]. Der Veranstaltungsbereich gilt hier grundsätzlich als Versammlungsstätte im Sinne der SBauVO, wenn er durch bauliche Anlagen begrenzt wird und feste Zu- und Ausgänge vorhanden sind[13]. Das kann dann u. a. auch dazu führen, dass eine Pflicht zur Erstellung eines Sicherheitskonzeptes nach § 43 Absatz 2 MVStättVO besteht.

68 *„Abweichend von der MVStättVO fallen auch Versammlungsstätten im Freien, die für mehr als 5.000 Besucherinnen und Besucher bestimmt sind (aber keine Szeneflächen und Tribünen haben), in den Anwendungsbereich des Teils 1 der Sonderbauverordnung – auch wenn sie keine Tribünen haben. Veranstaltungen*

---

11 Pkt. 1.1.1.2 der Erläuterungen des MHKGB NRW zur Verordnung über Bau und Betrieb von Sonderbauten in NRW
12 Erläuterung zur Verordnung über den Bau und Betrieb von Versammlungsstätten (Versammlungsstättenverordnung -VStättV)- Stand Juli 2019 Teil 1 zu § 1 Abs. 1 Nr. 2/Seite 3
13 Ministerium für Heimat, Kommunales, Bau und Gleichstellung NRW: Verordnung über Bau und Betrieb von Sonderbauten (Sonderbauverordnung – SBauVO), 11/2019, 1.1.1.2 Seite 14/15

im Freien, die nicht durch bauliche Anlagen räumlich begrenzt werden, fallen ebenso wenig in den Anwendungsbereich der Sonderbauverordnung wie Stadtfeste oder Weihnachtsmärkte, sondern sind wie Letztere anhand eines Sicherheitskonzeptes zur Durchführung der Veranstaltung von den örtlichen Ordnungsbehörden zu beurteilen."

Erläuterungen des MHKGB NRW zur Verordnung über Bau und Betrieb von Sonderbauten in NRW.

Ergänzende Regelungen ergeben sich aus dem vom NRW-Innenministerium im November 2021 erlassenen Orientierungsrahmen für Veranstaltungen im Freien mit erhöhtem Gefährdungspotential.

4. § 1 Abs. 2 MVStättVO (u. a. Schleswig-Holstein, Bayern)

„Versammlungsstätten im Freien mit Szenenflächen **und** Tribünen, die **keine** fliegenden Bauten sind und insgesamt mehr als 1.000 Besucher fassen."

5. § 1 Abs. 2 SBauVO (NRW)

„Versammlungsstätten im Freien mit Szenenflächen und Tribünen, die keine fliegenden Bauten sind und deren Besucherbereich für mehr als 1.000 Besucherinnen und Besucher bestimmt ist, sowie solche Versammlungsstätten im Freien, die für mehr als 5.000 Besucherinnen und Besucher bestimmt sind."

6. § 1 Abs. 2 MVStättVO alte Fassung (Hamburg, Niedersachsen, Bayern und Hessen)

„Versammlungsstätten im Freien mit Szenenflächen, deren Besucherbereich mehr als 1.000 Besucher fasst und ganz oder teilweise aus baulichen Anlagen besteht."

Teilweise wurde der Intention der Novellierung der MVStättVO, nämlich der Verlagerung von Open-Air-Veranstaltungen in das allgemeine Ordnungsrecht, aber auch in den Ländern gefolgt, die ihre VStättVO nicht 1:1 angepasst haben.

Der Freistaat Bayern beispielsweise legt in seinen Begründungen den Schwerpunkt bei der Rechtsbewertung auf das Vorhandensein fest gebauter Anlagen. Konzerte auf der grünen Wiese fallen hier nicht unter die VStättVO, wenn die Infrastruktur aus Fliegenden Bauten erstellt ist. Weitere Kriterien werden nicht aufgeführt.

74 „... danach fallen ortsfeste, auf Dauer angelegte Anlagen mit tribünenartiger Ausbildung der Besucherbereiche wie z. B. Freilichttheater oder Anlagen für den Rennsport unter diesen Begriff. Temporäre Veranstaltungen wie Musikfestivals auf Freiflächen werden von diesem Tatbestand nicht erfasst. Werden bei solchen Veranstaltungen Tribünen und Bühnen aufgestellt, handelt es sich in der Regel um fliegende Bauten."[14]

Foto: Holger Gerdes

Abbildung 10: Beispiel einer Open-Air-Spielstätte nach MVStättVO, Amphitheater Gelsenkirchen

75 Obwohl die meisten Bundesländer ihre VStättVO nach 2014 überarbeitet haben, fehlt weiterhin ein bundesweit einheitlicher, verbindlicher und umfassender Rechtsrahmen zur Organisation und Durchführung von Veranstaltungen im Freien. Ein seit vielen Jahren immer wieder einmal diskutiertes bundeseinheitliches Veranstaltungsgesetz ist wegen der Länderkompetenzen in diesem Bereich unwahrscheinlich. Einzig Berlin hat im Koalitionsvertrag von 2021 den Erlass eines Veranstaltungssicherheitsgesetzes vorgesehen, das neben verlässlichen Sicherheitsanforderungen ein einfacheres und zuverlässiges Genehmigungsverfahren für Veranstaltende bieten soll.

---

14 Erläuterung zur Verordnung über den Bau und Betrieb von Versammlungsstätten (Versammlungsstättenverordnung -VStättV)- Stand Juli 2019 Teil 1 zu § 1 Abs. 1 Nr. 2/Seite 3

III. Die Musterversammlungsstättenverordnung (MVStättVO)   **75**

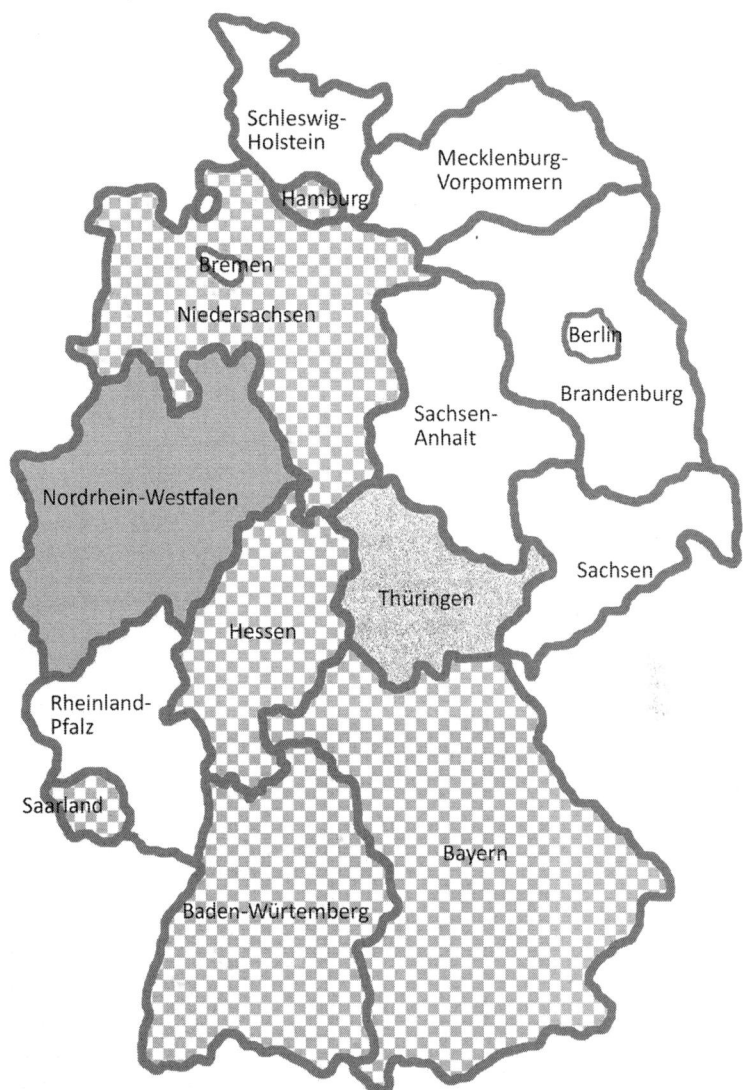

Bundesländer mit Open-Air Regelungen, die von der MVStättVO abweichen.
Thüringen ohne eigene VerStättVO, Bremen Anwendung der MVStättVO durch Verwaltungsverfügung
NRW, Bayern und Hessen mit Detailabweichungen
Grafik: Holger Gerdes

Abbildung 11: Abweichung von Musterversammlungsstättenverordnung

Baden-Württemberg	Versammlungsstättenverordnung (VStättVO) für Baden-Württemberg	Fassung von 2004
Bayern	Versammlungsstättenverordnung (VStättVO) für Bayern.	Fassung von 2018
Berlin	Verordnung über den Betrieb von baulichen Anlagen (BetrVO).	Fassung von 2019
Brandenburg	Brandenburgische Versammlungsstättenverordnung (BbgVStättV)	Fassung von 2017
Bremen	Keine VStättVO. Die Verwaltung orientiert sich an der MVStättVO.	Fassung von 2014
Hamburg	Versammlungsstättenverordnung (VStättVO) von Hamburg.	Fassung von 2011
Hessen	Hessische Richtlinie über den Bau und Betrieb von Versammlungsstätten (H-VStättR). Seit 2021 Bestandteil der Hessischen Verwaltungsvorschrift Technische Baubestimmungen H-VV TB	Fassung von 2015
Mecklenburg-Vorpommern	Versammlungsstättenverordnung von Mecklenburg-Vorpommern (VStättVO M-V)	Fassung von 2018
Niedersachsen	Niedersächsische Versammlungsstättenverordnung (NVStättVO)	Fassung von 2004
Nordrhein-Westfalen	Verordnung über Bau und Betrieb von Sonderbauten (SBauVO)	Fassung von 2019
Rheinland-Pfalz	Versammlungsstättenverordnung von Rheinland-Pfalz (VStättVO)	Fassung von 2018
Saarland	Versammlungsstättenverordnung (VStättVO) des Saarlandes	Fassung von 2021
Sachsen	Sächsische Versammlungsstättenverordnung (VStättVO)	Fassung von 2019
Sachsen-Anhalt	Versammlungsstättenverordnung (VStättVO) von Sachsen-Anhalt	Fassung von 2008
Schleswig-Holstein	Versammlungsstättenverordnung (VStättVO) von Schleswig-Holstein	Fassung von 2019
Thüringen	Thüringen hat keine VStättVO. Die Verwaltungspraxis orientiert sich aber an der MVStättVO.	Fassung von 2014

76 In der Praxis zeigt sich, dass sogar innerhalb eines Bundeslandes die VStättVO auch von den Kommunen unterschiedlich ausgelegt wird. Eine frühzeitige Kontaktaufnahme mit der Genehmigungsbehörde kann hier sehr hilfreich sein und unliebsame Überraschungen vermeiden.

77 Bleibt als Rechtsrahmen häufig (neben vielen verschiedenen gesetzlichen Regelungen zu Einzelaspekten einer Veranstaltung) das Ordnungsrecht mit seiner wenig spezifizierten Generalklausel, nach der die Ordnungsbehörden die notwendigen Maßnahmen treffen muss, um eine im Einzelnen Falle bestehende Gefahr für die öffentliche Sicherheit oder Ordnung abzuwehren[15]. Verbindliche Vorgaben, was als Gefahr in einer Open-Air-Veranstaltung zu werten ist und welche technischen und organisatorischen Bedingungen sich daraus ableiten, liefert das Ordnungsrecht – anders als die MVStättVO – nicht. Ein weiterer Mangel des Ordnungsrechts ist, dass es im Gegensatz zur MVStättVO keine Genehmigung kennt. Ordnungsrechtliche Verfügungen untersagen Handlungen, genehmigen sie aber nicht.

Foto: Holger Gerdes

Abbildung 12: Beispiel einer Open-Air-Spielstätte außerhalb der MVStättVO, NRW-Sommerkonzert im (frei zugänglichen) Stadtgarten Essen

Das Land Bayern hat vor diesem Hintergrund 2020 das Gesetz über das Landesstrafrecht und das Verordnungsrecht auf dem Gebiet der öffentlichen Sicherheit und Ordnung um den Artikel 19 ergänzt und hier den Behörden die Möglichkeit eingeräumt, Erlaubnisse für die Durchführung von Veranstaltungen auszusprechen. Rheinland-Pfalz und Hamburg haben in ihren Polizei- und Ordnungsgesetzen ähnliche Regelungen aufgenommen[16].

Für Veranstalter von Open-Air-Veranstaltungen ist es darum wichtig, mit guten und fundierten Sicherheitskonzepten die Behörden davon zu überzeugen, dass von der Veranstaltung keine Gefahr für die öffentliche Sicherheit oder Ordnung ausgeht.

7. § 1 Ausnahmen

Unterrichtsräume in Schulen, Räume, die dem Gottesdienst gewidmet sind, Ausstellungsräume in Museen und Fliegende Bauten sind von den Regelungen der MVStättVO ausgenommen. Hier gelten für den zweckentsprechenden Betrieb z. T. eigene Vorschriften (z. B. Schulbaurichtlinie NRW) oder auch die allgemeine Landesbauordnung. Die bis zur Novellie-

---

15 Orientierungsrahmen für die Genehmigungen von Veranstaltungen im Freien des Ministeriums des Innern des Landes Nordrhein-Westfalen von November 2021, Seite 12
16 § 26 Polizei- und Ordnungsgesetz Rheinland-Pfalz, § 31 Hamburger Sicherheits- und Ordnungsgesetz

rung der MVStättVO geltende Ausnahme für Hochschulen wurde mit der Neufassung nicht erneuert.

81 Die Ausnahme für Räume, die dem Gottesdienst gewidmet sind, basiert auf dem Selbstbestimmungsrecht anerkannter Religionsgemeinschaften, das sich aus Artikel 136 ff. der Weimarer Reichsverfassung ableitet. Durch Art. 140 GG gelten diese Rechte auch heute noch fort und sind Ausdruck des Grundrechts auf Religionsfreiheit und dem Prinzip der Trennung von Staat und Kirche.

82 **Vorsicht aber: Die Ausnahmen gelten nur, wenn die Räume auch bestimmungsgemäß genutzt werden.**

83 Konzerte in Schulen oder Kirchen sind von den Bestimmungen der MVStättVO nicht grundsätzlich ausgenommen. Das ergibt sich zwar nicht expressis verbis aus der MVStättVO, ist aber mittlerweile eine allgemeine Rechtsauffassung.

84 *„Wie auch bisher nach Absatz 2 VStättVO a. F., fallen Räume, die für den Gottesdienst gewidmet sind, nach Nummer 1 nicht unter den Anwendungsbereich der Verordnung. Damit sind Kirchen, Moscheen und andere für den Gottesdienst förmlich gewidmete Räume von der VStättVO ausgenommen. Dies gilt jedoch nur für Veranstaltungen, die den Widmungszweck nicht verlassen. Die Einbeziehung der nicht für den Gottesdienst gewidmeten Räume und Nutzungen in den Anwendungsbereich der VStättVO ist mit den Bestimmungen des Artikel 137 Abs. 3 der Weimarer Verfassung vereinbar, auf den Art. 140 des Grundgesetzes verweist. Artikel 137 Abs. 3 Satz 1 lautet „Jede Religionsgemeinschaft ordnet und verwaltet ihre Angelegenheiten selbstständig innerhalb der Schranken der für alle geltenden Gesetze." Die Kirchen und Religionsgemeinschaften sind daher den allgemeinen Bestimmungen des Bauordnungsrechts in gleicher Weise unterworfen wie jeder andere."*

85 *Die Ausnahme von Räumen, die dem Gottesdienst gewidmet sind, gilt für Veranstaltungen in Kirchen, die einen geistlichen Bezug haben und wenn sich die Anzahl der Personen/Besucher der Veranstaltung im Rahmen des für Gottesdienste üblichen bewegt, wobei der geistliche Bezug weit zu fassen ist (Orgelkonzert, Konzert eines Gospelchores oder einer christlichen Rockband usw.)."*[17]

§ 1 Ausnahme Fliegende Bauten

86 Der Begriff „Fliegende Bauten" leitet sich aus § 76 MBO her. Unter diesem Begriff versteht das Baurecht temporär errichtete bauliche Anlagen, die an verschiedenen Orten wiederholt und befristet (nicht länger als 3 Monate) aufgestellt und wieder abgebaut werden können. Eine weitere Definition findet sich in der DIN EN 13782.

---

[17] Pkt. 1.3.1.1 der Erläuterungen des MHKGB NRW zur Verordnung über Bau und Betrieb von Sonderbauten in NRW

III. Die Musterversammlungsstättenverordnung (MVStättVO)

Für Fliegende Bauten existiert mit der Muster-Richtlinie über den Bau und Betrieb Fliegender Bauten (FlBauR) eine eigene Bauvorschrift. Für sie gelten besondere Sicherheitsanforderungen sowie statische und konstruktive Anforderungen. Deshalb sind diese Versammlungsstätten von der MVStättVO ausgenommen. **87**

Die Muster-Richtlinie ist von den Bundesländern nicht einheitlich übernommen worden. Sie können voneinander deutlich abweichen. Die hierin definierten Schutzvorschriften lehnen sich aber stark an die jeweilige Version der VStättVO des Bundeslandes an. **88**

Fliegende Bauten unterliegen der Bauüberwachung und Abnahme durch das Bauordnungsamt und einer technischen Überwachung z. B. durch den TÜV. Vor dem erstmaligen Aufbau und Betrieb muss für das Bauwerk eine Ausführungsgenehmigung von einer anerkannten zertifizierten Prüfstelle ausgestellt werden. Das Ergebnis der technischen Prüfung wird in einem sogenannten Zeltbuch, oder **Prüfbuch** (manchmal auch Baubuch genannt) festgehalten. Mit dem Prüfbuch werden in der Folge die Gebrauchsabnahmen durch die zuständigen Behörden dokumentiert, die bei jeder neuen Aufstellung des Bauwerks vorgeschrieben sind. **89**

Typische Beispiele für Fliegende Bauten in der Veranstaltungsbranche sind Festzelte (mit einer Grundfläche größer als 75 qm), Bühnen, Fahrgeschäfte oder mobile Tribünen. Vergleichbare Anlagen in Freizeitparks oder vergleichbaren Einrichtungen, die dort dauerhaft aufgestellt wurden, sind keine Fliegenden Bauten. **90**

Foto: Bernd Hegert

Abbildung 13: Ausstellungszelte der Bundesverfassungsorgane beim Tag der Deutschen Einheit 2011 auf der Hofgartenwiese in Bonn

91 Von den Vorgaben der Richtlinie sind ausgenommen:
- Temporäre Bauten bis 5 Meter Höhe, die nicht von Besucherinnen und Besuchern betreten werden können (z. B. Imbissstände, Losbuden, Verkaufswagen);
- Zelte mit einer Grundfläche bis zu 75 m²;
- Temporäre Bauten (Karussell) bis 5 Meter Höhe, die für Kinder bestimmt sind und deren Geschwindigkeit 1 m/s nicht überschreitet;
- Temporäre Bühnen bis 5 Meter Höhe (inkl. Überdachungen und sonstiger Aufbauten), mit einer Grundfläche bis 100 m² und einer Fußbodenhöhe bis 1,50 Meter.

Diese Bauwerke sind genehmigungsfrei, müssen aber dem öffentlichen Baurecht entsprechen, fachgerecht errichtet und standsicher sein. Der Nachweis der Standsicherheit bei kleineren Open-Air-Bühnen wird im Regelfall durch einen von einem entsprechend befähigten Sachverständigen erstellten Nachweis erbracht.

8. § 2 Begriffsdefinitionen

92 In § 2 definiert die MVStättVO verschiedene Begriffe, die in der Folge der Verordnung eine Relevanz haben. Damit wird eine „einheitliche Sprache"

geschaffen und Missdeutungen durch unterschiedliche Wortverwendungen vorgebeugt.

a) **Abs. 1 Versammlungsstätten**
Bauliche Anlagen oder Teile baulicher Anlagen (s. MBO), die für die gleichzeitige Anwesenheit vieler Menschen bei Veranstaltungen geeignet sind. Veranstaltungen können
- erzieherischer,
- wirtschaftlicher,
- geselliger,
- kultureller,
- künstlerischer,
- politischer,
- sportlicher oder
- unterhaltender Art sein.

Auch Schank- und Speisewirtschaften gelten grundsätzlich als Versammlungsstätten.

b) **Abs. 2 Erdgeschossige Versammlungsstätten**
Die Definition erfolgt analog zur „erdgeschossigen Verkaufsstätte" nach der Muster-Verkaufsstättenverordnung.

Demnach sind erdgeschossige Versammlungsstätten Gebäude mit nicht mehr als einem Geschoss, dessen Fußboden an keiner Stelle mehr als 1 Meter unter der Geländeoberfläche liegt; dabei bleiben Treppenraumerweiterungen sowie Geschosse außer Betracht, die ausschließlich der Unterbringung haustechnischer Anlagen und Feuerungsanlagen dienen. Diese Versammlungsstätten genießen wesentliche Erleichterungen an die Feuerwiderstandsdauer der Bauteile und Baustoffe. Das kann auf jeden Gebäudeteil (Brandabschnitt) gesondert angewendet werden, der durch eine feuerbeständige durchgehende Trennwand in der Bauart einer Brandwand verfügt.

c) **Abs. 3 Versammlungsräume**
Räume für Veranstaltungen oder für den Verzehr von Speisen und Getränken in baulichen Anlagen.

d) **Abs. 4 Szenenflächen**
Flächen für künstlerische und andere Darbietungen, die größer als 20 qm sind, werden als Szenenflächen bezeichnet. Die Bagatellgrenze ist mit Rücksicht auf die Kleinkunstszene gesetzt worden. Die Szenenfläche definiert sich über die Nutzung und Funktion der Fläche. Die Bauart und die Lage bzw. Position sind nicht ausschlaggebend. Eine Szenenfläche muss

daher nicht zwangsläufig eine Bühne im klassischen Sinn sein. Auch ebenerdige Flächen können Szenenflächen sein. Zur Szenenfläche gehören auch die Seiten- oder Hinterbühnenflächen.

98 Was unter dem Begriff künstlerische und andere Darbietungen zu verstehen ist, wird in den Begriffsdefinitionen der MVStättVO nicht weiter erläutert. Einen Hinweis darauf, was unter diesem Begriff zu verstehen ist, bietet die Definition des Begriffs Veranstaltungen in § 2 Abs. 1 MVStättVO. Darüber hinaus sind aber auch noch weitere Darbietungen denkbar. Grundsätzlich müssen hier alle Aktionen einbezogen werden, bei denen sich Menschen darstellen und die Aufmerksamkeit auf sich ziehen. Das kann z. B. auch bei Verkaufsveranstaltungen der Fall sein.

e) Abs. 5 Bühnenhaus

99 Der Abs. 5 definiert Begriffe, die eng mit Theaterbauten im klassischen Sinn in Verbindung stehen. Einiges davon findet sich auch in der DIN 56 920, die den technischen Stand der Theatertechnik dokumentiert. Stand bei der Definition der Szenenfläche noch die „Fläche" und deren Nutzung im Vordergrund, so betrachtet der Abs. 5 den „Raum", zu dem alle Bühnenerweiterungen und Nebenbühnen gehören.

f) Abs. 5 Nr. 1 Zuschauerhaus

100 Zuschauerhaus ist der Gebäudeteil, in dem sich die Besucher versammeln und Räume, die damit in einem baulichen Zusammenhang stehen.

g) Abs. 5 Nr. 2 Bühnenhaus

101 Teil des Theatergebäudes, in dem sich die Bühne befindet.

h) Abs. 5 Nr. 3 Bühnenöffnung

102 Öffnung in der Trennwand zwischen der Hauptbühne und dem Versammlungsraum, auch Portalöffnung genannt.

i) Abs. 5 Nr. 4 Bühne

103 Der hinter der Bühnenöffnung liegende Raum mit Szenenflächen; zur Bühne können gehören:
- Hauptbühne,
- Hinter- und Seitenbühnen,
- Ober- und Unterbühnen.

j) Abs. 5 Nr. 5 Großbühne

104 Als Großbühne gilt eine Bühne
- mit einer Szenenfläche hinter der Bühnenöffnung von mehr als 200 m^2,

- mit einer Oberbühne mit einer lichten Höhe von mehr als 2,5 Meter über der Bühnenöffnung

oder

- mit einer Unterbühne.

Die Abgrenzung zur normalen Bühne stellt klar, dass für Großbühnen in der Folge besondere brandschutz- und sicherheitstechnische Anforderungen bestehen. Ein Beispiel hierfür ist der „Eiserne Vorhang", der als besonderer Bestandteil des Brandschutzes nur für Großbühnen vorgeschrieben ist.

Bühne und Bühnenöffnung im Musiktheater im Revier Gelsenkirchen
Foto: Holger Gerdes

Abbildung 14: Bühne

k) Abs. 5 Nr. 6 Unterbühne

Eine Unterbühne ist der begehbare Teil des Bühnenraumes unter dem Bühnenboden, der zur Unterbringung einer Untermaschinerie geeignet ist. Durch das Wort „geeignet" wird deutlich, dass eine solche Maschinerie dort nicht zwangsläufig auch vorhanden sein muss. Es reicht, wenn sie theoretisch dort Platz finden könnte.

Als begehbar gilt ein Raum, wenn eine Deckenhöhe von 2 Metern nicht unterschritten wird.

l) **Abs. 5 Nr. 7 Oberbühne**

108 Der Begriff „Oberbühne" bezeichnet den Teil des Bühnenraumes über der Bühnenöffnung, der zur Unterbringung einer Obermaschinerie geeignet ist. Auch hier gilt, ähnlich wie bei der Unterbühne, dass es nicht entscheidend ist, ob sich dort tatsächlich eine Obermaschinerie (z. B. Scheinwerfer oder Schnürbodentechnik) befindet.

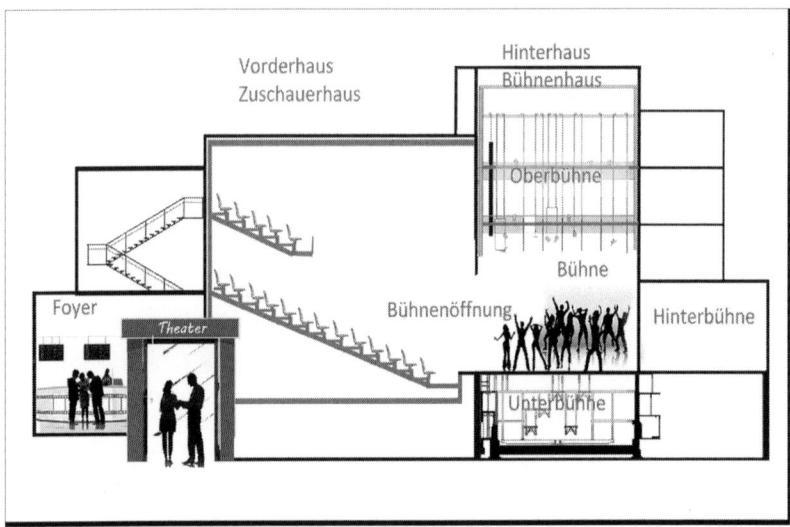

Grafik: Holger Gerdes

Abbildung 15: Theateraufbau mit verschiedenen Bühnenebenen

m) **Abs. 6 Mehrzweckhallen**

109 Mehrzweckhallen sind überdachte Versammlungsstätten für verschiedene Veranstaltungsarten. Hier steht die objektive Eignung der Halle für unterschiedliche Veranstaltungsarten im Fokus.

110 Die bauordnungsrechtliche Bewertung und die daraus abgeleiteten Bau- und Nutzungsbedingungen orientieren sich an der gefährlichsten geplanten Nutzungsart.

111 Als weitere Voraussetzung gilt eine Überdachung. Auch wenn diese ganz oder teilweise geöffnet werden kann, wird der Begriff der Mehrzweckhalle erfüllt. Sie gelten trotz vieler Ähnlichkeiten (z. B. Stadien in Gelsenkirchen, Düsseldorf und Frankfurt) dann nicht als Versammlungsstätte im Freien oder als Sportstadion.

n) Abs. 7 Studios

Als „Studios" im Sinne der MVStättVO gelten Produktionsstätten für Film, Fernsehen und Hörfunk **mit Besucherplätzen**. Der Begriff ist identisch mit der Definition in der DGUV Vorschrift -17 „Veranstaltungs- und Produktionsstätten für szenische Darstellung".

Studios, in denen keine Besucher anwesend sein können, fallen nicht unter diese Vorschrift, bleiben aber trotzdem weiter Veranstaltungsstätten im Sinne der DGUV Vorschrift 17.

o) Abs. 8 Foyers

Foyers sind Empfangs- und Pausenräume für Besucher, die oft multifunktional genutzt werden. Zusätzlich dienen sie der Erschließung weiterer Versammlungsräume und erfüllen meistens wichtige Funktionen in einem Rettungswegesystem. Deshalb gelten für sie ähnlich hohe Anforderungen wie an notwendige Flure. Die Vorgaben der §§ 6 Abs. 3 und 20 Abs. 3 sind in solchen Fällen zwingend zu beachten.

Foyers in Versammlungsstätten gelten grundsätzlich immer als Versammlungsräume. Foyers in anders genutzten Gebäuden sind dann Versammlungsräume, wenn sie für Veranstaltungen genutzt werden.

p) Abs. 9 Ausstattungen

Bestandteile von Bühnen- oder Szenenbildern fallen unter den Sammelbegriff „Ausstattungen. Dazu gehören besonders:
- Wand-, Fußboden- und Deckenelemente,
- Bildwände,
- Treppen und sonstige Bühnenbildteile.

q) Abs. 10 Requisiten

Unter Requisiten werden bewegliche Einrichtungsgegenstände von Bühnen- oder Szenenbildern verstanden. Zum Beispiel:
- Möbel,
- Leuchten,
- Bilder
- Geschirr usw.

Die Begriffe „Requisiten" und „Ausstattungen" im Sinne der MVStättVO beziehen sich nur auf Bühnen und Szenenflächen und schreiben besondere Eigenschaften nur für diesen Bereich vor. Die sonstigen Bereiche des Veranstaltungsraumes werden hier nicht erfasst.

Die sonstige Einrichtung eines Versammlungsraumes abseits der Szenenfläche (wie Möbel, Fenstervorhänge, Tischdecken, Sitzkissen) fällt nicht unter die Begriffe „Requisiten" oder „Ausstattungen". Hier sind aber ggfls. andere Anforderungen an Einrichtungsgegenstände zu berücksichtigen, z. B. durch § 33 Abs. 2 MVStättVO.

r) Abs. 11 Ausschmückungen

120 Ausschmückungen sind nur vorübergehend eingebrachte Dekorationsgegenstände. Das können sein:
- Drapierungen,
- Girlanden,
- Fahnen
- künstlicher und natürlicher Pflanzenschmuck usw.

121 Der Sammelbegriff „Ausschmückungen" umfasst auch Dekorationsgegenstände außerhalb der Szenenflächen und Bühnen. Durch die offene Formulierung des Verordnungstextes („insbesondere") ist die Aufzählung unter § 2 Abs. 11 als beispielhaft zu bewerten.

Foto: Holger Gerdes

Abbildung 16: Ausschmückungen

s) Abs. 12 Sportstadien

122 Versammlungsstätten im Freien mit Tribünen für Besucher und mit nicht überdachten Sportflächen sind Sportstadien. Bei den Tribünen ist es unerheblich, ob diese überdacht sind oder ob sie bestuhlt oder nur mit Stehplätzen ausgestattet sind.

In großen Stadien finden sich meistens auch weitere Räume in den Tribünen oder entsprechenden Anbauten. Diese Räume sind bauordnungsrechtlich getrennt vom Stadioninnenraum zu bewerten.

t) **Abs. 13 Tribünen**
Tribünen sind bauliche Anlagen mit ansteigenden Steh- oder Sitzplatzreihen (Stufenreihen) für Besucher. Tribünen, die nur vorübergehend als Fliegender Bau errichtet wurden (s. a. § 1 Abs. 1 Nr. 2 MVStättVO), machen aus einem Sportplatz aber noch kein Sportstadion im Sinne der MVStättVO.

u) **Abs. 14 Innenbereich**
Der Innenbereich ist die von Tribünen umgebene Fläche für Darbietungen. Der Innenbereich ist besonders bei der Beurteilung von Rettungswegen aufmerksam zu betrachten. Als Beispiel kann hier ein Fußballstadion dienen. Im Normalbetrieb hält sich im Innenraum nur eine überschaubare Anzahl von Personen auf. Auf diese Nutzung ist meistens auch die Infrastruktur ausgerichtet. Wird diese Fläche aber nicht für den Sport genutzt, sondern für andere Veranstaltungen wie zum Beispiel Konzerte, übersteigt die Anzahl der Menschen im Innenraum den Sportbetrieb dann um ein Vielfaches. Das stellt dann auch besondere Anforderungen an Anordnung und Dimensionen der Rettungswege und anderer Sicherheitseinrichtungen.

Zusätzlich gibt es in verschiedenen Bundesländern noch eine weitere Begriffsdefinition:

v) **Freisportanlagen**
Dies sind Versammlungsstätten mit nicht überdachten Sportflächen, die nicht durch Tribünen allseitig umschlossen sind. Beispiele sind Pferderennbahnen oder Autorennstrecken.

> **Teil 2 Bauvorschriften**
> **I. §§ 3 – 21 Bauvorschriften (Auszüge)**

In ihren Teilen 2 und 3 definiert die MVStättVO besondere Bauvorschriften für Versammlungsstätten und ergänzt bzw. verschärft die allgemeinen Bauvorschriften der MBO. In Teil 2 finden sich allgemeingültige Vorgaben für alle Versammlungsstätten, während in Teil 3 zusätzliche Anforderungen für Versammlungsstätten mit einem höheren Gefährdungspotential gestellt werden.

Alle hier aufgeführten Anforderungen abzuhandeln, würde den Rahmen dieses Buches sprengen. Viele Vorgaben der Verordnung, zum Beispiel bauliche Brandschutzvorgaben für Bauteile und Baustoffe, richten sich an die Errichter und Betreiber von Versammlungsstätten und sind Gegenstand von Genehmigungsverfahren. Ihre Wirksamkeit und Funktionsfähigkeit können von Dritten oft kaum überprüft werden. Deshalb werden in der Folge nur die Vorschriften behandelt, die bei der Organisation und Durchführung einer Veranstaltung wichtig und für den Veranstalter bzw. den Veranstaltungsleiter erkennbar sind.

9. §§ 6, 7 Rettungswege

129 Rettungswege und Fluchttüren spielen in der Sicherheitsplanung einer Veranstaltung eine besondere Rolle. Im Notfall die Versammlungsstätte sicher und schnell verlassen zu können, kann Leben retten. Die §§ 6 und 7 MVStättVO bestimmen, welche Bereiche in Versammlungsstätten zu den Rettungswegen zählen und definieren den technischen Standard.

Abbildung 17: Rettungswegschild nach ISO 7010 und ASR 1.3

130 Rettungswege im Sinne der MVStättVO sind die Wege, über die Menschen eine Versammlungsstätte im Brandfall sicher verlassen können. Sie dienen primär der Selbstrettung, sollen aber auch den Rettungskräften den Zugang zur Fremdrettung und der Brandbekämpfung ermöglichen.

131 Sie unterscheiden sich damit von den aus dem Arbeitsschutz bekannten Fluchtwegen, die nach dem Prinzip einer Einbahnstraße nur dem sicheren Verlassen eines Gebäudes im Notfall dienen. Die Rettungswege sind deshalb deutlich größer dimensioniert und sollen damit mindestens zwei Personen nebeneinander gleichzeitig die Nutzung ermöglichen.

Der Rettungsweg beginnt im Versammlungsraum und endet im Freien an der öffentlichen Verkehrsfläche. Zum Rettungsweg gehören frei zu haltende Gänge und Stufengänge, Ausgänge aus Versammlungsräumen, notwendige Flure und Treppen, Ausgänge ins Freie, Dachterrassen und Außentreppen. Rettungswege müssen zu jeder Zeit uneingeschränkt nutzbar sein und ständig für die Rettungskräfte freigehalten werden.

132 Die §§ 6 und 7 MVStättVO beschreiben den für Rettungswege geforderten technischen Standard. Das gilt für Anzahl, Dimensionen, Führung und zulässige Baustoffe. Die MVStättVO geht bei Versammlungsstätten über die Forderungen der MBO und des Arbeitsschutzes hinaus.

133 Wegen ihrer besonderen Bedeutung haben die Maße – und daraus resultierend – Kapazitäten von Rettungswegen und Fluchttüren einen entscheidenden Einfluss auf die Frage, wie viele Besucherinnen und Besucher in einer

Versammlungsstätte zugelassen werden dürfen. Die nach § 1 Abs. 2 MVStättVO erstellte Berechnung der Besucherzahl gibt zunächst nur eine Antwort dazu, ob die MVStättVO anzuwenden ist.

134 Die Dimensionen der Rettungswege und Fluchttürenbieten hingegen eine weitere und meistens auch die maßgebliche Berechnungsgrundlage für die konkrete zulässige Höchstzahl an Gästen bei einer Veranstaltung. Diese Zahl kann unter Umständen die nach § 1 Abs. 2 MVStättVO errechnete Anzahl deutlich unterschreiten. In diesem Fall hat der Veranstalter organisatorische Vorkehrungen zu treffen, um eine Überfüllung der Versammlungsstätte (gemessen an den Dimensionen der Rettungswege) zu vermeiden.

a) Grundsätzliches zu Rettungswegen

135 Rettungswege müssen so konstruiert sein, dass sie ohne fremde Hilfe benutzt werden können. Außerdem sollten sie unkompliziert geführt werden und möglichst auf dem kürzesten Weg ins Freie oder in einen sicheren Bereich führen. Sie sollten so angeordnet sein, dass sie dem subjektiven Empfinden der Menschen entsprechend mit jedem Meter „sicherer werden". Wechsel aus einem Bereich mit einer subjektiv gefühlten hohen Sicherheit (z. B. ein gesicherter Treppenraum) in einen Bereich, der weniger Zutrauen erweckt, führen zu einer psychologischen Verunsicherung und sollten daher vermieden werden. Auch hell und freundlich ausgeleuchtete Wege helfen, die Evakuierung schneller und sicherer zu gestalten. Dunkle Gänge hingegen führen zu Verunsicherung.

136 Diese Prinzipien lassen sich auf viele technische und organisatorische Komponenten in Rettungswegen übertragen. Und oft lassen sie sich auf einfache und effektive Weise strategisch einsetzen:

- Einen Bereich mit einer lauten Sirene zu verlassen, fällt den Menschen leichter als einen lauteren Bereich zu betreten;
- Helle und freundlich ausgeleuchtete Wege werden bereitwilliger und schneller genutzt als dunkle Bereiche;
- Klare und einfache Wegeführung, ggfls. Unter Einsatz von Räumungshelfern.

137 Die Funktion der Rettungswege ist durch den Betreiber bzw. Veranstalter zu jeder Zeit zu gewährleisten. Besonderes Augenmerk ist darauf zu legen, dass die Rettungswege stets frei von Hindernissen sind. Mobile Aufbauten, die an Rettungswege und Fluchttüren angrenzen (z. B. Stehtische), müssen deshalb so positioniert werden, dass sie beim Umfallen den Weg nicht behindern und keine zusätzlichen Brandlasten in den Rettungsweg einbringen. Aufbauten, die in unmittelbarer Nähe der Rettungswege aufgebaut werden, sind gegen Umstürze zu sichern.

Der Rettungsweg beginnt nicht unmittelbar neben dem Eingang bzw. Ausgang, sondern an der entferntesten Stelle, an der sich Besucher aufhalten können (§ 7 Abs. 1 MVStättVO). Er endet an einem **Ausgang**, der unmittelbar in den öffentlichen Raum führt.

138 Der Rettungsweg kann durch „Notwendige Flure" oder „Notwendige Treppenhäuser" unterteilt werden. Sie bilden gesichert durch eine Brandschutztür einen anderen Brandabschnitt und bieten dem Besucher vorübergehend Schutz vor einer unmittelbaren Gefahr für Leben und Gesundheit. Die technischen Rahmenbedingungen für „Notwendige Flure" und „Notwendige Treppenhäuser" ergeben sich aus §§ 35, 36 MBO.

139 Die Rettungswege in Versammlungsstätten sind nicht nur den Besuchern vorbehalten. Auch viele Beschäftigte in einer Veranstaltung wie Service- und Garderobenpersonal, Platzanweiser, Ordnungsdienst usw. sind auf sie angewiesen. Deswegen können sich weitere Anforderungen aus den Arbeitsschutzrichtlinien A1.8 (Verkehrswege), A2.3 (Fluchtwege und Notausgänge, Flucht- und Rettungswegeplan) und A1.5/1.2 (Fußböden) ergeben.

Die ASR A2.3 Nr. 3.1 fordert eine besondere Sorgfaltspflicht für Fluchtwege:

„Fluchtwege sind Verkehrswege, an die besondere Anforderungen zu stellen sind"

140 Ein besonderes Augenmerk ist dabei auf die Bodenbeschaffenheit zu legen: „Verkehrswege müssen eine **ebene** und **trittsichere** Oberfläche aufweisen, um Gefährdungen durch z. B. **Stolpern, Umstürzen oder Wegrutschen** zu vermeiden" (ASR A1.8 Nr. 4.1 ABS. 5).

Foto: Olaf Jastrob

Abbildung 18: Negativbeispiel für die Gestaltung eines Rettungsweges

Als Stolperstellen gelten bereits Höhenunterschiede von mehr als 4 mm (DGUV Regel 108-003 und Nr. 3.4 der ASR A1.5/1,2). Auch Gitterroste mit Maschen von mehr als 35 x 51 mm gelten als unzulässige Stolperstellen. **141**

Aufzüge gehören bis auf wenige besondere Ausnahmen nicht zu den Flucht- und Rettungswegen. Ihre Nutzung im Brandfall kann tödliche Folgen haben. Hält ein Aufzug in einem verrauchten Bereich, dann lassen sich die Türen nicht mehr schließen. Die Türen werden durch optische Sensoren (Lichtschranken) gesichert. Für diese Sensoren bedeutet Rauch ein Hindernis, was dazu führt, dass die Türen nicht geschlossen werden. Auch ist die Gefahr des Steckenbleibens in Notfallsituationen größer. Fahrstühle müssen daher an eine eventuell vorhandene Brandmeldeanlage angebunden sein und fahren bei Feueralarm automatisch auf das niedrigste Ausgangsstockwerk, wo sie mit offenen Türen stehenbleiben.

Abbildung 19: Brandfallsteuerung nach ISO 7010

Diese Automatik wird als „Brandfallsteuerung" bezeichnet. Die Bedienelemente im Fahrkorb sind dann deaktiviert. **142**

Last but not least ist die Feuerwehr besonders in hohen Häusern häufig auf spezielle Feuerwehraufzüge angewiesen, um eine effektive Brandbekämpfung aufzubauen. An diese Feuerwehraufzüge werden dann aber noch weitergehende technische Anforderungen als an normale Personenaufzüge gestellt. Sie sind an entsprechenden Piktogrammen (Brandschutzzeichen „Feuerwehraufzug" nach DIN EN 81-72) erkennbar.

b)   Anzahl, Führung und Kennzeichnung der Rettungswege

Die Anforderungen an die Beschaffenheit und Führung von erstem und zweitem Rettungsweg werden in § 6 MVStättVO und ergänzend in § 33 MBO beschrieben. **143**

144 Versammlungsstätten müssen in jedem Geschoss mit Aufenthaltsräumen über **zwei unabhängige** Rettungswege verfügen. Ähnliches gilt auch für Versammlungs**räume** mit einer Grundfläche von mehr als 100 m² oder einem Fassungsvermögen von mehr als 100 Personen (§ 6 Abs. 5 MVStättVO). Hier müssen zwei Ausgänge, die möglichst weit auseinanderliegen und entgegengesetzt angeordnet sein sollten, ins Freie oder zu den Rettungswegen führen.

Die Rettungswege müssen **stets ins Freie zu öffentlichen Verkehrsflächen führen**. Rettungswege, die in abgeschlossenen Innenhöfen ohne unmittelbaren Zugang zu öffentlichen Verkehrsflächen führen, sind nicht zulässig.[18]

Rettungswege und Ausgänge sind durch **Sicherheitszeichen** dauerhaft und gut sichtbar zu kennzeichnen (§ 6 Abs. 6 MVStättVO). Hierfür zulässige Kennzeichnungen finden sich EN ISO 7010.

c) **Breite der Rettungswege und Fluchttüren**

145 Die Bemessung der Rettungswege (§ 7 MVStättVO) verfolgt das Ziel, einen Versammlungsraum innerhalb von zwei Minuten evakuieren zu können.[19] Versammlungsstätten sollten in ca. 6 Minuten evakuiert sein. Alle durch die MVStättVO definierten Maße und Laufstrecken sind daran ausgerichtet. Die MVStättVO geht damit von wesentlich kürzeren Evakuierungszeiten aus als die MBO, die von einer Evakuierungszeit von theoretisch maximal 5 Minuten ausgeht.

Zudem sieht die MVStättVO im Gegensatz zu anderen technischen Schutzvorschriften vor, dass es stets mindestens 2 Personen möglich sein soll, nebeneinander und gleichzeitig einen Gefahrenbereich zu verlassen. Deshalb darf die Mindestbreite eines jeden Rettungsweges 1,20 Meter nicht unterschreiten (§ 7 Abs. 4 Satz 3 MVStättVO).[20] Die MVStättVO formuliert hier ein Verbot der Einengung der Rettungswegbreite.

146 **Deshalb gilt**: Die Mindestbreite ist stets zu beachten und darf nicht – zum Beispiel durch Aufteilung von Rettungswegen oder durch Einbauten unterschritten werden!

147 Für jeweils 200 Besucher sind mindestens 1,20 Meter Rettungsweg vorzusehen. Die notwendigen Breiten sind nach der größtmöglichen Personenzahl zu berechnen. Nur bei Rettungswegen im Bühnenhaus und bei Versamm-

---

18 Pkt. 6.1.2 der Erläuterungen des MHKGB NRW zur Verordnung über Bau und Betrieb von Sonderbauten in NRW
19 Anhang E der DIN EN 13200-1:2012-11
20 Pkt. 7.4.3 der Erläuterungen des MHKGB NRW zur Verordnung über Bau und Betrieb von Sonderbauten in NRW

lungsräumen mit einer Kapazität von weniger als 200 Personen gelten geringere Mindestbreiten.

Da durch § 6 MVStättVO für Versammlungsstätten das Vorhandensein von zwei unabhängigen Rettungswegen vorgegeben ist und jeder Rettungsweg eine Mindestbreite von 120 cm aufweisen muss, ergibt sich für Veranstaltungen zwischen 200 – 400 Personen eine durchgängige Mindestsumme der Rettungswege von 240 cm. Erst ab 401 Personen greift dann die Berechnungsformel

> **AB/200 x 120 cm = MB**
> (AB = Anzahl Besucher; MB = Mindestbreite)

Anzahl Besucher (AB)	Formel	Notwendige Breite der Rettungswege
200	(AB) 200/200 x 1,20	= 1,20 m Min.= 1,20 m x 2 = 2,40 m *
300	(AB) 300/200 x 1,20	= 1,80 m Min.= 1,20 m x 2 = 2,40 m *
400	400/200 X 1,20	= 2,40 m
500	500/200 x 1,20	= 3,00 m
600	600/200 x 1,20	= 3,60 m
1000	1000/200 x 1,20	= 6,00 m
* Anforderung an 1. + 2. Rettungsweg mit je 1,20 m vorrangig		

Die über die Mindestbreite hinaus zusätzlich einzuplanenden Flächen sind möglichst gleichmäßig auf die einzelnen Rettungswege zu verteilen.

Das in einer Veranstaltung beschäftigte Personal findet in dieser Berechnung keine Berücksichtigung.

Mit den Standards für Rettungswege liefert die MVStättVO im Umkehrschluss auch die Berechnungsformel für die maximale Besucherzahl in einer Veranstaltung:

> **SB: MB x 200 = Pers max.**
> (SB = Summe Rettungswegbreiten; MB = Mindestbreite)

Bei der Berechnung sind seit der Novellierung der MVStättVO ab 200 Personen Zwischenschritte bei der Bemessung der Rettungswegbreiten möglich. Damit unterscheidet sich die MVStättVO von einigen Landesvorschriften, in denen weiterhin feste Staffelungen der Rettungswegbreiten in 60 cm Schritten zu finden sind. Wird hier der jeweilige Schwellenwert nur um eine Person überschritten, muss sich die Summe der Rettungswegbreiten direkt um 60 cm erhöhen.

Bei mehreren Versammlungsräumen mit gemeinsamen Rettungswegen ist zunächst eine raumbezogene Berechnung vorzunehmen. Die sich hieraus ergebenden Werte sind dann für die gemeinsam genutzten notwendigen Flure und notwendigen Treppen zu addieren.

151 § 31 Abs. 2 MVStättVO verpflichtet den Betreiberoder Veranstalter, dafür Sorge zu tragen, dass die erforderlichen Rettungswegbreiten jederzeit uneingeschränkt nutzbar sind. Einbauten, Möblierungen oder sonstige Gegenstände dürfen im Verlauf der Wege nur aufgestellt werden, wenn die Breite des Rettungsweges hierdurch nicht beeinträchtigt wird. Stehtische und ähnliche Gegenstände, die leicht umkippen können, sollten mit einem Mindestabstand von 1,5 Metern aufgestellt werden, damit sie nicht in den Rettungsweg kippen und dort eine gefährliche Stolperstelle bilden können.

152 Sind die für die Führung des Rettungsweges genutzten Flächen, Flure, Foyers oder Hallen breiter als erforderlich, empfiehlt es sich, die Rettungswegbreite durch Kennzeichnung auf dem Boden erkennbar zu machen. Achten Sie bei der Kennzeichnung auf einen guten Kontrast zum Untergrund. Das garantiert gute Sichtbarkeit auch bei schlechter Beleuchtung oder für Menschen mit Sehbehinderungen.

d) Länge der Rettungswege

153 Die Verrauchung der Räume ist die größte Gefahr bei Bränden. Jährlich sterben in Deutschland zwischen 350 – 500 Menschen an den Folgen eines Brandes, 80 – 90 Prozent davon ersticken durch den giftigen Brandrauch. Damit ist nicht das Feuer selbst, sondern seine Begleiterscheinung „Rauchgasvergiftung" die bei weitem größte Gefahr bei Bränden.[21] Der Rauch ist bei einem Brand die größte Gefahr für die Menschen in der Versammlungsstätte und behindert die Rettungskräfte.

Räume verrauchen abhängig von ihrer Raumhöhe. Rauch steigt durch die Thermik zunächst nach oben und verdichtet sich unter der Decke. In Räumen mit Raumhöhen unter 5 Metern kann sich der Rauch innerhalb von drei Minuten nach unten ausbreiten und zur Gefahr für Besucher und Beschäftigte werden. Die Orientierung geht verloren und beim Einatmen des Rauchgases können Menschen schon nach zwei Atemzügen erst das Bewusstsein verlieren und dann ersticken.

154 Deshalb sieht die MVStättVO eine maximale Länge des Rettungsweges von 30 Metern bis in den nächsten sicheren Bereich vor. In höheren Räumen nimmt die Gefährdung ab, da die rauchfreie Schicht am Boden länger bestehen bleibt. Die MVStättVO sieht für solche Räume mit mehr als 5 Meter lichter Höhe deshalb eine stufenweise Erhöhung der maximalen

---

21 Informationsschrift „Feuer & Rauch" des Fachverbandes Tageslicht und Rauchschutz e. V. Süddeutsche Zeitung Online vom 24.6.2017

III. Die Musterversammlungsstättenverordnung (MVStättVO)

Länge eines Rettungsweges vor. Für jeweils 2,5 Meter zusätzlicher lichter Höhe über der für Besucher zugänglichen Ebene besteht die Möglichkeit, die Laufweglänge um 5 Meter zu erhöhen. Die Entfernung von 60 Meter bis zum nächsten Ausgang darf jedoch nicht überschritten werden.

Länge								
60								
55								
50								
45								
40								
35								
30								
Höhe		+2,5	+5,0	+7,5	+10	+12,5	+15	+17,5	+20

Die maximal zulässigen Strecken sind nach den tatsächlich zurückzulegenden Laufstrecken zu berechnen.

Die MVStättVO fordert nicht, dass nach der maximalen Laufstrecke der Ausgang des Gebäudes erreicht werden muss. Vielmehr spricht die MVStättVO davon, dass die Laufstrecke bis zum nächsten sicheren Bereich berechnet wird. An den Ausgang des Versammlungsraumes kann sich ein neuer gesicherter Abschnitt anschließen. Das kann ein „**Notwendiger Flur**", ein „**Notwendiger Treppenraum**" oder auch ein **Foyer** sein.

e) Exkurs: Notwendiger Flur/Notwendiger Treppenraum

„Notwendige Flure" oder „Notwendige Treppenräume" bilden die horizontale (Flur) oder vertikale Verbindung (Treppe) zwischen einem Gebäudeteil (z. B. den Veranstaltungsraum) und einem sicheren Ort im Brandfall. Sie sind immer dann erforderlich, wenn ein Rettungsweg aus einem Raum oder einem Gebäudeteil nicht unmittelbar ins Freie führt. Sie bilden einen eigenen gesicherten Bereich (z. B. durch Rauchschutztüren) und müssen von anderen Räumen getrennt und gegen das Eindringen von Feuer und Rauch geschützt sein. Die MBO beschreibt in §§ 34 ff. brandschutztechnische Ansprüche an Baustoffe für Wände und Decken, Bodenbeläge, Türen und Baumasse. Ziel der gesetzlichen Vorschriften ist es, die Nutzung dieser sicherheitsrelevanten Gebäudebereiche im Brandfall ausreichend lang zu ermöglichen (§§ 35 Abs. 1 und 36 Abs. 1 MBO).

„Notwendige Flure" sind durch Türabschlüsse in Rauchabschnitte zu unterteilen, die – wie die Vorgabe der MVStättVO für Rettungswege – nicht länger als 30 Meter sein dürfen. Hinsichtlich der erforderlichen Breite macht die MBO keine konkreten Angaben. Notwendige Flure und Treppen müssen so breit sein, dass die nutzbare Breite der Treppenläufe und Treppenabsätze notwendiger Treppen für den größten zu erwartenden Verkehr ausreicht (§§ 34 Abs. 5 und 36 Abs. 2 MBO). In Versammlungsstätten gelten somit die Mindestbreiten der MVStättVO. Die notwendige Mindestbreite in „Notwendigen Fluren" und „Notwendigen Treppenräumen" darf durch Einbauten oder Einrichtungen nicht eingeengt werden.

158 Die Schutztüren müssen der DIN 18095 entsprechen und dürfen nicht mit einem Schloss ausgestattet sein. Sinn und Zweck dieser Regelung ist, dass die Türen zu keiner Zeit und unter keinen Umständen abgeschlossen werden dürfen. Außerdem müssen sie rauchdicht und selbstschließend sein. Die Türen sind jährlich oder nach einer technischen Veränderung durch eine befähigte Person zu prüfen. Das Prüfergebnis ist zu dokumentieren und durch eine Prüfplakette im Türrahmen nachzuweisen.

159 Um das Schutzziel der ausreichend langen Nutzbarkeit im Brandfall zu gewährleisten, sollten die innerhalb der Rauchabschnitte befindlichen Brandlasten möglichst gering sein. Die MBO spricht hierzu kein ausdrückliches Verbot aus. Die strengen Brandschutzauflagen für die verwendbaren Baustoffe würden aber wenig Sinn machen, wenn sich innerhalb der Schutzbereiche hohe Brandlasten (brennbare Einbauten oder Einrichtungen, Ausschmückungen) mit entsprechenden Brandentstehungsgefahren befinden könnten. Aus dem Schutzgedanken der §§ 35 und 36 MBO kann deshalb abgeleitet werden, dass notwendige Flure und Treppen von Brandlasten weitgehend freigehalten werden sollten. Der Weihnachtsbaum mit seiner leichten Entzündbarkeit und hohen Brandlast hat deshalb auch während der Advents- und Weihnachtszeit hier keinen Platz.

10. § 8 Treppen

160 § 8 MVStättVO definiert ähnlich wie § 35 MBO besondere Brandschutz- und Sicherheitsstandards für Notwendige Treppen und andere für Besucher nutzbare Treppen in Versammlungsstätten. Neben den Beschreibungen der notwendigen Baustoffe zählen dazu eine Maximalbreite von 2,40 Metern (nutzbare Treppenlaufbreite nach DIN 18065:2015-03, Abschnitt 4.10.), das Vorhandensein von Handläufen auf beiden Seiten der Treppe und durchgängig geschlossene Trittstufen, um Verrauchungen aus anderen Bereichen zu vermeiden und ein Stolpern durch Unterhaken zu verhindern.

Die gleichzeitige Führung des ersten und des zweiten Rettungsweges aus einem Geschoss in einem gemeinsamen notwendigen Treppenraum ist nicht zulässig.[22]

---

[22] Erläuterungen des Ministeriums für Heimat, Kommunales, Bau und Gleichstellung NRW zur SonderbauVO vom 4.4.2018 zu § 8 SBauVO NRW

III. Die Musterversammlungsstättenverordnung (MVStättVO)

11. § 9 Fluchttüren und Fluchttore

Fluchttüren und Türen von Notwendigen Fluren und Treppenräume zählen grundsätzlich zu den Rettungswegen. Für sie fordert die MVStättVO bereits beim Einbau verschiedene technische Brandschutzbedingungen. Abhängig von der Einbauumgebung müssen sie feuerbeständig oder feuerhemmend sein. Für alle Türen gilt aber, dass sie sowohl rauchdicht als auch selbstschließend sein müssen. **161**

Meistens bilden Fluchttüren in einem System von Rettungswegen das bauliche Nadelöhr. Deshalb ergibt sich die Mindestanforderung und die Gesamtanforderung an die Durchgangsbreiten ebenfalls aus § 7 Abs. 4 MVStättVO. Türen mit einer Durchgangsbreite von unter 1,20 Meter sind unzulässig (außer für Räume mit unter 200 Besucherplätzen). **162**

Fluchttüren müssen in Fluchtrichtung aufschlagen[23] und dürfen keine Schwellen haben. Sie müssen sich – sobald sich im Raum Personen aufhalten – von innen jederzeit leicht und in voller Breite öffnen lassen, dürfen also nicht verschlossen sein. Das gilt auch bereits für die Aufbauphase. Die Formulierung des Absatzes 3 fordert im Gegenschluss jedoch nicht, dass die Fluchttüren jederzeit uneingeschränkt nutzbar sein müssen. Vielmehr gilt das nur für die Bereiche einer Versammlungsstätte, in denen sich Personen tatsächlich auch aufhalten. Das ermöglicht in großen Versammlungsstätten mit mehreren Versammlungsräumen eine teilweise Nutzung.[24] **163**

Vorsicht ist bei Drehtüren, Schiebetüren, Drehkreuzen oder kraftbetätigten Türen und Schleusen geboten. Für diese Art von Türen stellt die MVStättVO technische Bedingungen, die erfüllt sein müssen, damit die Türen als Fluchttüren angerechnet werden dürfen. Werden diese Bedingungen nicht erfüllt, fallen diese Türen als Fluchttüren aus. Besonders ist zu beachten, dass ein einfaches manuelles Öffnen auch bei einem Stromausfall möglich sein muss. **164**

Die Türen von Notwendigen Fluren und Treppenräumen haben die Aufgabe, im Falle eines Brandes die Ausbreitung von Rauch und Flammen zu verhindern. Diese Brand- oder Rauchschutztüren dürfen auf keinen Fall blockiert oder festgebunden werden. Der berühmt-berüchtigte „Brandschutzkeil", Stühle und Feuerlöscher als Türstopper, sind nicht nur gefährlich, sondern bilden auch einen Straftatbestand nach § 145 Abs. 2 StGB. **165**

Die Türen sind regelmäßig technisch zu kontrollieren. Schäden wie defekte Bodendichtungen oder ein unvollständiges Schließen müssen umgehend behoben werden. **166**

---

23 VG Münster Urt. v. 22.6.2016, Az. 9 K 1985/15/§ 9 Abs. 3 MVStättVO/Ziffer 2.3. Abs. 2 Satz 2 des Anhangs zu § 3 Abs. 1 Arbeitsstättenverordnung.
24 Erläuterungen des Ministeriums für Heimat, Kommunales, Bau und Gleichstellung NRW zur SonderbauVO vom 4.4.2018 zu § 9 SBauVO NRW

> **§ 145 Abs. 2 Strafgesetzbuch**
> „Wer absichtlich oder wissentlich … die zur Verhütung von Unglücksfällen oder gemeiner Gefahr dienenden Schutzvorrichtungen oder die zur Hilfeleistung bei Unglücksfällen oder gemeiner Gefahr bestimmten Rettungsgeräte oder anderen Sachen beseitigt, verändert oder unbrauchbar macht, wird mit Freiheitsstrafe bis zu zwei Jahren oder mit Geldstrafe bestraft (…)".

12. Exkurs: Barrierefreie Rettungswege

167 Das Thema „barrierefreie Rettungswege" wird durch die MVStättVO nicht behandelt. Barrierefreiheit bedeutet in diesem Kontext aber mehr als Verkehrswege ohne Schwellen und Stufen. Vielmehr darf der Besuch einer Veranstaltung für Menschen mit Einschränkungen gleich welcher Art nicht mit höheren Risiken verbunden sein als für andere Besucher. Vielmehr sollte Ziel sein, die gleiche Sicherheit für alle Besucher herzustellen.

168 In der barrierefreien Gestaltung einer Veranstaltung spielen im Regelbetrieb häufig Aufzüge eine entscheidende Rolle. Sie ermöglichen auch gehbehinderten Menschen und Personen mit anderen Mobilitätseinschränkungen, sich selbstbestimmt und eigenständig in einer Veranstaltung zu bewegen. Auch Schwangere, stark Übergewichtige oder Familien mit kleinen Kindern und ggfls. Kinderwagen können auf die Nutzung eines Aufzugs angewiesen sein.

169 Aufzüge sind aber als Rettungsweg ungeeignet. Vielmehr gelten unter dem Aspekt „Barrierefrei" nur horizontale und vertikale Wege mit einem Ausgang ins Freie als geeignet. Das lässt sich meistens nur im Erdgeschoss verwirklichen. Brandsichere Aufzüge sind nur in wenigen sehr hohen Gebäuden vorzufinden und auch bei diesen müsste im Einzelfall geprüft werden, ob und wie sie im Rahmen eines Evakuierungskonzeptes eingebunden werden könnten. Generell gilt bei allen anderen Aufzügen ein Benutzungsverbot, auch wenn die Aufzüge an die Notstromversorgung angeschlossen sind. Das ergibt sich aus der Norm DIN VDE 0108-e. Ein barrierefreier Zugang garantiert somit häufig nicht auch das barrierefreie Verlassen einer Versammlungsstätte.

170 Auch bei der Alarmierung und der Rettungsweggestaltung sind Aspekte der Barrierefreiheit zu berücksichtigen, damit eine sichere Evakuierung für alle Besucher möglich ist. Seh- oder hörgeschädigte Personen bedürfen hier zusätzlicher technischer oder personeller Unterstützung.

171 Am Anfang einer Evakuierung im Notfall steht die Alarmierung. Das beginnt mit der Auslösung des Alarms. Die Alarmierung muss einfach und auch von kleinwüchsigen Personen oder Rollstuhlfahrern erreichbar sein.

Nach der Auslösung sind es regelmäßig akustische Signale und/oder eine Durchsage, mit denen die Evakuierung eingeleitet wird. Werden dabei auch Töne mit einem breiten Frequenzspektrum benutzt, dann erreichen sie immer noch auch viele Personen, die aufgrund eines eingeschränkten Hörvermögens viele Tonlagen nicht mehr hören können.

Ist die Alarmierung zusätzlich mit einem optischen sehr auffälligen Signal verbunden, werden auch noch stärker hörgeschädigte Personen erreicht. Das Zwei-Sinne-Prinzip kann sogar zusätzlich durch einen Vibrationsalarm auf ein Drei-Sinne-Prinzip ausgebaut werden. Das kann in Veranstaltungsstätten ein Denkanstoß sein, ist aber technisch derzeit im Einzelfall nur schwer umzusetzen. Gute Hotels bereiten sich aber mehr und mehr z. B. durch die Nutzung sog. Rüttelmatratzen entsprechend vor.

Die barrierefreie Ausgestaltung von Alarmierung und Rettungswegen kommt allen Besuchern einer Veranstaltung zugute. Deutlich hörbare Signale, eine klar erkennbare Wegeleitung mit deutlich sichtbaren Hinweisschildern und Verkehrswege ohne Hindernisse erhöhen auch die Sicherheit von Personen ohne Einschränkungen.

Oftmals ist das Ziel einer vollständigen Barrierefreiheit aber für den Betreiber oder Veranstalter nicht erreichbar. Dann muss der Grundsatz der Barrierefreiheit hinter den Schutz für Leib und Leben zurückstehen. Das gilt besonders für mehrgeschossige Versammlungsstätten. Deshalb können Brandschutz- und Evakuierungskonzepte in solchen Gebäuden sichere Bereiche ausweisen. Diese sind barrierefrei erreichbar und bieten gehbehinderten Personen einen ausreichenden Schutz, um dort auf die Rettung durch Rettungskräfte warten zu können. Es können aber auch Evakuierungsstühle mit entsprechend geschulten Räumungshelfern bereitgehalten werden. Das ist besser als nichts, widerspricht aber dem Ziel der Barrierefreiheit, jedem Menschen gleichberechtigt auch die Eigenrettung zu garantieren.

Vollständig barrierefreie Rettungswege sind in älteren Versammlungsstätten oft nicht oder nur mit unverhältnismäßig hohem Aufwand zu realisieren. Darauf muss sich die Notfallplanung einstellen. Voraussetzung dafür ist, dass

- die Anforderungen an die Barrierefreiheit der Rettungswege entsprechend bewertet werden, und
- dass die Verantwortlichen organisatorisch in der Lage sind, die betreuungsbedürftigen Personen zu identifizieren und dann im Notfall auch zu betreuen. Entsprechende Abfragen in Einladungs- und Anmeldeverfahren oder beim Ticketing können hier schon erste wichtige Erkenntnisse liefern.

13. § 10 Bestuhlung, Gänge und Stufengänge

176 Die technischen Anforderungen an Art und Anordnung von Stühlen und Tischen finden sich in § 10 MVStättVO geregelt. Für Veranstaltungsstätten mit ebenerdigen Bestuhlungen und Bestuhlungen von Tribünen gelten unterschiedliche Standards. Die wichtigsten definierten Anforderungen bei einer ebenerdigen Bestuhlung sind:

a) **Stühle:**

Foto: Olaf Jastrob

Abbildung 20: Bestuhlung

177 Stühle **in Stuhlreihen** müssen entweder wie bei einer Theaterbestuhlung unverrückbar befestigt sein oder, soweit es sich um eine temporäre Bestuhlung handelt, mittels einer geeigneten Verkettungseinrichtung **miteinander** verbunden (DIN 14 703) werden. Das kann durch besondere mechanische Klammern erfolgen oder durch fest montierte Haken an den Stühlen. Die Verbindung schützt vor dem Umfallen der einzelnen Stühle besonders in Notfallsituationen, wenn Besucher den Veranstaltungsraum schnell verlassen müssen und ihre Konzentration auf andere Einflüsse gelenkt ist. Damit werden die Rettungswege vor Stolperfallen geschützt. Ausnahmen hiervon bestehen in Gaststätten, Kantinen und kleineren, stufenlosen Bereichen einer Versammlungsstätte mit nicht mehr als 20 Stühlen, wie Logen.

178 Stühle müssen mindestens **50 cm breit** sein und der **Abstand** zur Lehne des Vordermanns darf **40 cm** nicht unterschreiten.

Bei Stühlen mit Armlehnen ist ein zusätzlicher Platzbedarf von mindestens 10 cm zu addieren (DIN 13200).

Die **maximale Anzahl** von Stuhlreihen in einem Block beträgt **30 Reihen hintereinander.**

179 Seitlich von Gängen dürfen maximal 10 Stühle nebeneinandergestellt werden. Zwischen zwei Gängen ergibt sich deshalb eine **maximale Anzahl**

von 20 Stühlen (je Gang 10 Stühle), bei nur einem Gang (Mittelgang) jeweils 10 Stühle rechts und links des Ganges. Die Beschränkung der Anzahl von Stühlen nebeneinander und Stuhlreihen hintereinander hilft, überschaubare Besucherbereiche zu bilden.

Die Anzahl der Stühle pro Reihe kann auf bis zu 50 Stühle erhöht werden, wenn auf jeder Seite des Versammlungsraumes für jeweils 4 Stuhlreihen eine Ausgangstür zur Verfügung steht und diese Tür eine Mindestbreite von 1,20 aufweist.

Die Gänge vor, hinter und neben den Blöcken müssen eine Breite von mindestens 1,20 Meter aufweisen. Hier nimmt die MVStättVO auch innerhalb des Versammlungsraumes die Rettungswegbreite auf. Daraus kann abgeleitet werden, dass auch diese Gänge von Hindernissen freizuhalten und auch die sonstigen Vorgaben für Rettungswege einzuhalten sind.

b) Tische:

Der Abstand zwischen Tischen **soll 1,5 Meter nicht unterschreiten**, der maximale Abstand von jedem Tischplatz zum nächsten Gang darf nicht länger als 10 Meter sein.

Ständige und etablierte Versammlungsstätten verfügen in der Regel über genehmigte Bestuhlungspläne, meistens sogar für verschiedene Aufbauvarianten. Wer sich bei seinen Planungen im Rahmen dieser genehmigten Pläne bewegt, ist auf der sicheren Seite. Auch Abweichungen „nach unten" sind problemlos möglich. Aufstockungen oder Umwidmungen von Sitzplätzen in Stehplätze müssen aber vorher von der Bauaufsicht genehmigt werden. Dafür sollte frühzeitig mit den zuständigen Behörden Kontakt aufgenommen werden.

Eine Ausfertigung des genehmigten Bestuhlungsplans muss – außer in Nordrhein-Westfalen – im Veranstaltungsraum ausgehängt werden.

14. § 11 Abschrankungen und Schutzvorrichtungen

Abschrankungen, Brüstungen oder Umwehrungen dienen der Sicherung gegen Abstürze von Personen aus größerer Höhe. § 11 MVStättVO knüpft an § 38 MBO an, in dem festgelegt ist, dass begehbare Flächen mit mehr als 1 Meter Höhenunterschied zu angrenzenden Bereichen gegen Abstürzen technisch gesichert werden müssen. Ausnahmen sind zulässig, wenn die Umwehrung die Nutzung der Fläche erheblich behindern oder unmöglich machen würde. Die Bühnenvorderkante ist ein Beispiel hierfür (s. hierzu auch § 6 DGUV Vorschrift 17).

Die Höhe der Umwehrung ist von entscheidender Bedeutung bei der Schutzwirkung. Um Personen sicher vor einem Absturz zu bewahren, muss sie so beschaffen sein, dass sie höher als der Kipppunkt eines erwachsenen Menschen ist.

187 Die Mindesthöhe der Umwehrung beträgt in Versammlungsstätten 110 cm für alle Arten von Abtrennungen. Sie weicht damit von den landesspezifischen Mindesthöhen der Bauordnungen der Länder nach oben hin ab.

188 Ist bei der Veranstaltung mit Kindern zu rechnen, so sind Abtrennungen gegen ein Überklettern oder Durchsteigen zu sichern. Das gilt besonders auch für Treppen. Die hier verbauten Handläufe sind meistens nur auf die Bedürfnisse und Schutzziele für Erwachsene ausgerichtet. Das trifft besonders auf Gebäude zu, die nicht regelmäßig auch als Versammlungsstätte genutzt werden, wie bei einem Tag der offenen Tür eines Unternehmens. Abtrennungen und Geländer sollten dann entsprechend gesichert werden, z. B. durch das Einspannen von Planen.

189 Der Absatz 4 fordert eine Belastbarkeit von Abschrankungen gegen den Druck einer Personengruppe. Ziel ist es, ein Umkippen oder Zersplittern der Abschrankung zu vermeiden. Die Regelung beschränkt sich auf die Abschrankungen in den für Besucher zugänglichen Bereichen.

190 Der Begriff Personengruppe bleibt in der MVStättVO unbestimmt, deshalb bleibt auch zunächst unklar, wie hoch die geforderte Belastbarkeit sein soll. Die DIN EN 1991-1-1/NA:2010-12 liefert zu dieser Frage eine Antwort. Für

- Flächen für große Menschenansammlungen (C5),
- Flächen, die regelmäßig durch erhebliche Menschenansammlungen genutzt werden (C6),
- Zugänge und Treppen von Tribünen ohne feste Sitzplätze, die als Fluchtwege dienen (T3),

sieht die technische Regel eine horizontale Mindest-Drucklast auf Absturzsicherungen von 2,0 kN/m vor.

191 In Bereichen, die **nur den Beschäftigten einer Versammlungsstätte zugänglich sind**, gelten die Vorgaben des Abs. 4 nicht. Hier sind die arbeitsschutzrechtlichen Bestimmungen DGUV Vorschrift 17 und 18 zu beachten.

192 Die Fußböden und Stufen von Tribünen, Podien, Bühnen oder Szenenflächen dürfen keine Öffnungen haben, durch die Personen abstürzen können (§ 11 Abs. 6). Eine ähnliche Vorschrift findet sich auch in §§ 5 und 6 DGUV Vorschrift 17.

193 Die DGUV Vorschrift lässt auf der Bühne/Szenenfläche Ausnahmen zu, wenn es die szenische Darstellung erfordert. Die Vorschrift unterstellt dabei, dass die Bühne während der Vorstellung eine reine „Arbeitsstätte" darstellt und Besucher und sonstige fremde Personen dann dort keinen Zutritt haben. So können während der Aufführung Versenkungen und Podien genutzt werden, ohne die Ebenen durch Abschrankungen zu sichern. Hier gilt als Mindestanforderung eine unter allen zu erwartenden Beleuchtungsbedingungen gut zu sehende Kennzeichnung der Bühnenkante. Außerhalb der Aufführung ist der Bereich die Öffnung im Bühnenboden jedoch unverzüglich entsprechend mit Abschrankungen zu sichern.

Absatz 6 schreibt Schutzmaßnahmen für Besucher vor Gefahren vor, die sich aus der Art der Veranstaltung oder dem Programm ergeben können. Der scharf geschossene Fußball, der das Tor verfehlt, kann dahinterstehende Zuschauer ebenso verletzen wie ein unkontrolliertes Rennrad nach einem Sturz. Welche Schutzmaßnahme im Einzelnen erforderlich ist, muss im Rahmen einer Gefährdungsbeurteilung geprüft und bewertet werden.

15. § 12 Toilettenräume

Die Sicherheit bei Veranstaltungen zu gewährleisten, heißt auch, den Besuchern hygienische Rahmenbedingungen zu bieten. Die MVStättVO umschreibt deshalb Mindestmengen und den Ausstattungsumfang für Toilettenanlagen. Die Mindeststandards richten sich an der Anzahl der Besucher und deren Geschlecht aus und folgen damit seit 1990 früheren Versionen der MVStättVO. Die Art der Veranstaltung wird hier nicht berücksichtigt. Ebensowenig wird berücksichtigt, ob feste Pausenzeiten vorgesehen sind oder sich die Toilettengänge voraussichtlich über die gesamte Veranstaltungszeit verteilen.

Auch der Charakter einer Veranstaltung kann besondere Anforderungen an die Anzahl und Art der Toiletten stellen. Eine Oktoberfestveranstaltung benötigt durch den Bierausschank höhere Kapazitäten als ein Klassikkonzert.

Verschiedene Länder haben deshalb die starren Vorgaben der MVStättVO gelockert und fordern nur noch eine angemessene Anzahl von Toiletten. Sie gestatten damit eine flexible Handhabung.

Was angemessen ist, ist vom Veranstalter oder Betreiber plausibel auszuweisen. Anhaltspunkt könnte die VDI-Richtline 6000 Blatt 3 für feste bauliche Anlagen oder die DIN EN 16194 für Open-Air-Veranstaltungen sein. Sie dokumentieren die anerkannten Regeln der Technik.

Die VDI-Richtlinie berücksichtigt Anzahl der Besucher, die Zusammensetzung der Besuchergruppen, die Nutzung des Gebäudes und die Veranstaltungsart. Dabei schließt sie, abhängig von der o. a. Bewertung, auch eine flexible und gleichzeitige Nutzung nicht aus.

16. § 13 Barrierefreie Stellplätze

§ 10 Absatz 7 fordert mindestens ein Prozent der Besucherplätze für Benutzer von Rollstühlen vorzusehen. Rollstuhlfahrer benutzen bei der Anreise zu einer Veranstaltung wegen der eingeschränkten Mobilität seltener den ÖPNV, und sind deshalb überwiegend auf die Nutzung von Kraftfahrzeugen angewiesen.

Abbildung 21: Barrierefreie Stellplätze (StVO Schild 314 mit Zusatzzeichen 1044-10)

201 Deshalb ist es auch folgerichtig, dass die MVStättVO neben den reservierten Besucherplätzen auch die Reservierung von PKW-Stellplätzen vorsieht. Hierbei ist aber auch zu beachten, dass diese Plätze nicht ausschließlich Rollstuhlfahrern zur Verfügung stehen.

202 Auch andere schwerbehinderte Personen, die in der Veranstaltung keinen besonderen Platz benötigen, können auf einen solchen Stellplatz angewiesen sein.

203 Die Regelung berücksichtigt deshalb nicht nur Benutzer von Rollstühlen, sondern allgemein die Barrierefreiheit im Sinne des § 50 MBO und des Gesetzes zur Gleichstellung von Menschen mit Behinderungen (BGG).

Die notwendige Anzahl muss **mindestens** der Hälfte der Zahl der nach § 10 Absatz 7 MVStättVO erforderlichen Besucherplätze entsprechen. Durch den Begriff „mindestens" wird deutlich, dass sich die Berechnung nicht an starren Stellplatz-Richtzahlen orientiert. Vielmehr ist bei der Ermittlung der tatsächlich notwendigen Anzahl eine fundierte Einschätzung anhand der erwarteten Besucherstruktur notwendig.

204 Der anerkannte Stand der Technik für barrierefreie Stellplätze wird durch DIN 18040 Teil 1 definiert. Auch hinsichtlich der Auffindbarkeit und Erreichbarkeit der barrierefreien Stellplätze bietet die DIN-Norm im Abschnitt 4.2.3 wichtige Hinweise.

Exkurs: Barrierefreiheit

205 In mehreren Vorschriften der MVStättVO finden sich Anforderungen an die barrierefreie Gestaltung einer Versammlungsstätte. Die Vorgaben der

MVStättVO beziehen sich aber nur auf Benutzer von Rollstühlen. Daher ist die MVStättVO bei diesem Themenbereich inhaltlich nicht als abschließend anzusehen. Barrierefreiheit bedeutet mehr als reservierte Parkplätze und Sitzplätze für Rollstuhlfahrer.

Vielmehr gilt der Grundsatz, dass allen Menschen unabhängig von ihrer Behinderung oder ihrem Alter uneingeschränkte und selbstbestimmte Teilhabe am gesellschaftlichen Leben, also auch an Veranstaltungen, ermöglicht werden soll. Rechtsgrundlage hierfür ist in Deutschland das Gesetz zur Gleichstellung von Menschen mit Behinderungen (BGG). Darin definiert der § 4 BGG, was unter „Barrierefreiheit" zu verstehen ist:

> „Barrierefrei sind bauliche und sonstige Anlagen, Verkehrsmittel, technische Gebrauchsgegenstände, Systeme der Informationsverarbeitung, akustische und visuelle Informationsquellen und Kommunikationseinrichtungen sowie andere gestaltete Lebensbereiche, wenn sie für Menschen mit Behinderungen in der allgemein üblichen Weise, ohne besondere Erschwernis und grundsätzlich ohne fremde Hilfe auffindbar, zugänglich und nutzbar sind. Hierbei ist die Nutzung behinderungsbedingt notwendiger Hilfsmittel zulässig."

Foto: Holger Gerdes

Abbildung 22: Barrierefreiheit

Bereits die Mütter und Väter des Grundgesetzes hatten die Belange von Menschen mit Behinderungen unter den besonderen Schutz des Grundgesetzes gestellt. Die sehr hohe Anzahl von Menschen mit Behinderungen im Nachkriegsdeutschland, einschließlich 1,5 Millionen Kriegsversehrter, brachte deren Bedürfnisse weiter in den Fokus von Politik und Gesellschaft. Der Art. 3 Abs. 2 GG „Niemand darf wegen seiner Behinderung benachteiligt werden" gilt seitdem unverändert.

208 Die Interpretation dieser verfassungsrechtlichen Verpflichtung hat sich jedoch erst im Laufe der folgenden Jahrzehnte von dem reinen Fürsorgegedanken und der Integration von Behinderten in die Arbeitswelt hin zu einem gleichberechtigten Anspruch auf volle Teilhabe am gesellschaftlichen Leben entwickelt.[30]

209 Deutschland gehörte zu den ersten Staaten, die 2008 der UN-Konvention über die Rechte von Menschen mit Behinderung beigetreten sind. Die UN-Konvention fordert Inklusion, also die gleichberechtigte Teilhabe aller Menschen am gesellschaftlichen Leben. Inklusion wurde damit ein Menschenrecht. Die Herstellung inklusiver Lebensverhältnisse wurde eine gesamtgesellschaftliche Aufgabe.

210 In Deutschland leben heute etwa 10,2 Millionen Menschen mit Behinderung. Das sind etwa 13 Prozent der Gesamtbevölkerung. Diese Menschen haben durch das Gesetz zur Gleichstellung von Menschen mit Behinderungen (BGG) einen Anspruch auf den umfassenden und selbstbestimmten Zugang und die uneingeschränkte Nutzung aller gestalteten Lebensbereiche. Barrierefreiheit gewinnt aber auch aus demografischen Gründen eine wachsende Bedeutung. Der Anteil von Menschen in der Altersgruppe 60 – 80 Jahre, die auch im höheren Alter aktiv am gesellschaftlichen Leben teilnehmen wollen, nimmt kontinuierlich zu. Bis 2025 wird ihr Anteil an der Gesamtbevölkerung 25 Prozent erreicht haben. Damit wächst auch die Anzahl der Menschen, die zwar keine Körperbehinderung im Sinne des Schwerbehindertenrechts haben, gleichwohl aber altersbedingte Einschränkungen aufweisen. Barrierefreiheit kann damit auch zu einem Faktor der Attraktivität einer Veranstaltung sein und damit auch ihrer Wirtschaftlichkeit.

211 Die barrierefreie Gestaltung der Versammlungsstätte geht auf die Bedürfnisse aller Menschen mit Einschränkungen ein, unabhängig davon, ob sie auf Krankheit, Behinderung oder Alter zurückzuführen sind.

212 Als Ansprüche an die Barrierefreiheit gelten vier Grundsätze:
- **Auffindbar, zugänglich und nutzbar**
  Einrichtungen und Informationen müssen so gestaltet sein, dass sie von blinden Menschen und Menschen mit Sehbehinderungen gefunden, erreicht und sinnvoll genutzt werden können.
- **In der allgemein üblichen Weise**
  Menschen mit Behinderungen haben einen Anspruch auf den gleichen Zugang wie alle anderen Besucher. Ist z. B. nur der Hintereingang rollstuhlgeeignet, so wird dieser Anspruch nicht erreicht.
- **Ohne besondere Erschwernis**
  Zugang und Nutzung sollen für Menschen mit Behinderungen grundsätzlich ohne besonderen Aufwand möglich sein. Sonderregelungen auch schon bei der Anmeldung sollen vermieden werden.

- **Grundsätzlich ohne fremde Hilfe**
Die Teilnahme an einer Veranstaltung soll grundsätzlich für Menschen mit Behinderungen ohne fremde Hilfe möglich sein. Das ist z. B. bei der Neigung von Rollstuhlrampen zu beachten, die eine Neigung von 6 Prozent nicht überschreiten dürfen.

Spielten die Belange von Menschen mit Behinderungen in der ersten Versammlungsstättenverordnung keine Rolle, wurden mit der Novellierung zur letzten Jahrtausendwende erstmals auch Vorschriften für die Teilhabe von Menschen mit Behinderungen in die MVStättVO aufgenommen. Allerdings beschränken sich die in §§ 10 Abs. 7, 12 Abs. 2 und 13 MVStättVO definierten Forderungen zur Barrierefreiheit einer Veranstaltung auf die Anzahl barrierefreier Plätze, barrierefreier Toiletten und Parkplätze für Menschen mit schweren motorischen Beeinträchtigungen.

Eine zusätzliche grundsätzliche Verpflichtung zur barrierefreien Gestaltung von Versammlungsstätten ergibt sich aus § 50 Abs. 2 MBO. Den zu berücksichtigenden Stand der Technik definiert die DIN 18040-1. In ihr werden Mindestmaße, Ausführungen und Material- und Bodenbeschaffenheiten definiert.

Bei der Vielzahl möglicher und denkbarer Behinderungen und der Infrastruktur besonders älterer Versammlungsstätten sind die in der DIN definierten Ziele nicht immer zu erreichen. § 50 Abs. 2 MBO lässt Abweichungen zu, wenn die Ziele nur mit unverhältnismäßigen Mitteln zu erreichen wären. Gleichwohl sollte immer eine angepasste und angemessene Lösung angestrebt werden, bei der möglichst viele Menschen mit Behinderungen selbstbestimmt an der Veranstaltung teilnehmen können.

Die Veranstaltungsplanung sollte dabei aber nicht nur den „klassischen Rollstuhlfahrer" im Blick haben. Viele Menschen leiden unter Störungen der sensorischen Wahrnehmung. Hilfestellungen zum Sehen, Hören, Tasten sind deshalb genauso wichtig wie eine rollstuhlgerechte Ausgestaltung der Verkehrswege.

Barrierefreiheit bietet auch Vorteile für alle Besucher einer Veranstaltung. Gut lesbare Hinweisschilder für Menschen mit Sehbehinderungen erleichtern allen Besuchern eine schnelle und sichere Orientierung, eine rollstuhlgerechte Wegegestaltung dient dem Komfort und der Sicherheit aller.

Besondere Vorgaben bestehen für
- die Zugänge zum Gebäude,
- zu den Informationssystemen und der Wegeleitung inklusive dem Blindenleitsystem,
- Fluren und Türen,
- Aufzügen, Treppen und Rampen,

- Sanitärräumen,
- Parkplätzen und
- Rettungswegen.

219 Für Versammlungsstätten gelten zusätzlich auch besondere veranstaltungsspezifische Anforderungen:
- Keine Sichteinschränkungen auf die Szenenfläche
- Ergonomische Bestuhlung
- Größere Beinfreiheit für Gehbehinderte oder besonders große Menschen
- Sitzplätze für Begleitpersonen in unmittelbarer Nähe
- Standfläche für Rollstühle 90 x 130 cm zzgl. zusätzlicher Bewegungsflächen
- Hinweisschilder zu den Rollstuhlplätzen
- „Unterfahrbare" Tische an Rollstuhlplätzen
- Helle und blendfreie Ausleuchtung von Rednern, um das Lippenlesen zu ermöglichen
- Einsatz von Gebärdendolmetschern
- Einsatz von Höranlagen (Induktionsanlagen) mit entsprechender Kennzeichnung
- Störgeräusche (Lüftung, Projektoren usw.) reduzieren.

220 Bei Einbindung von Rollstuhlfahrern in das Programm:
- Rollstuhlgerechter Bühnenzugang,
- Höhenverstellbares und „unterfahrbares" Rednerpult mit höhenverstellbarem Mikrofon.

17. §§ 14, 15 Sicherheitsstromversorgungsanlagen, elektrische Anlagen und Blitzschutzanlagen sowie Sicherheitsbeleuchtung

221 Die Sicherheitsstromversorgung ist für das Brandschutz- und Evakuierungskonzept einer Veranstaltung von zentraler Bedeutung. Viele Schutzziele lassen sich nur erreichen, wenn wichtige Geräte auch bei einem Stromausfall weiter funktionsfähig sind und ein Mindestmaß an Helligkeit erhalten bleibt.

222 In diesem Zusammenhang darf nicht nur an Netzausfälle in Verbindung mit Brandereignissen gedacht werden. Im Jahr 2020 war im Schnitt jeder Stromverbraucher in Deutschland für 10,73 Minuten durch technische Probleme vom Stromnetz abgeschnitten[25]. Die Bundesnetzagentur hat dabei aber nur Ausfälle durch technisches Versagen berücksichtigt. Ausfälle durch Umwelterscheinungen wie Starkregen, Sturm usw. sind darin nicht enthalten. Das Bundesamt für Bevölkerungsschutz in Bonn sieht die Wahr-

---

25 Jahresbericht Bundesnetzagentur 2020

scheinlichkeit einer Katastrophe in Folge eines langanhaltenden, großflächigen Stromausfalls höher an als jede andere denkbare Möglichkeit[26]. Stromausfälle sind deshalb eine stets zu berücksichtigende und einzuplanende Gefährdung für eine Veranstaltung.

Die §§ 14 und 15 definieren Bedingungen, die bei Brand und Stromausfall einen Funktionserhalt besonders wichtiger Infrastruktur gewährleisten sollen. Die durch **§ 14 Abs. 1 MVStättVO** geforderte **Sicherheitsstromversorgung**, häufig auch Notstromanlage oder Netzersatzanlage genannt, muss bei Stromausfall **ohne Spannungsunterbrechung** die in Abs. 1 genannten sicherheitstechnischen Einrichtungen mit Strom versorgen

- Sicherheitsbeleuchtung,
- selbsttätige Feuerlöschanlagen und Druckerhöhungsanlagen für die Löschwasserversorgung,
- Rauchabzugsanlagen,
- Brandmeldeanlagen,
- Alarmierungsanlagen,
- Gebäudefunkanlagen.

Dabei gelten aufgrund der besonderen Bedeutung der Anlagen hohe Qualitätsansprüche hinsichtlich der Stromversorgung und dem Regelverhalten.

Ziel der MVStättVO ist es, die Funktionsfähigkeit und Nutzungsmöglichkeit für einen längeren Zeitraum ohne Unterbrechung zu erhalten. Die MVStättVO hebt Systeme hervor, die für das Notfallmanagement besonders in Brandfällen sehr wichtig sind. Brandmeldeanlagen sorgen für eine frühzeitige Alarmierung, Sicherheitsbeleuchtung und Rauchabzug sind für die sichere Evakuierung von Personen unverzichtbar, selbstständige Feuerlöschanlagen dienen einer frühzeitigen Eindämmung des Brandgeschehens.

Die Sicherheitsstromversorgung kann sowohl durch ein batteriegestütztes zentrales Stromversorgungssystem (BSV-Anlage) als auch durch autonome Stromerzeuger (Generatoren) sichergestellt werden. In vielen Fällen geschieht das durch die Kombination beider Einrichtungen.

Die Sicherheitsstromversorgung ist von der Ersatzstromversorgung nach DIN VDE 0100-560 zu unterscheiden. Diese dient dem Weiterbetrieb weniger relevanter Stromverbraucher. Deren Ausfall geht nicht mit Gefahren für Leib und Leben einher. Die Gründe für Ersatzstromanlagen sind weitestgehend wirtschaftlicher Natur.

Ebenso wichtig wie das Vorhandensein von entsprechenden Anlagen ist die sichere Verbindung zum Verbraucher. Hierzu definiert die Muster-Leitungsanlagen-Richtlinie auch verschiedene Bauvorgaben für ein resilientes

---

26 Focus Online, 15.11.2021, „Zwei Mal stand Deutschland vor Total-Blackout – warum unser Stromnetz Schluckauf hat"

Leitungsnetz. § 14 Abs. 2 MVStättVO ermöglicht durch ergänzende Anforderungen auch temporäre und nicht fest verbaute Leitungsnetze in Versammlungsstätten. Damit wird eine variable Nutzung, z. B. von Messehallen, erst ermöglicht. Der Fokus liegt hier auf Brandschutzmaßnahmen. Es soll verhindert werden, dass durch die Verlegung temporärer Leitungssysteme neue Gefahrenquellen geschaffen oder begünstigt werden. Gleichzeitig sollen Stolperfallen verhindert werden. Nicht explizit aufgeführt, aber aus den Vorgaben ableitbar ist, dass Kabel auch vorübergehend **niemals** durch Brand- oder Rauchschutztüren verlegt werden dürfen[27]. Die Schutzfunktion der Türen würde beeinträchtigt, die Zuverlässigkeit des Versorgungsnetzes gefährdet und unzulässige Stolperfallen geschaffen werden.

229 § 14 Abs. 3 MVStättVO verfolgt drei Schutzziele:
- Schutz der Besucher vor elektrischem Schlag.
- Schutz vor Manipulation der elektrischen Anlagen.
- Aufrechterhaltung der Versorgungssicherheit.

230 Vor allem in temporären oder multifunktionalen Versammlungsstätten und im Open-Air-Bereich finden sich mobile Elektroschaltanlagen wie Baustromverteiler oder ähnlicher Geräte. Hier werden regelmäßig hohe Leistungen verteilt. Auch können sie Steckdosen für Dreh- und Wechselstrom enthalten. Von diesen Anlagen geht deshalb eine höhere Gefahr aus. Sie sind deshalb durch geeignete Maßnahmen vor unbefugtem Zugriff zu sichern. Das gilt auch während der Auf- und Abbauphase, denn nicht nur der Schutz der Besucher soll durch diese Vorgabe gesichert werden, sondern der Schutz der Beschäftigten in einer Veranstaltung. Es sind deshalb darüber hinaus die einschlägigen Arbeitsschutz- und Unfallverhütungsvorschriften zu beachten. Besonders die DGUV Vorschrift 3 und die einschlägigen DIN VDE-Normen sind verbindlich zu beachten.

231 **§ 14 Absatz 4 MVStättVO** richtet sich wieder an die Betreiber der Versammlungsstätten: Durch diese Vorschrift sollen Brände und schwere Schäden an sicherheitstechnischen Einrichtungen vermieden werden.

232 Im Abs. 1 des § 14 MVStättVO wurde der Begriff „Sicherheitsbeleuchtung" eingeführt. **§ 15 MVStättVO** definiert hieran anknüpfend, was unter dem Begriff zu verstehen ist und an welchen Stellen einer Versammlungsstätte eine Sicherheitsbeleuchtung zwingend installiert sein muss.

233 Sicherheitsbeleuchtung ist neben der Ersatzbeleuchtung Hauptbestandteil des Oberbegriffs „Notbeleuchtung". Während die Ersatzbeleuchtung sicherstellen soll, dass bei einem Stromausfall noch vorübergehend gefährliche Arbeiten sicher beendet werden können, dient die Sicherheitsbeleuch-

---

27 Erläuterungen des Ministeriums für Heimat, Kommunales, Bau und Gleichstellung NRW zur SBauVO Seite. 85

tung der sicheren Evakuierung von Besuchern und Beschäftigten. Müssen Menschen im Notfall schnell und sicher aus einem Gebäude evakuiert werden, sind eine gute Beleuchtung und die Kennzeichnung von Fluchtwegen durch selbstleuchtende Fluchtwegkennzeichnungen unerlässlich.

Vier Ziele stehen hierbei im Vordergrund von § 15 MVStättVO:
- Ausreichende Sicht und sichere Begehbarkeit der Verkehrs- und Rettungswege auch bei Stromausfällen oder Verrauchung. Erkennen von Hindernissen, Stolperfallen, Schrägen und Treppenstufen.
- Sichere Orientierung und Leitung der Besucher und Beschäftigten zu den Notausgängen.
- Kennzeichnung wichtiger Einrichtungen und Bereiche wie Erste-Hilfe-Einrichtungen oder Einrichtungen für die Brandbekämpfung, damit diese im Notfall sicher und einfach aufgefunden werden können.
- Vorbeugung vor panischem Verhalten.

Die technischen Anforderungen an Sicherheitsbeleuchtung und Sicherheitszeichen ergeben sich aus den Technischen Normen DIN VDE 0100-718 in Verbindung mit DIN VDE 0100-560 und DIN EN 50172 und der Arbeitsschutzrichtlinie ASR A3.4/3, die sich bei der Gestaltung der Sicherheitszeichen auf die **EN ISO 7010** bezieht.

Die technischen Vorgaben der DIN EN 1838 legen ihren Fokus auf die schnelle Herstellung ausreichender Sichtverhältnisse:
- Das Licht soll gleichmäßig ausleuchten. Der Unterschied zwischen der hellsten und der dunkelsten Stelle darf ein Kontrastverhältnis von 40:1 nicht überschreiten.
- Die Lichtquelle muss die Ausleuchtung schnell sicherstellen. Innerhalb von 15 Sekunden muss die Sicherheitsbeleuchtung 100 Prozent Helligkeit erreicht haben.
- Die minimale horizontale Beleuchtungsstärke auf der Mittelachse des Rettungsweges darf 1 Lux nicht unterschreiten.
- Ein Minimum an Farbwiedergabe muss durch die Lichtquelle ermöglicht werden. Der Farbwiedergabeindex R_a 100 entspricht einer 100-prozentigen natürlichen Farbwiedergabe. Gefordert ist ein Mindest-Farbwiedergabeindex von $R_{a=}40$.

§ 15 Abs. 2 schreibt die Sicherheitsbeleuchtung vor
- in notwendigen Treppenräumen,
- in Räumen zwischen notwendigen Treppenräumen und Ausgängen ins Freie,
- in notwendigen Fluren,
- in Versammlungsräumen,
- in allen übrigen Räumen für Besucherinnen und Besucher (zum Beispiel Foyers, Garderoben, Toiletten),

- an Bühnen und Szenenflächen,
- in den Räumen für Mitwirkende und Beschäftigte mit mehr als 20 m² Grundfläche, ausgenommen Büroräume,
- in elektrischen Betriebsräumen,
- in Räumen für haustechnische Anlagen,
- in Scheinwerfer- und Bildwerferräumen,
- in Versammlungsstätten im Freien, in Sportstadien und Freisportanlagen, die während der Dunkelheit benutzt werden.

238 Zudem soll die Sicherheitsbeleuchtung Sicherheitszeichen von Ausgängen und Rettungswegen und die Stufen von Treppen ausleuchten. Das kann aber auch durch akkugepufferte selbstleuchtende Sicherheitszeichen oder Treppenleuchten erfolgen.

239 § 15 MVStättVO macht keine genauen Detailvorgaben, wo die Sicherheitsbeleuchtung oder die Sicherheitszeichen im Zuge eines Rettungsweges anzubringen sind. Eine sinnvolle und lückenlose Anordnung ist aber von großer Wichtigkeit, um für ausreichende Sicht und Orientierung auf Rettungswegen und in besonderen Bereichen zu sorgen und die Brandbekämpfungs- und Sicherheitseinrichtungen leicht auffindbar zu machen. Strategisch wichtige Stellen benennt die DIN EN 1838:

- an allen Ausgangstüren der Rettungswege,
- an Treppen im Zuge von Rettungswegen,
- an Rampen u. ä.,
- an jeder Richtungsänderung von Rettungswegen,
- an jeder Kreuzung der Gänge und Flure von Rettungswegen,
- am Weg außerhalb des Gebäudes bis zum Sammelpunkt,
- an jeder Erste-Hilfe-Stelle,
- an jeder Brandbekämpfungs- und Meldeeinrichtung,
- an Fluchtgeräten für Menschen mit Behinderung wie Evac-Chairs,
- an Schutzbereichen für Menschen mit Behinderung,
- an Rufanlagen,
- an Kommunikationseinrichtungen,
- an Alarmeinrichtungen in Toiletten für Menschen mit Behinderung.

240 Sind Versammlungsräume während des Betriebs z. B. aus szenischen Gründen verdunkelt, dann muss eine Sicherheitsbeleuchtung in Bereitschaftsschaltung vorhanden sein (§ 15 Abs. 3 MVStättVO). Ausgänge, Gänge und Stufen müssen aber auch dann weiterhin dauerhaft beleuchtet und erkennbar bleiben.

18. § 16 Rauchableitungen

241 Die Möglichkeit, Rauch kontrolliert ableiten zu können, ist eine Grundbedingung für einen wirkungsvollen Einsatz der Feuerwehr im Brandfall.

Auch für die Evakuierung von Menschen ist es von größter Wichtigkeit, dass die Rettungswege von Rauch freigehalten werden können. § 16 MVStättVO schreibt deshalb das Vorhandensein von Rauchableitungen ab Raumgrößen zwischen 50 m² und 200 m² (abhängig von der Nutzung des Raumes) verbindlich vor. Gleiches gilt für notwendige Treppenräume.

Die in §§ 16 Abs. 2 Nr. 1-11 MVStättVO aufgezählten technischen Möglichkeiten reichen vom normalen Fenster bis zu automatischen Rauchabzugsanlagen. § 16 Abs. 2 MVStättVO spezifiziert die generelle Anforderung aus Abs. 1 und definiert die verschiedenen zugelassenen Möglichkeiten. Den aktuellen Stand der Technik dokumentiert die Norm EN 12101. **242**

Für die Besucher einer Veranstaltung ist bei einem Brand der Rauch besonders gefährlich. Rauch kann – abhängig vom brennenden Material – bis zu 5.000 verschiedene toxische Inhaltsstoffe enthalten. Nicht selten sind dies Dioxine, Chlorwasserstoffe oder Blausäure. Immer dabei sind Kohlendioxid (CO_2) und Kohlenmonoxid (CO). **243**

Schon geringe Konzentrationen von Kohlenmonoxid machen Menschen orientierungslos, erschweren die Bewegung, führen zu einer Fluchtunfähigkeit und bei steigender Dosis letztlich zum Tod. Eine Faustregel lautet: Zwei Atemzüge sind tödlich. **244**

Bei Gebäudebränden sterben daher die meisten Opfer nicht an Verbrennungen, sondern an einer Rauchvergiftung. Alle 17 Todesfälle beim Flughafenbrand 1996 in Düsseldorf waren auf Rauchvergiftungen zurückzuführen.

Bei einem Brand entsteht Wärme. Die Wärme erhitzt den Rauch und die Brandgase und löst thermische Prozesse aus. Die Thermik lässt Rauch und Gase aufsteigen. Es bildet sich eine Rauchschicht unterhalb der Decke bzw. des Daches, die sich immer weiter aufheizt und auch nach unten ausbreitet. Bei Erreichen der Zündtemperatur und den Nachströmen von Sauerstoff kann es dann zusätzlich zu einer gefährlichen Rauchgasdurchzündung kommen. **245**

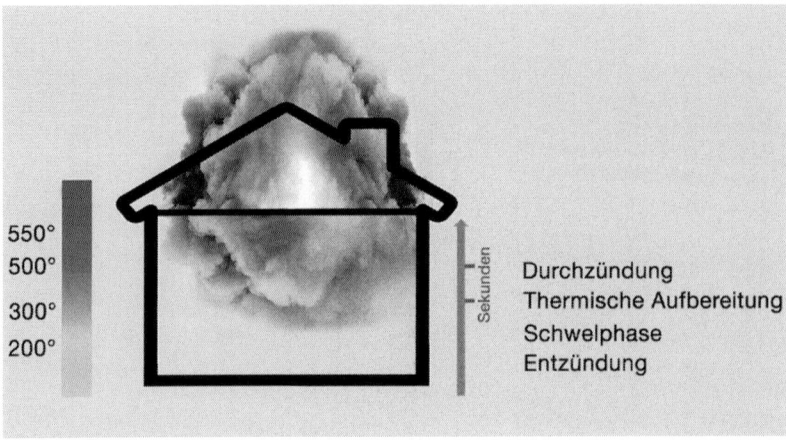

Grafik: Holger Gerdes

Abbildung 23: Phasen einer Brandentwicklung

246 Die Rauchableitung soll die Rauchansammlung unter der Decke abführen. Gleichzeitig kann sie dafür sorgen, dass die Temperatur gesenkt und hierdurch ein Erreichen der Zündtemperatur vermieden wird.

247 Die Ableitung kann aktiv maschinell durch Ventilatoren erfolgen oder passiv unter Zuhilfenahme der thermischen Eigenschaften von Rauch und Rauchgasen durch Öffnungen wie Klappen oder Fenster in größerer Höhe.

248 RWA-Anlagen sind in der Regel prüfpflichtige sicherheitstechnische Anlagen. Auf die regelmäßige Prüfung und das Vorhandensein entsprechender gültiger Prüfnachweise sollte deshalb geachtet werden. Ebenso sollte jeder Verantwortliche mit der Funktionsweise und den Auslösemechanismen vertraut sein. Die weiteren technischen Anforderungen der §§ 16 Abs. 2 ff. MVStättVO sind nur im Baugenehmigungsverfahren relevant. Teilweise sind sie nur mit besonderen Ingenieurmethoden nachzuweisen. Bei genehmigten Versammlungsstätten muss im Alltagsbetrieb davon ausgegangen werden, dass die geforderten Eigenschaften erfüllt werden.

19. § 17 Heizungsanlagen und Lüftungsanlagen

249 Auch der § 17 MVStättVO verfolgt mit seinen Vorgaben zu Heizungs- und Lüftungsanlagen die Schutzziele des Brandschutzes und der Sicherheit der Besucher. Grundsätzlich sind in Veranstaltungsräumen nur fest installierte Heizungsanlagen zulässig. Das Aufstellen von zusätzlichen mobilen Heizgeräten ist nicht erlaubt.

Mobile Heizgeräte bringen eine Vielzahl zusätzlicher Gefährdungen in einen Versammlungsraum. Wie auch bei fest installierten Heizungen basieren die gängigsten mobilen Heizsysteme auf der Verwendung der Energieträger Gas, Öl oder elektrischer Strom. Sie können damit Zündquellen oder auch Hindernisse sein. Gasgeräte heizen nicht nur gut, sondern können auch die giftigen Verbrennungsgase **Kohlenstoffdioxid (CO_2) und Kohlenmonoxid (CO)** abgeben. Im Freien oder in gut durchlüfteten Zelten ist das meistens kein Problem, in geschlossenen Räumen kann es schnell zu höheren Konzentrationen der beiden Gase kommen. Kohlendioxid verdrängt den Sauerstoff in der Raumluft. Das bewirkt eine schleichende Vergiftung, die bis auf eine eintretende Müdigkeit oder das Auftreten von Kopfschmerzen kaum bemerkbar ist.

Sollten eingebaute Heizungen in festen Veranstaltungsräumen nicht ausreichen, um eine angemessene Raumtemperatur zu erzielen, so kann ein „Zuheizen" nur über externe Heizungen erfolgen. Diese werden außerhalb des Veranstaltungsraums aufgestellt und versorgen den Innenraum über einen Schlauch gleichmäßig mit erwärmter Luft.

Bei der Ausstattung und Herrichtung von Veranstaltungsräumen ist darauf zu achten, dass genügend Abstand zu Heizkörpern und ggfls. vorhandenen Feuerungsanlagen gehalten wird. Dabei dürfen auch die Abgasanlagen (z. B. Kaminrohre) nicht vergessen werden. Die damit verbundenen notwendigen Schutzmaßnahmen ergeben sich aus der Feuerungsverordnung.

§ 17 Abs. 2 fordert, dass Versammlungsräume und sonstige Aufenthaltsräume mit mehr als 200 m² Grundfläche über Lüftungsanlagen verfügen müssen. Die technischen Anforderungen an Lüftungsanlagen ergeben sich aus § 41 MBO. Die Lüftungsanlagen können sowohl technischer Natur sein als auch auf natürliche Weise funktionieren (Freie Lüftung). Unter freier Lüftung ist eine Lufterneuerung (Luftaustausch) zu verstehen, die durch die Ausnutzung der natürlichen Druck- und Temperaturunterschiede ohne Verwendung technischer Anlagen funktioniert. Unterhalb einer Raumgröße von 200 m² ist keine technische Lüftungsanlage gefordert. Hier können Fenster zur Lüftung ausreichen.

CO_2 wird auch von Menschen freigesetzt. In einem passiven Zustand, z. B. bei einer sitzenden körperlich nicht anstrengenden Tätigkeit atmet jeder im Schnitt ca. 15 bis 20 Liter Luft pro Stunde aus. Der Anteil von Sauerstoff liegt beim Einatmen bei ca. 21 Prozent, der CO_2-Anteil bei 0,04 Prozent. Beim Ausatmen wird der Anteil von CO_2 an der Atemluft verhundertfacht. Je nach Anzahl der Personen im Veranstaltungsraum kann die Raumluftqualität hierdurch deutlich und schnell abnehmen.

Die Vorgaben des § 17 Abs. 2 MVStättVO sollen eine gute Atemluftqualität sicherstellen. Bei Versammlungsstätten wird der hierzu notwenige Luftaustausch über die Größe des Raumes (> 200 m²) in einen indirekten Bezug zur Besucherzahl gesetzt.

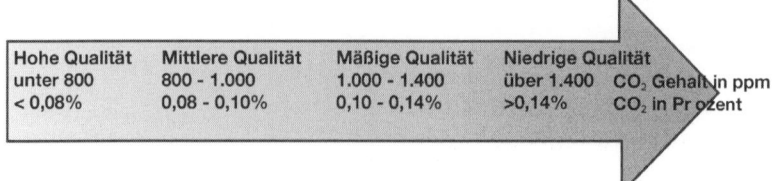

Grafik: Holger Gerdes

Abbildung 24: Luftaustausch

256 Die Güte der Atemluft wird unter anderem durch die Messung der Konzentration von CO_2 bestimmt. Bei dieser Bewertung dürfen die Mitarbeiter im Raum nicht vergessen werden. Für sie sind zusätzlich noch die entsprechenden Arbeitsschutzvorschriften zu beachten, z. B die ASR A3.6.

257 Seit Ausbruch der Corona-Pandemie ist dieser Aspekt besonders in den Fokus gerückt. Die Virenübertragung erfolgt häufig über Aerosole in der Raumluft. Es wird davon ausgegangen, dass die Menge der virentragenden Aerosole in einem abhängigen Verhältnis zum CO_2-Wert stehen, also hohe CO_2-Werte immer auch ein Indikator für eine große Menge von Aerosolen sind. Im Umkehrschluss bedeutet das, dass ein niedriger CO_2-Wert aussagt, dass sich auch wenige Aerosole in der Raumluft befinden und damit eine geringere Ansteckungsgefahr besteht.

20. § 18 Stände und Arbeitsgalerien für Licht-, Ton-, Bild- und Regieanlagen

258 § 18 MVStättVO stellt an Stände und Arbeitsgalerien fünf Forderungen, die teils der Arbeitssicherheit und teils der Besuchersicherheit dienen:

- Beschaffenheit der Baumaterialien aus nichtbrennbaren Baustoffen;
- Mindestabstand zwischen Galerieboden und Raumdecke von 2 Metern;
- Anbindung der Galerie an mindestens 2 Rettungswege.
  Hierbei reicht es aus, wenn die allgemeinen Rettungswege des Raumes erreicht werden können, in dem sich die Arbeitsgalerie befindet. Eigene Rettungswege werden durch § 18 Abs. 2 Satz 1 MVStättVO nicht gefordert;
- in Hauptbühnen Zugang zu Rettungswegen außerhalb des Bühnenraums auf beiden Seiten;
- Sicherung der offenen Seiten gegen Herabfallen von Personen und Sachen. Für Arbeitsgalerien über Bühnen und Szenenflächen sind zusätzlich die Vorgaben der Unfallverhütungsvorschriften der Berufsgenossenschaften und Versicherungsträger (DGUV Vorschrift 17 bzw. DGUV Vorschrift 18) zu beachten.

III. Die Musterversammlungsstättenverordnung (MVStättVO)

21. § 19 Feuerlöscheinrichtungen und -anlagen

Versammlungsräume, Bühnen, Foyers, Werkstätten, Magazine, Lagerräume und notwendige Flure sind mit geeigneten Feuerlöschern in ausreichender Zahl auszustatten. Die Feuerlöscher sind gut sichtbar und leicht zugänglich anzubringen.

	Brandart	Geeignetes Löschmittel
A	Brand fester Stoffe wie: • Holz • Papier • Textilien • Kohle usw.	ABC-Löscher Wasser Fettbrandlöscher BC-Löschpulver Schaum
B	Brand flüssiger Stoffe wie: • Benzin • Öl • Lack usw.	ABC-Löscher Fettbrandlöscher BC-Löschpulver Schaum CO_2-Löscher Sand
C	Brand von Gasen wie: • Propan • Erdgas • Methan usw.	ABC-Löscher BC-Löschpulver CO_2-Löscher
D	Brand von Metallen wie: • Aluminium • Stahlwolle • Lithium usw.	D-Löschpulver Sand
F	Brand von Speiseöl in: • Pfannen • Fritteusen usw.	Fettbrandlöscher

Von Kólumbus – drawn by Kólumbus, Gemeinfrei, https://commons.wikimedia.org/w/index.php?curid=12352147

260 Ziel der Vorgabe ist es, jede anwesende Person – unabhängig ob Personal oder Besucher – in die Lage zu versetzen, Entstehungsbrände durch schnelle Löschmaßnahmen einzudämmen. Hier liegt eine besondere Betonung auf „Entstehungsbrände". Brände sind nur im Anfangsstadium mit Feuerlöschern zu löschen.

261 Auch die Menge der Löschmitteleinheiten (LE) der Feuerlöscher spielt bei der Bestimmung von Anzahl und Positionierung von Feuerlöschern eine Rolle. Die Mindestanforderung für den allgemeinen gewerblichen Bereich liegt bei Feuerlöschern mit mindestens 6 LE, der Laufweg zum nächsten Feuerlöscher darf maximal 20 Meter betragen.

262 Bei Versammlungsstätten sind für die Anzahl, Art und Positionierung der Feuerlöscher die Beurteilung der Brandschutzdienststelle und die Auflagen im Baugenehmigungsverfahren maßgeblich. Das gilt für die Bereiche, die überwiegend von Besuchern genutzt werden. In den Bereichen, in denen sich überwiegend Arbeitnehmer aufhalten, gilt die ASR 2.2. Sie gibt Löschmitteleinheiten in Abhängigkeit von der Grundfläche der Arbeitsstätte vor.

Fläche	Löschmitteleinheiten	Fläche	Löschmitteleinheiten
50 qm	6	600 qm	24
100 qm	9	700 qm	27
200 qm	12	800 qm	30
300 qm	15	900 qm	33
400 qm	18	1000 qm	36
500 qm	21	je weitere 250 qm	+ 6

263 Die Position der Feuerlöscher findet man durch einen Blick auf den Flucht- und Rettungswegeplan.

Für größere Versammlungsstätten fordert die MVStättVO weitere bauliche Brandschutzmaßnahmen, die über die Bereitstellung von Feuerlöschern hinausgehen. Für Versammlungsstätten mit Versammlungsräumen, die in der Summe eine Grundfläche von mehr 1.000 m² haben, sind Wandhydranten vom Typ F in ausreichender Anzahl vorgeschrieben. Die Wandhydranten sind gut sichtbar und leicht zugänglich anzubringen.

264 Für noch größere Versammlungsstätten oder Bereiche in Versammlungsstätten mit einem erhöhten Gefährdungspotential schreibt die MVStättVO das Vorhandensein automatischer Feuerlöschanlagen vor:

- Ab einer Grundfläche von mehr als 3.600 m² (Ausnahme, wenn alle Versammlungsräume jeweils nicht mehr als 400 m² Grundfläche haben).
- In Versammlungsräumen, bei denen eine Fußbodenebene höher als 22 Meter über der Geländeoberfläche liegt.

- In Versammlungsräumen, die in Kellergeschossen liegen (Ausnahme für Räume, die nicht mehr als 200 m² Grundfläche haben und deren Fußboden an keiner Stelle mehr als 5 Meter unter der Geländeoberfläche liegt).
- In offenen Küchen oder ähnlichen Einrichtungen mit einer Grundfläche von mehr als 30 m².

Selbsttätig wirkende Löschanlagen sind ortsfeste Anlagen und für die Brandschutzkonzepte großer Versammlungsstätten ein elementarer Baustein für die Brandbekämpfung. Sie sind in der Lage, ein Feuer zu erkennen und dann zu bekämpfen.

Am gebräuchlichsten sind Sprinkleranlagen, die über ein Rohrleitungssystem Wasser zu mehreren Sprinklern leiten. Die Leitungen einer Sprinkleranlage stehen bei Betriebsbereitschaft ständig unter Druck. Entweder sind sie ständig mit Wasser gefüllt oder als Trockenanlage ausgelegt, in der das Rohrleitungsnetz zwischen Sprinkler und Alarmventilstation mit Druckluft gefüllt ist. Die Auslösung erfolgt in beiden Anlagen durch mechanische Branderkennungs- und Auslöseelemente, die im Sprinklerkopf verbaut sind.

Die Sprinklerköpfe sind meistens mit **Glasampullen** verschlossen, die mit einer Flüssigkeit auf Glycerin-Basis gefüllt sind. Bei hohen Temperaturen platzen die Ampullen, die Sprinkler werden dadurch geöffnet und geben Wasser aus dem Sprinklerrohrnetz mit hohem Druck frei. In Trockenanlagen entweicht die Druckluft und gibt das Rohrsystem für das Wasser frei. In Bestandsanlagen kommen auch gelegentlich noch Bimetall-Sprinklerköpfe vor.

Der Vorteil der Sprinkleranlage ist, dass bei einem Brand nur die Sprinkler öffnen, die sich im Wirkungsbereich des Brandgeschehens befinden. Dadurch werden Schäden durch Löschwasser begrenzt.

Die Glasampullen sind sehr empfindlich. Deshalb ist bei Arbeiten in der Nähe von Sprinklerköpfen immer besondere Vorsicht geboten.

In größeren Versammlungsstätten mit sehr hohen und offenen Bauweisen, wie Theatern, sind statt Sprinkleranlagen häufig **Sprühwasserlöschanlagen** eingebaut. Die Bauweise dieser Häuser begünstigt eine sehr schnelle Brandausbreitung und erfordert daher eine breiter angelegte Löschstrategie.

Im Gegensatz zur Sprinkleranlage sind die Rohrsysteme der Sprühwasserlöschanlagen trocken und die Düsen ständig geöffnet. Mit der Auslösung des Alarms wird Löschmittel in das Rohrsystem eingeleitet. Weil die Düsen des Systems ständig geöffnet sind, erfolgt der Löschangriff – anders als über einen einzelnen Sprinklerkopf – nicht räumlich eng begrenzt, sondern über alle Düsen eines Löschabschnittes flächendeckend und gleichzeitig.

272 Sprühwasserlöschanlagen können auch manuell ausgelöst werden, bevor die automatische Löschfunktion einsetzt. Damit ist die Voraussetzung erfüllt, die Anlage während einer Veranstaltung abschalten zu können, ohne die Schutzwirkung der Löschanlage zu verlieren. Das Abschalten kann notwendig sein, wenn szenische Darstellungen mit Feuer, Nebel oder Rauch, aber auch staubintensive Auf- und Abbauarbeiten zu Fehlauslösungen führen würden (siehe auch § 36 MVStättVO).

Sprühwasserlöschanlagen sind sehr effektiv, können aber erhebliche Schäden durch Löschwasser verursachen. Sie werden deshalb in Deutschland regelmäßig nur in Gebäuden mit besonderen Gefährdungslagen verbaut. Für die Bedienung des manuellen Auslösers ist unbedingt geschultes Personal einzusetzen, um Fehlbedienungen zu vermeiden. Die allgemeine Anwendungsrichtlinie für Sprühwasserlöschanlagen VdS 2109 sieht zur Bedienung während Proben und Veranstaltungen mindestens zwei sachkundige Personen vor.

273 Die Wirkung der automatischen Feuerlöschanlagen darf durch bauliche oder technische Maßnahmen (z. B. Ausschmückungen, Bühnenaufbauten, Lautsprecher usw.) nicht beeinträchtigt werden. Die Protokolle für die manuelle Auslösung der Löschanlage sollten regelmäßig überprüft und gegebenenfalls angepasst werden. Das gilt besonders nach Umbauten und der Installation neuer technischer Komponenten. Stimmen organisatorische und technische Bedingungen nicht mehr überein, sind (teure) Fehlauslösungen oder eine mangelhafte Schutzwirkung vorprogrammiert.

Alle automatischen Löschanlagen müssen an eine Brandmeldezentrale angeschlossen sein.

22. § 20 Brandmelde- und Alarmierungsanlagen, Brandmelder- und Alarmzentrale, Brandfallsteuerung der Aufzüge

274 „Es entspricht der Lebenserfahrung, dass mit der Entstehung eines Brandes praktisch jederzeit gerechnet werden muss. Der Umstand, dass in vielen Gebäuden jahrzehntelang kein Brand ausbricht, beweist nicht, dass keine Gefahr besteht, sondern stellt für die Betroffenen einen Glücksfall dar, mit dessen Ende jederzeit gerechnet werden muss." (OVG Münster 10A 363/86 vom 11.12.1987)

Brände sind Alltagsgefahren, mit denen jederzeit gerechnet werden muss. Deshalb sind Betreiber von Versammlungsstätten verpflichtet, sich gegen diese Gefahr zu wappnen.

Große Versammlungsstätten sind in der Regel unübersichtlicher als kleine, die Lauf- und Meldewege sind weiter und sie bergen zudem aufgrund ihres höheren Fassungsvermögens ein quantitativ höheres Risiko für Personenschäden. Deshalb fordert § 20 für Versammlungsstätten mit mehr als 1.000 m² Grundfläche **automatische** Brandmelde- und Alarmierungstechniken:

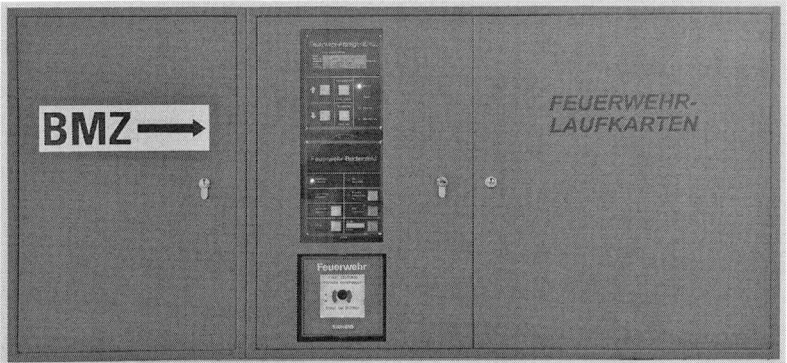

Foto: Holger Gerdes

Abbildung 25: Brandmeldeanlage

- Brandmeldeanlagen mit automatischen und nichtautomatischen Brandmeldern (§ 20 Abs. 1).
- Alarmierungs- und Lautsprecheranlagen zur Alarmierung von und Kommunikation mit Besuchern, Mitwirkenden und Beschäftigten (§ 20 Abs. 2).
- Zentrale Bedienungsvorrichtungen für Rauchabzugs-, Feuerlösch-, Brandmelde-, Alarmierungs- und Lautsprecheranlagen in einem für die Feuerwehr leicht zugänglichen Raum (Brandmelder- und Alarmzentrale § 20 Abs. 4).
- Automatische Brandfallsteuerung für Aufzüge (§ 20 Abs. 5).

Die technischen Anforderungen der Absätze 1 und 2 gelten auch für kleinere Versammlungsstätten mit Foyers oder Hallen, durch die Rettungswege aus anderen Versammlungsräumen führen.

Automatische Brandmeldeanlagen sind durch den Betreiber durch technische Maßnahmen gegen Falschalarme zu sichern. Brandmeldungen müssen von der Brandmelderzentrale unmittelbar und automatisch zur Leitstelle der Feuerwehr weitergeleitet werden (§ 20 Abs. 6). Eine Abschaltung der Anlage ist nur in Abstimmung mit der Brandschutzdienststelle statthaft. Gleiches gilt auch für die Abschaltung eines bereits ausgelösten Alarms. Auch wenn allen Beteiligten bewusst ist, dass der Alarm ein Fehlalarm ist,

ist nur die Feuerwehr befugt, den Alarm abzuschalten bzw. die Anlage zurückzusetzen.

279 Moderne Brandmeldetechnik ist für die Betriebssicherheit von Versammlungsstätten Standard und aus keinem Gebäude mehr wegzudenken. Sie unterstützen effektiv Betreiber, Sicherheitsverantwortliche und Einsatzkräfte dabei, Schäden für Leib, Leben, Werte und Umwelt so gering wie möglich zu halten und im besten Fall zu vermeiden. Unabhängig von personellen Maßnahmen werden durch sie frühzeitig Brandereignisse erkannt und automatisch Maßnahmen eingeleitet.

280 Kernstück einer jeden Brandmeldeanlage ist die Brandmeldezentrale (BMZ), auf die alle Komponenten der Anlage aufgeschaltet sind. Sie wertet die Informationen der einzelnen Sensoren und Brandmeldern aus und steuert die im Brandmeldekonzept beschriebenen Funktionen und Aktionen:

- Automatische Meldung an die Feuerwehr.
- Interne Alarmierung.
- Alarmierung zur Evakuierung eines Objektes.
- Öffnen von Rauchabzügen.
- Ansteuerung von Aufzügen.
- Schließen von Brand- und Rauchschutztüren.
- Auslösung einer Löschanlage, soweit diese nicht selbstauslösend ist.

281 Zur Erkennung von Brandereignissen werden Brandmelder mit unterschiedlichen Techniken verwendet. Sie sind mit der BMZ über Kabel oder WLAN verbunden und dienen als Wächter vor Ort für die frühzeitige Entdeckung und Meldung eines Brandes. Brandmelder werden unterschieden in manuelle Brandmelder (Handfeuermelder) und automatische Brandmelder.

282 Bei den automatischen Brandmeldern kommen verschiedene Detektionsverfahren zur Anwendung.

- Rauchwarnmelder, wie sie aus jedem privaten Haushalt bekannt sind, sind die am meisten verbauten automatischen Brandmelder. Im Gegensatz zu den Geräten des privaten Bedarfs sind die Melder in großen Versammlungsstätten vernetzt und alarmieren die BMZ. Meistens sind das optische Rauchmelder, die sehr schnell auf Rauchentwicklung, auch schon in der Entstehungsphase, reagieren.
- Flammenmelder reagieren bei offenen Bränden, die nur wenig Rauch entwickeln.
- Wärmemelder reagieren auf die Temperaturveränderung, ohne dass bereits Flammen oder Rauch vorhanden sein müssen.
- Melder in Sprinklerkreisen, die bei Druckabfall durch sich öffnende Sprinklerköpfe Alarm geben.

Aufzüge können im Brandfall zu einer tödlichen Falle werden. Deshalb sind Brandfallsteuerungen für Aufzüge vorgeschrieben. Personen in den Aufzügen wissen u. U. nicht, dass sich ein Brand in einem Gebäude ausbreitet und könnten deshalb völlig unvorbereitet mit einer gefährlichen Situation konfrontiert werden. Hält der Aufzug in einer verrauchten Etage, dann verbleibt er dort, weil sich die Türen wegen des Rauchs nicht mehr schließen. Das war beim Brand des Flughafens Düsseldorf am 11. April 1996 die tödliche Falle für sieben der insgesamt 17 Todesopfer.

Um das zu verhindern und den mitfahrenden Personen ein sicheres Verlassen zu ermöglichen, greift die Brandfallsteuerung in die Steuerung eines Aufzugs ein. Sie sorgt zunächst dafür, dass der Aufzug eine sichere Haltestelle anfährt. Dort öffnet er die Türen und geht außer Betrieb. Meistens bieten diese Haltestellen den kürzesten gesicherten Weg ins Freie. Durch die automatische Stilllegung verhindert er außerdem die weitere Nutzung durch andere Personen.

Drei verschiedene Systeme werden unterschieden:
- **Statische** Brandfallsteuerungen folgen einem festen vordefinierten Verfahren und steuern immer die Brandfallhaltestelle. Dort öffnet der Aufzug die Türen und geht außer Betrieb.
- **Halb dynamische** Brandfallsteuerungen reagieren flexibler. Wird in diesem System im Bereich der Brandhaltestelle von einem Rauchmelder Alarm gegeben, hält der Aufzug in der oberhalb liegenden Etage und öffnet dort seine Türen.
- Bei **Dynamischen** Brandfallsteuerungen wird über die Brandmeldeanlage das gesamte Gebäude überwacht und bewertet. Hier steuert der Aufzug flexibel sichere Ebenen an.

Die Brandfallsteuerung in großen Versammlungsstätten muss automatisch von der Brandmeldeanlage ausgelöst werden. Nur solche Anlagen sind hier zugelassen. Manuelle Brandfallsteuerungen sind nicht zulässig.

23. § 21 Werkstätten, Magazine und Lagerräume

Werkstätten, Magazine und Lagerräume gehören nicht zu den für Besucher zugänglichen Bereichen. Vielmehr sind sie klassische Arbeitsstätten, in denen grundsätzlich der betriebliche Brandschutz zu beachten ist. Gleichwohl kann von diesen Räumen, den dort befindlichen hohen Brandlasten und den dort stattfindenden Arbeiten auch eine Gefahr für die öffentlichen Bereiche einer Versammlungsstätte ausgehen. Deswegen definiert § 21 MVStättVO besondere bauliche Voraussetzungen für den Betrieb solcher Räume in Versammlungsstätten. Die Vorschrift ergänzt die brandschutztechnischen Bauvorgaben des § 3 Abs. 4 MVStättVO und die nach §§ 34 ff. MVStättVO folgenden Betriebsvorschriften.

- Feuergefährliche Arbeiten, wie Schweiß-, Löt- oder Klebearbeiten, dürfen nur in geeigneten Werkstätten durchgeführt werden.
- Dekorationen, Requisiten und anderes brennbares Material darf nur in eigenen Lagerräumen (Magazinen) gelagert werden.
- Abfälle und Wertstoffen müssen in dafür geeignete Behälter im Freien oder besonderen Lagerräumen entsorgt werden.
- Direkte und unmittelbare Verbindungen zwischen Werkstätten, Magazinen und Lagerräumen mit notwendigen Treppenräumen sind nicht zulässig.

288 Die Besuchersicherheit schafft in Versammlungsstätten mit großen Bühnen und/oder hohen Besucherkapazitäten besondere Herausforderungen. Für solche Versammlungsstätten verlangt die MVStättVO zusätzliche Schutzmaßnahmen.

24. § 23 Großbühnen

289 § 2 Abs. 5 Satz 5 MVStättVO definiert eine Bühne mit einer Szenenfläche von mehr als 200 m² hinter der Bühnenöffnung als Großbühne. Außerdem gelten Bühnen mit einer Oberbühne und einer lichten Höhe von mehr als 2,5 Meter über der Bühnenöffnung und Bühnen mit einer Unterbühne als Großbühnen.

290 Bei Großbühnen gelten besondere Bauvorschriften, die zusätzlich zu den allgemeinen Bauvorschriften zu beachten sind:

Die Bühne muss in ein eigenes Bühnenhaus eingebettet sein. Bühnenhaus und Zuschauerraum bilden damit zwei getrennte **Brandabschnitte.**

291 Die Trennwände zum Zuschauerraum müssen feuerbeständig und in der Bauart einer Brandwand ein. Auch die darin befindlichen Türen müssen feuerbeständig sein und sich selbstständig schließen (§ 22 MVStättVO).

292 Zum Zuschauerbereich muss die Bühne durch eine Trennwand mit Schutzvorhang aus nichtbrennbarem Material (**Eiserner Vorhang**) rauchdicht abgesichert sein. Die Trennwand mit Schutzvorhang ersetzt die ansonsten zwischen Bühnenhaus und Zuschauerhaus eigentlich erforderliche Brandwand.

293 Der Schutzvorhang muss sich ohne weitere technische Unterstützung und nur durch sein Eigengewicht innerhalb von 30 Sekunden schließen können. Damit wird seine Funktionsfähigkeit auch bei einem Stromausfall gewahrt. Neben einer automatischen Auslösung ist auch die Auslösung per Hand vorzusehen. Sie muss von mindestens zwei Stellen aus möglich sein. Wird die Vorhangfahrt ausgelöst, muss ein netzunabhängiges Warnsignal ertönen.

III. Die Musterversammlungsstättenverordnung (MVStättVO) 294–300

294 Der Eiserne Vorhang ist eine Errungenschaft aus den Erkenntnissen des Brandes im Wiener Ringtheater 1881. Ziel der Einrichtung ist es, im Brandfall die Bühnenöffnung schnell schließen zu können und so das Bühnenhaus vom Zuschauerhaus abzuschotten. Ein Überspringen von Brandereignissen und eine gegenseitige Brandausbreitung soll so verhindert werden (§ 23 MVStättVO).

295 Der Begriff „Vorhang" ist jedoch irreführend. Der Eiserne Vorhang muss die beiden Bereiche hermetisch und dicht voneinander abschotten. Das ist durch Textilvorhänge, vor allem in den Seitenbereichen, nicht gewährleistet. Durch die thermischen Begleitumstände eines Brandes mit hohem Druck auf der Brandseite und geringerem Druck auf der sicheren Seite entstehen Druckdifferenzen. Textilvorhänge dürfen sich hierdurch nicht verschieben lassen oder angehoben werden. Sonst würde das Schutzziel verfehlt[28]. Der hier geforderte Druckwiderstand von 450 Pa in beide Richtungen kann von Textilvorhängen in der Regel nicht geleistet werden.

296 Eiserne Vorhänge aus feuerfestem Stoff sind deshalb nur auf Bühnen, die keine Großbühnen sind, als zusätzliche Sicherheitseinrichtung erlaubt.

297 Der Betrieb einer Bühne ist nur mit offenem Schutzvorhang möglich. Gleichwohl bildet ein geöffneter Eiserner Vorhang die Ausnahme von der Regel. Vergleiche mit Brandschutztoren, die jederzeit geöffnet bleiben dürfen, sind aufgrund der unterschiedlichen Bauarten unzulässig. Zu allen Zeiten ohne Bühnenbetrieb gelten deshalb die allgemeinen Brandschutzbestimmungen, und der Eiserne Vorhang muss dann geschlossen sein.

298 Schutzvorhänge dürfen nicht mit Dekorationen oder sonstigen Gegenständen unterbaut werden. Meistens weisen Markierungen auf dem Bühnenboden auf den frei zu haltenden Bereich hin. Ebenso ist es unzulässig, Leitungen, Schläuche u. ä. im Schließbereich zu verlegen.

299 Die volle Funktionsfähigkeit des Schutzvorhangs ist an jedem Aufführungstag zu überprüfen. Weitere turnusmäßige Prüfungen durch einen Sachverständigen bzw. eine sachkundige Person mit entsprechender Qualifikation ergeben sich aus den berufsgenossenschaftlichen Vorschriften[29] für sicherheitstechnische und maschinentechnische Anlagen. Davon abweichend gilt in Berlin eine Prüfungspflicht aus § 2 Abs. 5 BetrVO in dreijährigen Abständen.

300 Die Notwendigkeit eines Schutzvorhangs an Großbühnen wird seit einiger Zeit kontrovers diskutiert. Durch neue Techniken haben sich die Brandlasten im Veranstaltungs- und Theaterbetrieb erheblich reduziert. Gleichzeitig sind auch Brandbekämpfungs-, Brandmelde- und Lüftungsanlagen sicherer

---

28 Erläuterungen des MHKBG NRW zur Sonderbauverordnung NRW zu § 23 Seite 41
29 § 33 Abs. 1 DGUV V 17 i. V. m. § 34 Abs. 1 DGUV Vorschrift 17

und effektiver geworden. Brandereignisse in großen professionellen Veranstaltungs- und Theaterhäusern, wie sie bis zur Mitte des 20. Jahrhunderts aufgetreten sind, sind unwahrscheinlicher geworden.

301 Auf der anderen Seite geht aber auch von einem tonnenschweren Vorhang, der über der Bühne aufgehängt ist, ein eigenes Risiko aus. Das besteht jederzeit, also auch, bei Arbeiten auf der Bühne, wenn keine Brandwache anwesend ist. Es bleibt abzuwarten, wie und wohin sich die Diskussion weiterentwickeln wird.

25. § 24 Feuerlösch- und Brandmeldeanlagen

302 Alle Bereiche einer Großbühne, auch die dazu gehörigen Teilräume müssen durch eine Sprühwasserlöschanlage beregnet werden können. Eine Sprinkleranlage ist hier nicht zulässig, weil sie durch die punktuelle Auslösung der einzelnen Sprinklerköpfe nicht die gewünschte massive Löschleistung hat.

303 Nach Absatz 1 muss die gesamte Großbühne einschließlich Ober-, Unterbühne sowie allen Bühnenerweiterungen, wie Seiten- und Hinterbühnen, von der Löschanlage erreicht werden können. Dazu gehört auch der Schutzvorhang.

304 Ebenso wie bei der manuellen Auslösung des Schutzvorhangs muss auch die Sprühwasserlöschanlage von zwei Stellen aus manuell auslösbar sein (Abs. 2) und der Alarm durch optische und akustische Signale am Platz der Brandsicherheitswache erkennbar sein (§ 24 Abs. 5), damit sichergestellt ist, dass die Brandsicherheitswache den Notfall erkennen und unmittelbar handeln kann.

305 Neben der automatischen Sprühwasserlöschanlage sind für Großbühnen zusätzlich Wandhydranten für die Brandbekämpfung vorgeschrieben (§ 24 Abs. 3). Diese müssen sich neben den Ausgängen zu den Rettungswegen in Höhe der Arbeitsgalerie und des Schnürbodens befinden. Wegen der Bestimmung der Wandhydranten für die Brandbekämpfung auch durch die Feuerwehr müssen die Hydranten dem Typ F entsprechen. Weitere Eigenschaften können sich aus dem Brandschutzkonzept ergeben.

306 § 24 Abs. 4 schreibt bei Großbühnen das Vorhandensein einer Brandmeldeanlage mit automatischen und manuellen Brandmeldern vor. Das gilt auch für Räume mit besonderer Brandgefahr wie Werkstätten, Lager und Magazine. Während der Vorstellung kann die automatische Brandmeldeanlage der Bühne abgeschaltet werden, falls das aufgrund der szenischen Darstellung erforderlich ist. Dabei sind aber besondere Betriebsvorschriften zu beachten (s. § 36 Abs. 3 MVStättVO).

III. Die Musterversammlungsstättenverordnung (MVStättVO)

Den Stand der Technik von Sprühwasserlöschanlagen, deren Auslösung und Anordnung bzw. Gruppierung beschreiben die DIN 14494 und die VdS-Richtlinie 2109.

26. § 25 Platz für die Brandsicherheitswache

Auf jeder Seite der Bühnenöffnung von Großbühnen muss ein Platz für die Brandsicherheitswache eingerichtet sein. Der Platz muss eine Grundfläche von mindestens 1 x 1 Meter und eine lichte Höhe von mindestens 2,20 Meter haben. Der Platz muss so angeordnet sein, dass von ihm die Szenenfläche ungehindert eingesehen werden und betreten werden kann.

Folgende technische Einrichtungen müssen auf beiden Plätzen der Brandsicherheitswache vorhanden sein:
- Vorrichtung zum Schließen des Schutzvorhangs
- Auslösevorrichtung der Rauchabzugsanlage der Bühne
- Auslöseeinrichtung der Sprühwasserlöschanlage der Bühne
- Manueller Brandmelder.

Die Auslösevorrichtungen müssen beleuchtet und an die Sicherheitsstromversorgung angeschlossen sein. Alle Vorrichtungen müssen durch geeignete Hinweisschilder entsprechend gekennzeichnet, leicht erreichbar und gegen unbeabsichtigtes Auslösen gesichert sein.

27. §§ 26–27 Versammlungsstätten mit mehr als 5.000 Besucherplätzen und größere Sportstadien

Neben den Versammlungsstätten mit Großbühnen unterstellt der Verordnungsgeber auch bei großen Versammlungsstätten in Mehrzweckhallen und Sportstadien eine erhöhte Gefährdung der Besucher und hat für diese baulichen Anlagen besondere Bauvorschriften erlassen. Diese Bauvorschriften unterscheiden zwei verschiedene Kategorien:
- Versammlungsstätten mit mehr als 5.000 Besucherplätzen
- Sportstadien mit mehr als 10.000 Besucherplätzen.

Bei Bau oder Umbau von Mehrzweckhallen und Sportstadien mit einem Fassungsvermögen von mehr als **5.000 Besucherplätzen** sind folgende Vorgaben einzuhalten:
- Es muss eine Lautsprecherzentrale zur Alarmierung und Kommunikation mit Besuchern, Beschäftigten und Mitwirkenden im Notfall vorhanden sein. An die Lautsprecherzentrale werden vier Forderungen gestellt:
- Von ihr muss der Innenbereich einschließlich alle Besucherbereiche überblickt werden können.

- Die technischen Möglichkeiten zur Alarmierung von Polizei, Feuerwehr und Rettungskräfte müssen vorhanden sein (hier wird häufig wegen der höheren Sicherheit ein Festnetztelefon gefordert).
- Die Lautsprecheranlage muss eine Vorrangschaltung für die Einsatzleitung der Polizei haben.
- Die Lautsprecherzentrale muss eine räumliche Verbindung mit der Einsatzleitung der Polizei haben. Eine räumliche Nähe zur Einsatzleitung der Feuerwehr ist nicht vorgeschrieben. Sie ist aber empfehlenswert, denn dies fördert eine effektive Einsatzkoordinierung im Not- und Krisenfall.
- Es sind ausreichend große Räume für die Polizei, Feuerwehr, Sanitäts- und Rettungsdienst vorzuhalten. Die Größe ist nicht definiert, sollte aber im Sicherheitskonzept oder bei der Abstimmung mit den Sicherheitskräften festgelegt werden. Auch diese Räume sollten einen guten Überblick über die Veranstaltung und das Publikum bieten. Der Raum für die Einsatzleitung der Polizei muss technisch so ausgestattet sein, dass aus ihm eine Videoüberwachung der Zuschauerbereiche möglich ist.
- Technische Anlagen zur Unterstützung des Funkverkehrs von Polizei und Feuerwehr (wenn technisch nötig).

313 Bei Sportstadien mit mehr als **10.000 Besucherplätzen**:

Soweit das mit den maßgeblichen Behörden abgestimmte Sicherheitskonzept keine abweichenden Regelungen erlaubt,
- ist der Besucherbereich vom Innenraum durch mindestens 2,20 Meter hohe Abschrankungen zu trennen,
- Sind an den Stufengängen mindestens 1,80 Meter breite Tore einzubauen, die sich nur zum Innenbereich hin öffnen lassen dürfen, von der DFL auch Rettungstore genannt,
- dürfen die Tore nur vom Innenbereich oder von zentralen Stellen aus zu öffnen sein und nicht vom Besucherbereich aus. Deswegen gelten sie auch nicht als reguläre Rettungswege im Sinne der MVStättVO. Auch führen sie nicht ins Freie, ein zweites wesentliches Merkmal von Rettungswegen.
Sie gelten vielmehr als Zugang für Polizei und Rettungskräfte zum Besucherbereich. Eine Räumung des Besucherbereichs über diese Tore ist nur im äußersten Notfall vorzusehen[30],
- müssen die Tore im geöffneten Zustand einrasten, um gegen ein Rückschlagen gesichert zu sein,
- muss der Übergang in den Innenbereich niveaugleich sein,
- müssen die Stehplätze in Blöcke für jeweils höchstens 2.500 Besucher unterteilt werden. Die Blöcke müssen durch mindestens 2,20 Meter

---

30 Beschluss der 259. Sitzung der Fachkommission Bauaufsicht am 25./26. Januar 2006

hohe Abschrankungen mit eigenen Zugängen gegeneinander abgetrennt sein.

28. **§§ 28–29 Wellenbrecher, Abschrankung von Stehplätzen vor Szenenflächen**

In größeren Menschenmengen auf Stehrängen können Bewegungen Einzelner fatale Auswirkungen haben. Stürze Einzelner, Auseinandersetzungen zwischen Personen oder andere unkontrollierte Bewegungen können sich von oben nach unten fortsetzen und lawinenartig aufbauen. Das würde zu besonderen Gefahren für die Personen in den unteren Bereichen führen.

Um diesen Gefahren vorzubeugen, schreibt die MVStättVO in Versammlungsstätten mit mehr als 5.000 Besucherplätzen im Stehplatzbereich die Installation von Wellenbrechern vor. Die Wellenbrecher dienen der Druckentlastung und sollen unkontrollierte Menschenbewegungen schon nach kurzer Distanz aufhalten. § 28 MVStättVO definiert folgende technische Bedingungen:

- Die Höhe der Wellenbrecher muss 1,10 Meter betragen
- In der vertikalen Ausrichtung muss vor jeder fünften Stufe ein Wellenbrecher montiert sein.
- Der seitliche Abstand von Wellenbrecher zu Wellenbrecher darf maximal 5 Meter betragen.
- Die Länge darf 3,00 Meter nicht unterschreiten und 5,50 Meter nicht überschreiten.
- Die Anordnung muss sich horizontal um min. 25 cm pro Seite überschneiden.
- Die Position der Anbringung ist jeweils vor der Stufenkante.

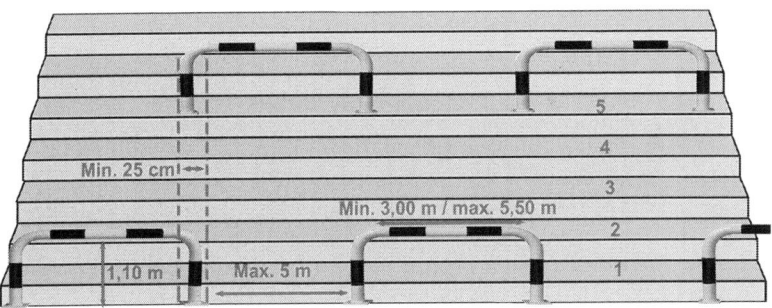

Grafik: Holger Gerdes
Abbildung 26: Wellenbrecher

316 Zu technischen Details und zur Anordnung von Wellenbrecher beschreiben die DIN EN 13200-3 und DIN EN 13200-1 den Stand der Technik.

317 Für viele Konzertbesucher ist der begehrteste Platz der Stehplatz in der ersten Reihe, direkt vor der Bühne. Und da viele so denken, entsteht selbst bei Konzerten mit vergleichsweise niedrigen Besucherzahlen hier regelmäßig ein starkes Gedränge. Für viele gehört das enge Miteinander sogar zu einem gelungenen Konzerterlebnis.

318 Das ist nicht ungefährlich. Der Druck, der von den hinteren Reihen nach vorne hin ansteigt, kann in den vorderen Reihen zu ernsthaften Verletzungen von Personen oder zu Panikreaktionen führen, die dann eine schwer zu beherrschende Eigendynamik entwickeln können. Gleichzeitig könnte eine ungeschützte Bühne durch einen unkoordinierten Druck durch das Publikum beschädigt werden oder einstürzen. Bei verschiedenen Konzerten in den letzten Jahren hat dieses Verhalten zu Toten und Schwerverletzten geführt[31]. Um die Bühne und die Menschen vor der Bühne zu schützen, sieht die MVStättVO in § 29 Abschrankungen vor, die den Personendruck abfangen und ableiten sollen. Hier wird zwischen dem Bereich unmittelbar vor der Bühne und Bereichen in der Fläche unterschieden.

319 Sind vor einer Szenenfläche Stehplätze für Besucher vorgesehen, dann ist auch eine Abtrennung der beiden Bereiche durch eine Abschrankung obligatorisch. Die Regelung zielt auf Veranstaltungen in den Innenbereichen von Stadien, großen Mehrweckhallen oder anderen vergleichbaren Versammlungsstätten mit einer Kapazität über 5.000 Besuchern. Die Anzahl der Stehplätze wird hier nicht definiert.

320 Zwischen Abschrankung und Bühne ist ein mindestens 2 Meter breiter Gang einzurichten, der dem Ordnungs- und Sanitätspersonal vorbehalten ist.

321 Bei besonders großen Veranstaltungen mit mehr als 5.000 Besucherplätzen vor der Bühne, sind weitere (mindestens zwei) Abschrankungen im Stehplatzbereich erforderlich. Die hierdurch erzeugten Blöcke sollen den Personendruck nach vorne abfangen und dafür sorgen, dass der Druck für die Personen an der Bühnenabsperrung keine gesundheitsgefährdenden Dimensionen annehmen kann. Die Abschrankungen müssen zur Seite hin offen gestaltet werden, damit sich die Besucher im Gefahrenfall zu den seitlichen Ausgängen retten können.

---

31 14.6.2005 Huricane-Festival in Scheessel, 16.6.2019 Rockkonzert in Graz, 6.11.2021 Rap-Konzert in Houston

§ 29 Abs. 2 Satz 2 liefert für die Planung von Abschrankungen verbindliche Mindestmaße:
- Mindestabstand zur vorderen Bühnenkante und untereinander 10 Meter
- Mindestbreite der seitlichen Zu- und Ausgänge 5 Meter

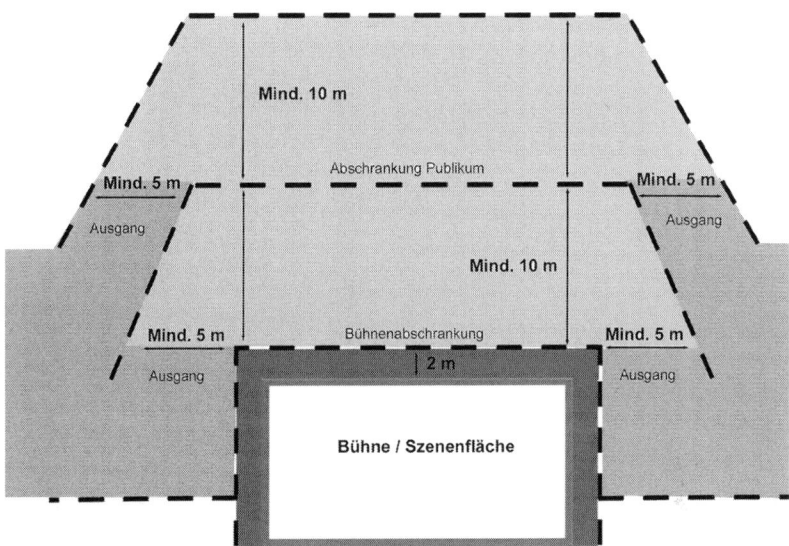

Grafik: Holger Gerdes
Abbildung 27: Abschrankung

Abschrankungen sind nicht erforderlich, wenn ausschließlich Sitzplätze für das Publikum zur Verfügung stehen. Aber auch dann kann eine Abschrankung der Bühne sinnvoll sein. Eine Gewähr, dass auch alle sitzen bleiben, gibt es nicht. Auch bei Konzerten oder Auftritten von Künstlern, die ein eher ruhiges Publikum anziehen, versuchen viele Besucher (häufig zum Ende des Konzerts), vor die Bühne zu kommen, um dem Künstler besonders nahe zu sein oder kleine Geschenke zu überreichen. Das kann einen Sogeffekt erzeugen, der dann viele Besucher nach vorne mitzieht.

Die technische Beschaffenheit der Abschrankungen wird durch § 29 MVStättVO nicht definiert. Somit gelten zunächst die grundsätzlichen Anforderungen aus § 11 Abs. 2 und 4 MVStättVO. Spezielle Bühnengitter haben sich für diese Verwendung besonders bewährt. Sie haben zum Publikum hin eine ausladende niedrige Trittfläche. Die darauf stehenden Personen beschweren und stabilisieren die Abschrankung. Auf der Rückseite befinden sich Querverstrebungen, die ein Umfallen der Abschrankung verhindern. Außerdem sind dort Auftrittsplatten für das Ordnerpersonal montiert. Das hilft, aus einer erhöhten Position das Geschehen vor der Bühne im Auge zu behalten, andererseits aber auch bei medizinischen Notfällen Personen leichter aus der Menschenmasse herausziehen zu können. Der Stand der Technik und Praxishinweise zur Gestaltung der Abschrankungen sind im Merkblatt 13-02 des Vereins zur Förderung des Brandschutzes (vfdb) sehr gut dargestellt.

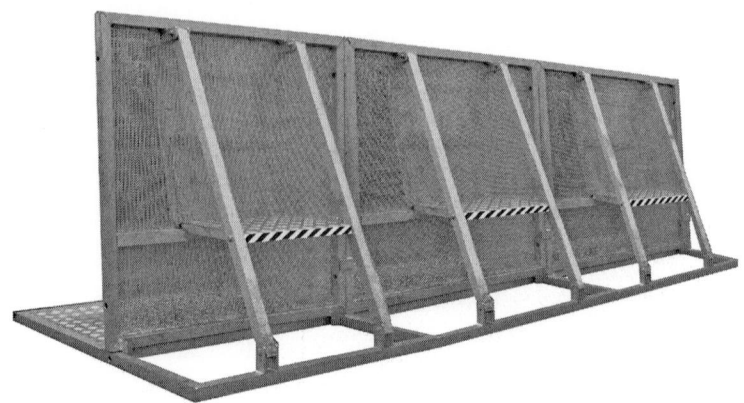

Foto: Holger Gerdes

Abbildung 28: Bühnengitter

324 Auf Abschrankungen kann ganz oder teilweise auch verzichtet werden, wenn aufgrund der Art der Veranstaltung eine Gefährdung des Publikums nicht zu erwarten ist. Die Entscheidung liegt gemäß § 67 MBO im Ermessen der Bauaufsichtsbehörde.

29. § 30 Einfriedungen und Eingänge

325 Bei § 30 handelt es sich um eine Bauvorschrift, die nur bei Stadionanlagen mit mehr als 5.000 Besucherplätzen zu berücksichtigen ist. Sie dient dem geordneten und kontrollierten Zugang auf ein Stadiongelände und soll auch vor unberechtigtem Zugang schützen. Hierzu ist das Stadiongelände mit einer mindestens 2,20 Meter hohen Einfriedung durchgängig zu schützen. Die Eingänge müssen so konstruiert sein, dass eine Vereinzelung der Besucher stattfindet. Damit soll die Kontrolle und ggfls. Durchsuchung der Besucher ermöglicht werden. Für Polizei, Feuerwehr und Rettungskräfte werden unabhängig von den Besuchereingängen eigene Zugänge gefordert.

Ähnliches gilt für deren Einsatzfahrzeuge. Auch für die Fahrzeuge müssen besondere und entsprechend gekennzeichnete Zufahrten, Aufstell- und Bewegungsflächen vorhanden sein. Von den Zufahrten und Aufstellflächen aus müssen die Eingänge des Stadions unmittelbar erreichbar sein. Zusätzlich zu den Zufahrten ins Stadion muss auch eine Einfahrt in den Innenbereich möglich sein.

Mit den Teilen 4 und 5 verlässt die MVStättVO den Bereich der technischen Bauvorschriften. In den folgenden Paragrafen werden mit Betriebsvorschriften zu verschiedenen Bereichen vielmehr konkrete Vorgaben zur sicheren und rechtskonformen Nutzung einer Versammlungsstätte aufgestellt. Zusätzlich werden Zuständigkeiten definiert. Ziel ist es, die baulichen Schutzmaßnahmen durch geeignete Vorgaben zur Organisation und zum Betrieb von Versammlungsstätten zu ergänzen und damit Handlungssicherheit zu erzeugen. Die Kombination aus Bau- und Betriebsvorschriften soll ein umfassendes und höheres Schutzniveau für die Besucher einer Veranstaltung erzielen.

Schutzvorschriften des Arbeitsschutzes ergänzen diese Betriebsvorschriften. Auch diese sind selbstverständlich zu beachten. Auf sie wird unter Rn. 549 ff. noch näher eingegangen.

30. § 31 Rettungswege und Besucherplätze

§ 31 Abs. 1 MVStättVO enthält Forderungen an den Zustand und die Nutzbarkeit von Rettungswegen während des Betriebes. Sie gelten sowohl innerhalb einer Versammlungsstätte als auch außerhalb:
- Der Rettungsweg im Gebäude endet nicht an der Ausgangstür. Vielmehr müssen auch außerhalb der Versammlungsstätte geeignete Rettungswege vorhanden sein.

Hinweisschild nach DIN 4066

Abbildung 29: Rettungsweg

Soweit erforderlich müssen zusätzlich Aufstell- und Bewegungsflächen für Einsatzfahrzeuge mit den entsprechenden Zufahrten eingerichtet sein.

- Alle Rettungswege und Flächen müssen ständig freigehalten werden.
- Auf die Rettungswege und ihren besonderen Schutz vor unzulässiger Nutzung muss dauerhaft und gut sichtbar hingewiesen werden.
- Während des Betriebs der Versammlungsstätte dürfen die Türen von Rettungswegen nicht verschlossen sein.

331 Das Vorhandensein von Rettungswegen innerhalb einer Versammlungsstätte und deren Beschaffenheit ist bereits durch die Bauvorschrift der §§ 6 und 7 MVStättVO vorgegeben. Die außerhalb der Versammlungsstätte notwendigen Wege und Flächen finden ihre Grundlagen in § 6 MBO.

332 Hierbei handelt es sich um die für **Feuerwehr, Polizei und Rettungskräfte** reservierten Flächen vor oder an Gebäuden, die es den jeweiligen Einsatzkräften ermöglichen sollen, im **Notfall** einen Einsatzort schnell und ungehindert zu erreichen und dort einsatzbereit zu werden.

333 Auch wenn diese besonderen Wege und Flächen grundsätzlich vorhanden und gemäß DIN 4066 gekennzeichnet sind, kann nicht immer zwangsläufig von einem rechtskonformen Zustand ausgegangen werden. Sie können durch äußere Einflüsse in ihrer Funktion unzulässig beeinflusst werden. Baustellen können die Zufahrt und Nutzung durch Rettungskräfte erschweren oder verhindern ebenso wie Falschparker. In einem solchen Zustand ist der Betrieb der Versammlungsstätte nicht sicher und damit nicht zulässig. Verstöße können mit empfindlichen Bußgeldern einhergehen.

334 Schränken Baustellen die Nutzung ein, sind unbedingt vorher mit der Feuerwehr und dem Rettungsdienst Kompensationsmaßnahmen und/oder Alternativen festzulegen. Falschparker müssen umgehend entfernt werden. Hierbei sind jedoch die Zuständigkeiten zu beachten: Befindet sich der Falschparker auf privatem Grund, ist der Eigentümer oder Mieter des Grundstücks für das Entfernen zuständig. Steht der Falschparker jedoch im öffentlichen Verkehrsraum, sind nur die Polizei oder die kommunale Ordnungsbehörde hierzu berechtigt.

335 Der durch § 31 MVStättVO verbindlich geforderte Zustand der besonderen Wege und Flächen setzt auch eine Kontrolle durch Betreiber oder Veranstalter voraus. Durch den Begriff „ständig" macht der Verordnungsgeber auch deutlich, dass eine einmalige Kontrolle des Zustandes zu Beginn einer Veranstaltung nicht ausreicht. Vielmehr sind Kontrollen immer wieder über die vollständige Dauer der Veranstaltung notwendig.

336 Bei den Türen von Rettungswegen ist zu beachten, dass die Versammlungsstätte bereits mit Beginn der Aufbauarbeiten und während des Abbaus eine Arbeitsstätte ist. Diese Zeiten gehören zu den Betriebszeiten im Sinne des § 31 Abs. 3 MVStättVO. Auch zu diesen Zeiten dürfen Türen in Flucht-

und Rettungswegen nicht verschlossen sein[32]. Die Türen dürfen jedoch zum Schutz gegen unbefugtes Eintreten von außen verschlossen sein, wenn sie sich von innen weiterhin öffnen lassen.

31. § 32 Besucherplätze nach dem Bestuhlungs- und Rettungswegeplan

Bestuhlungspläne dokumentieren die Genehmigung der festgelegten Besucherplätze, Rollstuhlplätze und der Bühne oder Szenenfläche. Die Genehmigung umfasst nicht nur Anzahl und Position der Bestuhlung, sondern auch die Maße der verwendeten Tische und Stühle. Sie weist daneben aber auch den Verlauf, die Anzahl und Breite von Rettungswegen und die Position von Notausgängen aus.

Professionelle Versammlungsstätten verfügen in der Regel über mehrere Bestuhlungspläne für verschiedene Nutzungsvarianten. Bei nur temporär als Versammlungsstätte genutzten Gebäuden ist meistens ein auf die Veranstaltung zugeschnittener Bestuhlungsplan bei der zuständigen Behörde zur Genehmigung einzureichen. Ist das notwendig, ist unbedingt ausreichend Zeit einzuplanen. Die Genehmigungsverfahren sind fast immer zeitintensiv und der Bestuhlungsplan stellt eine formale Bauvorlage dar, die – abhängig vom Bundesland – nicht durch jedermann erstellt bzw. zur Genehmigung eingereicht werden darf. Hier muss dann ggfls. noch ein Fachmann hinzugezogen werden. Die Baubehörden teilen auf Anfrage mit, ob nur Bauvorlageberechtigte, also Architekten und Bauingenieure oder – in manchen Bundesländern – sogenannte „kleine Bauvorlageberechtigte" wie Meister oder Fachplaner den Antrag auf Genehmigung stellen müssen.

Der Bestuhlungsplan ist bindend. Die Anzahl der festgesetzten Besucherplätze darf nicht überschritten werden. Weniger Besucherplätze sind aber zulässig. Das gilt auch für die Anordnung der einzelnen Besucherplätze. Diese darf nach § 32 Abs. 1 Satz 2 MVStättVO zwar nicht geändert werden, aber auch hier ist es zulässig, auf einzelne Stühle oder Stuhlreihen zu verzichten. Voraussetzung ist, dass die festgelegten Gänge, Stufengänge und Rettungswege nicht beeinträchtigt werden[33]. Ähnlich kann vorgegangen werden, wenn die Maße der Tische und Stühle vom Bestuhlungsplan abweichen. Sind diese größer als im Plan ausgewiesen, kann das durch Weglassen von Tischen und Stühlen kompensiert werden[34]. Hierdurch wird nicht gegen die Genehmigung verstoßen. Größere Möbel zu verwenden, ohne den höheren Platzbedarf entsprechend zu kompensieren, ist jedoch

---
32 S. zusätzlich ASR A2.3 Nr. 6 Abs. 3 + 4
33 Kommentar Löhr/Gröger zur MVStättVO zu § 32, Seite 469 Nr. 8
34 Kommentar Löhr/Gröger zur MVStättVO zu § 32, Seite 470 Nr. 14

nicht erlaubt. Das würde zwangsläufig zu Beeinträchtigungen der Gänge und Rettungswege führen.

340 Vereinzelt werden in Bestuhlungsplänen auch nur die Flächen bestimmt, in denen Tische und Stühle aufgestellt werden können. Die einzelnen Stühle oder Tische sind hier nicht eingezeichnet. Das ermöglicht verschiedene Aufbauvarianten. Die maximale Besucherzahl und die zulässige Anordnung ergeben sich aber auch dann weiterhin durch die Vorgaben des § 10 MVStättVO.

341 Eine unzulässige Abweichung vom genehmigten Bestuhlungsplan ist eine Ordnungswidrigkeit, die nach § 44 Nr. 4 MVStättVO i. V. m. § 84 Abs. 1 Nr. 1 MBO mit einem empfindlichen Bußgeld geahndet werden kann.

342 § 32 Abs. 2 MVStättVO schreibt vor, dass eine Ausfertigung des genehmigten Bestuhlungsplans in der Nähe des Haupteingangs eines jeden Versammlungsraums gut sichtbar auszuhängen ist. Entgegen früheren Versionen der MVStättVO muss jetzt nicht mehr das Original, sondern nur noch eine Ausfertigung des Plans ausgehängt werden. Das hat den Vorteil, dass das Original sicher in den Unterlagen verwahrt werden kann. Verloren gegangene Ausfertigungen können problemlos ersetzt werden.

343 Nordrhein-Westfalen hat bei der Novellierung der SBauVO im November 2019 auf die Aushangpflicht verzichtet.

§ 32 Abs. 3 greift noch einmal den Begriff Abschrankung aus § 29 MVStättVO auf. Demnach sind Abschrankungen in Stehplatzbereichen auch in Versammlungsstätten mit einer Kapazität von unter 5.000 Besuchern verpflichtend aufzustellen, wenn die Art der Veranstaltung und/oder das zu erwartende Publikum das erfordert. Grundlage dieser Entscheidung ist die Bewertung dieser Aspekte in einer Gefährdungsanalyse, die ggfls. in einem dann erforderlichen Sicherheitskonzept aufgenommen wird.

32. § 33 Vorhänge, Sitze, Ausstattungen, Requisiten und Ausschmückungen

344 Die §§ 33 bis 36 dienen der Brandverhütung im täglichen Betrieb einer Versammlungsstätte. § 33 stellt verbindliche Anforderungen an das Brandverhalten von verwendetem Material (Definitionen hierzu finden sich in § 2 MVStättVO):

Vorhänge von Bühnen und Szenenflächen	Schwer entflammbar (B1)
Sitze von Versammlungsstätten mit mehr als 5 000 Besucherplätzen	Schwer entflammbar (B1)
Die Unterkonstruktion der Sitze in Versammlungsstätten mit mehr als 5.000 Besucherplätzen	Nicht brennbar

Ausstattungen	Schwer entflammbar (B1)
Ausstattungen an Bühnen oder Szenenflächen mit automatischen Feuerlöschanlagen	Normal entflammbar
Requisiten	Normal entflammbar
Ausschmückungen	Schwer entflammbar (B1)
Ausschmückungen in notwendigen Fluren und notwendigen Treppenräumen	Nicht brennbar
Ausschmückungen aus natürlichem Pflanzen	Nur im frischen Zustand

Außerdem ist beim Anbringen und Aufstellen zu beachten, dass **345**
- Ausschmückungen unmittelbar an Wänden, Decken oder Ausstattungen angebracht werden müssen;
- Frei im Raum hängende Ausschmückungen einen Abstand von mindestens 2,50 Meter zum Fußboden haben;
- Der Raum unter dem Schutzvorhang (Eiserner Vorhang) von Ausstattung, Requisiten oder Ausschmückungen freigehalten wird, und
- Brennbares Material nicht in der Nähe von möglichen Zündquellen wie Scheinwerfern oder anderen wärmeentwickelnden Geräten angebracht werden darf.

Was bedeutet aber „nichtbrennbar", „normal entflammbar" oder „schwer **346** entflammbar"? Im Gegensatz zu Baustoffen (DIN 4102) gibt es für ortsveränderbare Bühnenmaterialien keine generell verbindliche Vorgabe zum Brandverhalten.

Die MVStättVO zählt Vorhänge, Ausstattungen, Requisiten und Ausschmü- **347** ckungen auf und an der Bühne jedoch zu den Materialien, an die besondere Brandschutzbedingungen geknüpft werden. Sie gelten damit als „Einrichtung" im Sinne des § 1 Absatz 1 Satz 2 MBO.

Das hat zur Folge, dass die Materialien im Hinblick auf ihr Brandverhalten **348** wie Baustoffe zu behandeln sind. Über diese „Brücke" gelten auch hier die nach DIN 4102-1 oder DIN EN 13501-1 vorgesehenen Prüfverfahren zur Ermittlung der Klassifikation des Brandverhaltens. Weitere Spezialnormen (z. B. für Polsterstoffe, Textilien oder Möbel) können zum Nachweis ebenfalls herbeigezogen werden, wenn sie gleichwertig sind und die Prüfungen von einer anerkannten Prüfstelle (§ 25 MBO) durchgeführt wurden.

33. § 34 Aufbewahrung von Ausstattungen, Requisiten, Ausschmückungen und brennbarem Material

Ausstattungen, Requisiten und Ausschmückungen sind bewegliche Ein- **349** richtungsgegenstände, die für wechselnde Bühnen- oder Szenenbilder benötigt werden. Wohin aber damit, wenn sie aktuell nicht benötigt werden? Mit Ausnahme des Tagesbedarfs dürfen diese Elemente nur außerhalb der

Bühnen und der Szenenflächen aufbewahrt werden. Das Bereitstellen von Szenenaufbauten der laufenden Spielzeiten auf einer Bühnenerweiterung ist statthaft, wenn diese durch dichtschließende Abschlüsse aus nicht brennbaren Baustoffen gegen die Hauptbühne abgetrennt ist.

350 Ähnliches gilt auch für Ausstattungen, die an den Zügen von Bühnen oder Szenenflächen bereitgehalten werden. Hier darf jeweils nur der Tagesbedarf vorgehalten werden, d. h. nur die Ausstattung für die anstehende Aufführung/Veranstaltung.

351 Pyrotechnische Gegenstände, brennbare Flüssigkeiten und anderes brennbares Material, wie Packmaterial, dürfen nur in den dafür vorgesehenen Magazinen aufbewahrt werden. Die in § 34 Abs. 3 aufgeführten Materialien bergen hohe Gefährdungspotentiale. Weitere Verordnungen zur Betriebssicherheit, Gefahr- und Sprengstoffen sind ebenso zu beachten wie die entsprechenden DGUV Vorschriften, Grundsätze und Regeln.

352 Nicht jeder Lagerraum ist für die Aufbewahrung geeignet. Die Magazine müssen dem hohen Brandpotential entsprechend mit feuerbeständigen Trennwänden und mindestens feuerhemmenden Türen ausgestattet sein, die zudem mindestens rauchdicht und selbstschließend sind. Ebenfalls sind die Vorgaben des § 16 MVStättVO zur Rauchableitung zu beachten.

34. § 35 Rauchen, Verwendung von offenem Feuer und pyrotechnischen Gegenständen

353 Die Verwendung von offenem Feuer oder Pyrotechnik auf der Bühne ist grundsätzlich verboten. Gleiches gilt für das Rauchen. Die Verbote dienen der Brandverhütung.

354 Das Rauchverbot nach § 35 Abs. 1 bezieht sich ausschließlich auf Bühnen und Szenenflächen, Werkstätten und Magazine. Der Zuschauerraum ist durch § 35 Abs. 1 nicht erfasst. Hier gilt jedoch das allgemeine Rauchverbot in öffentlichen Gebäuden.

355 Bei brandtechnisch noch größeren Gefährdungen, wie offenem Feuer, der Verwendung von brennbaren Flüssigkeiten und Gasen, pyrotechnischen Gegenständen und anderen explosionsgefährlichen Stoffen, weitet § 35 Abs. 2 das Verbot zusätzlich zur Bühne oder Szenenfläche auf alle Versammlungsräume und ggfls. das gesamte Sportstadion aus.

356 Ein generelles und striktes Verbot auf der Bühne würde jedoch das Grundrecht auf Kunstfreiheit nach Art. 5 Absatz 3 des Grundgesetzes (GG) unzulässig einschränken. Deshalb hat der Verordnungsgeber sowohl in Abs. 1 als auch Abs. 2 Ausnahmen zugelassen. Offenes Feuer, Pyrotechnik, die Verwendung von brennbaren Flüssigkeiten und Gasen und das Rauchen sind demnach ausnahmsweise erlaubt, wenn es in der Art der Darbietung

begründet ist. Die Erlaubnis nach Absatz 2 ist aber an den Vorbehalt gekoppelt, dass das Vorhaben mit der Feuerwehr abgestimmt wurde und ggfls. entsprechende zusätzliche Schutzmaßnahmen vorgesehen wurden. Hierzu gehört regelmäßig eine Brandsicherheitswache, auch wenn auf der Theaterbühne nur eine Zigarette angesteckt wird. Die Brandsicherheitswache muss von der Feuerwehr eingewiesen sein und das Programm sowie die dramaturgischen Abläufe kennen. Die Ausnahme vom Rauchverbot gilt nur bei Proben und Aufführung. Bei Auf- und Abbau gilt durchgängig ein Rauchverbot auf der Bühne, sowie durch den allgemeinen Nichtraucherschutz und den Arbeitsschutz für alle Bereiche einer geschlossenen Versammlungsstätte.

357 Auch mobile Heizstrahler sind nach § 35 Abs. 2 nicht zulässig, wenn sie eine Brandquelle beherbergen oder mit Gas oder anderen brandgefährlichen oder explosiven Stoffen betrieben werden. Das gilt nicht, wenn diese fest verbaut sind. Dann gelten abweichend von § 35 Abs. 2 die Bauvorschriften des § 17 MVStättVO.

358 Bei der Verwendung pyrotechnischer Gegenstände sind zusätzliche Auflagen des Sprengstoffgesetzes (SprengG) zu beachten. Ergänzend zur Überwachungspflicht durch eine nach Sprengstoffrecht geeignete Person fordern gesetzliche und Unfallverhütungsvorschriften die Anzeige des Abbrennens bei der zuständigen Behörde – dies können je nach Bundesland Ordnungsamt oder auch Brandschutzdienststelle sein – und bei dem zuständigen Amt für Arbeitsschutz. Häufig werden von diesen dann Einzelabnahmen und die vorherige Erprobung der Pyrotechnik angeordnet. Zu beachten ist, dass eine „nach Sprengstoffrecht geeignete Person" immer den Inhaber einer sprengstoffrechtlichen Erlaubnis meint, also den geprüften Feuerwerker mit gültigem Befähigungszeugnis nach § 20 SprengG.

359 Häufig findet man in der Praxis noch die Fehlannahme, dass alle pyrotechnischen Effekte, die ohne sprengstoffrechtliche Erlaubnis erworben werden können, auch von jedermann abgebrannt werden dürfen – dies ist jedoch durch den Passus „nach Sprengstoffrecht geeignete Person" ausgeschlossen.

360 Auch besondere Regelungen des Arbeitsschutzes sind parallel zu beachten. Die Verwendung von Pyrotechnik in einer Versammlungsstätte kann deshalb sehr aufwendig und zeitraubend werden. Das aber aus gutem Grund, denn viele Bühnenunglücke der letzten Jahre sind auf die Verwendung von Feuer und Pyrotechnik bei Veranstaltungen zurückzuführen.

361 Die für die Verwendung zugelassenen pyrotechnischen Gegenstände und Sätze sind durch die Bundesanstalt für Materialforschung (BAM) zertifiziert; eine entsprechende Zulassung erkennt man stets an einer Zulassungsnummer mit dem Schema XXXX-YY-ZZZZ, wobei XXXX die Nummer der zertifizierenden Stelle (in Deutschland des BAM), YY die Kategorie des

Effektes und ZZZZ die Zulassungsnummer des jeweiligen Effektes ist. In den jeweiligen Zulassungen sind auch die Verwendungsvorschriften und Mindest-Sicherheitsabstände dokumentiert. Sie können online für jeden zugelassenen Effekt auf den Seiten des BAM nachgesehen werden.

362 Die Verwendung von Kerzen und ähnlichen Lichtquellen als Tischdekoration sowie die Verwendung von offenem Feuer in dafür vorgesehenen Kücheneinrichtungen zur Zubereitung von Speisen ist immer zulässig. Besondere Vorsicht ist aber geboten, wenn sich die Tischkerzen oder Buffetstationen in unmittelbarer Nähe zu Rettungs- und Fluchtwegen befinden.

Auf die Verbote der Absätze 1 und 2 ist dauerhaft und gut sichtbar hinzuweisen.

35. § 36 Bedienung und Wartung der technischen Einrichtungen

363 § 36 sieht eine Pflicht zur Überprüfung des Schutzvorhangs durch Aufziehen und Herablassen vor. Dies ist täglich vor der ersten Aufführung oder Probe durchzuführen. Nach der Vorstellung ist der Schutzvorhang herabzulassen und zu allen arbeitsfreien Zeiten geschlossen zu halten.

364 Die Vorschrift gilt für alle Schutzvorhänge an Bühnen und Szenenflächen, unabhängig davon, ob ihr Vorhandensein vorgeschrieben ist oder eine „freiwillige" Brandschutzmaßnahme darstellt.

365 Die Absätze 2 und 3 eröffnen die Möglichkeit, an Bühnen sowohl die Sprühwasserlöschanlage als auch die Brandmeldeanlage unter Auflagen abzuschalten. Dadurch ist die Möglichkeit eröffnet, auch szenisch bedingtes Feuer, Rauch, Bühnennebel oder Pyrotechnik trotz des generellen Verbotes zu nutzen, ohne hierdurch einen Feueralarm auszulösen. Einzige Voraussetzung für die Abschaltung der automatischen Sprühwasseranlage ist die Anwesenheit des Verantwortlichen für Veranstaltungstechnik. Damit ist die manuelle Auslösung der Anlage ausreichend gesichert.

366 Bei der Brandmeldeanlage müssen hingegen zwei Voraussetzungen vorliegen.
- Die Abschaltung muss in der Art der Veranstaltung begründet sein, und
- die wegen der Abschaltung erforderlichen Kompensationsmaßnahmen für eine rechtzeitige Brandentdeckung müssen mit der Feuerwehr abgestimmt werden.

367 Absatz 4 geht noch einmal auf den Betrieb der Sicherheitsbeleuchtung (§ 15) ein. Er stellt klar, dass die vorgeschriebene Sicherheitsbeleuchtung nicht nur vorhanden, sondern auch immer dann in Betrieb sein muss, wenn sich Personen in den Räumen aufhalten, und die Räume durch Tageslicht nicht ausreichend erhellt werden.

36. § 37 Laseranlagen

Ebenso wie von Pyrotechnik und Feuer auf der Bühne kann auch durch Laseranlagen eine nicht zu unterschätzende Gefährdung für Besucher und Mitarbeiter ausgehen. Laser werden entsprechend ihrer Gefährlichkeit verschiedenen Laserklassen zugeordnet. Die Laserklasse bezieht sich ausschließlich auf das Gerät und sagt nichts über die Gefährlichkeit einer individuellen und ggfls. unsachgemäßen Publikumsbestrahlung mit dem Laser aus.

Die im Profibereich eingesetzten Geräte haben üblicherweise eine gefährlich hohe Leistung (Laserklassen 3 oder 4). Das ermöglicht attraktive Lichtshows, die Emotionen und Empfindungen auslösen können.

Laserstrahlen mit hoher Leistung können bei unsachgemäßer Nutzung jedoch zu Augenschäden führen. 2008 erlitten 30 Besucher eines Technofestivals bei Moskau zum Teil schwerste Augenverletzungen durch eine nicht sachgemäße Nutzung[35]. Auch können die mit der Lasershow verbundenen optischen Reize epileptische Anfälle auslösen.

---

35 Spiegel Online 14.7.2008, Augsburger Allgemeine Online 14.7.2008

Klasse	Beispiel	Gefährlichkeit						
		Direkte Langzeitbestrahlung		Direkte Kurzzeitbestrahlung		Diffuse Reflexion		Direkte Bestrahlung
		Optisches Instrument	Freies Auge	Optisches Instrument	Freies Auge	Auge	Haut	Haut
1	CD-Player	Kein Risiko	Kein Risiko	Kein Risiko	Kein Risiko	Kein Risiko	Kein Risiko	Kein Risiko
1M	Laser-Epilierer	Risiko	Kein Risiko	Risiko	Kein Risiko	Kein Risiko	Kein Risiko	Kein Risiko
1C		Kein Risiko	Kein Risiko	Kein Risiko	Kein Risiko	Kein Risiko	Kein Risiko	Kein Risiko
2	Laserpointer	Risiko	Risiko	Kein Risiko	Kein Risiko	Kein Risiko	Kein Risiko	Kein Risiko
2M		Risiko	Risiko	Risiko	Kein Risiko	Kein Risiko	Kein Risiko	Kein Risiko
3R		Risiko	Risiko	Risiko gering	Risiko gering	Kein Risiko	Kein Risiko	Kein Risiko
3B		Risiko	Risiko	Risiko	Risiko	Risiko gering	Kein Risiko	Risiko gering
4	Showlaser	Risiko	Risiko	Risiko	Risiko	Risiko	Risiko	Risiko

Grafik: Olaf Jastrob

Abbildung 30: Laserklassen

Deshalb hat die MVStättVO beim Einsatz von Lasern den Besucherschutz mit dem Arbeitsschutz gleichgestellt. Es gelten also für den Besucher die gleichen Schutzmaßnahmen wie für die Mitarbeiter im Strahlungsbereich.

Zum Schutz aller anwesenden Personen in einer Veranstaltung sind die Vorgaben der DGUV Vorschrift 12 und DGUV-Information 203-036 zu beachten. Daraus ergeben sich bei den im professionellen Bereich eingesetzten Lasern der Klassen 3 und 4 folgende Notwendigkeiten:
- Die Anwesenheit eines **Laserschutzbeauftragten** ist zwingend erforderlich.
- Die Anwesenheit eines **Meisters für Veranstaltungstechnik** ist dringend empfohlen.
- Der Einsatz ist bei der **für Arbeitsschutz zuständigen Behörde** (Bezirksregierung, Gewerbeaufsicht, Amt für Arbeitsschutz, Regierungspräsidium) anzumelden.
- Gegebenenfalls kann eine **Einzelabnahme** der Laseranlage durch die Behörde angeordnet werden.

Der Bediener ist dafür verantwortlich, dass im Publikum nie eine Strahlungsleistung überschritten wird, die der Klasse 2 entspricht. Dies ist bei größeren Lasern durch technische Maßnahmen möglich.

37. § 38 Pflichten der Betreiber, Veranstalter und Beauftragten

§ 38 kommt eine Sonderstellung innerhalb der MVStättVO zu. Er definiert und beschreibt die besondere Verantwortung von Betreibern, Veranstaltern und Veranstaltungsleitern für eine sichere Veranstaltung und die damit verbundenen Aufgaben. Wer unter Betreiber, Veranstalter oder Veranstaltungsleiter zu verstehen ist, wurde unter Punkt C beschrieben.

An der Frage, wie die im § 38 beschriebene besondere Verantwortung im Detail wahrzunehmen ist, scheiden sich jedoch die Geister. Abweichende Rechtsauffassungen gibt es besonders hinsichtlich des Umfangs der Verantwortung. § 38 MVStättVO sagt hierzu nur, dass der Betreiber, der Veranstalter – soweit Pflichten auf ihn übertragen wurden – oder deren Vertreter, also der Veranstaltungsleiter,
- für die Sicherheit der Veranstaltung und die Einhaltung der Vorschriften verantwortlich ist (§ 38 Abs. 1 MVStättVO);
- ständig anwesend sein muss (§ 38 Abs. 2 MVStättVO);
- zur Einstellung des Betriebes verpflichtet ist, wenn die Sicherheit der Versammlungsstätte nicht mehr gegeben ist oder die Betriebsvorschriften nicht eingehalten werden können (§ 38 Abs. 4 MVStättVO). Bei dieser Entscheidung bietet die VO keinen Ermessensspielraum. *„Da der Betrieb einer Versammlungsstätte nur bei einwandfrei funktionierenden Sicherheitseinrichtungen zulässig ist, ist der Betrieb einzustellen, wenn auch*

nur eine dieser Anlagen nicht betriebsfähig ist."[36] (in manchen Bundesländern wird das noch um den Zusatz eingeschränkt, dass die Störung „zu einer erheblichen Gefährdung von Sicherheit und Gesundheit von Personen führt."[37])
- er mit der Versammlungsstätte und ihren Einrichtungen vertraut ist (Rückschluss aus § 38 Abs. 5 MVStättVO), und
- den Betrieb von Bühnen oder Szenenflächen nur zulassen darf, wenn die in § 40 Abs. 2 bis 5 MVStättVO vorgeschriebenen Personen (Verantwortliche für Veranstaltungstechnik o. ä.) anwesend sind.

376 Weitere Pflichten können sich noch aus den §§ 41–43 MVStättVO ergeben. Hier kommt es dann auf den Einzelfall an.

Was alles fällt aber genau unter diese Pflichten? Ist er für die Einhaltung **aller erdenklichen** Vorschriften verantwortlich oder vielleicht doch nur für einen enger gefassten Umfang?

377 Diese Fragen lassen sich nicht eindeutig beantworten. Einige Experten vertreten die Ansicht, dass der Veranstaltungsleiter *„nicht für „alle" Vorschriften und „jegliche" Sicherheit der Veranstaltung verantwortlich sei – anders, als es der Wortlaut des § 38 Abs. 1 MVStättVO vermuten ließe, „sondern für die Vorschriften und die Sicherheit, die sich aus der (Musterversammlungsstätten-) Verordnung ergibt"*[38].

378 Es gibt aber auch Urteile, die auf eine umfassendere Verantwortung schließen lassen. Beim **Strafprozess** um den „Torunfall in Detmold"[39] hatten die Gerichte in erster und zweiter Instanz den Umfang einer strafrechtlichen Verantwortung bis zur Kenntnis und Beachtung von Richtlinien des DFB und der FIFA zur Sicherung von Fußballtoren gezogen. Auch wenn das Urteil in der Folge vom OLG Hamm aufgehoben wurde, zeigt dieser Prozess doch, dass es in dieser Frage auch andere Auffassungen geben kann.

38. § 38 Der Veranstaltungsleiter

379 Zu den in § 38 MVStättVO definierten Aufgaben und Verantwortlichkeiten des Veranstaltungsleiters gehören Leitungsfunktionen des Betreibers bzw. Arbeitgebers. Das setzt jedoch voraus, dass mit der Übertragung der Aufgabe auch eine Vorgesetztenstellung mit weitreichenden Befugnissen geschaffen wird. Nur so kann der Veranstaltungsleiter seine Aufgabe effektiv

---

36 Nr. 38.4 der Erläuterungen des MHKGB NRW zur Verordnung über Bau und Betrieb von Sonderbauten in NRW
37 S. § 38 (3) Sächsische VersammlungsstättenVO
38 RA Löhr in Event Partner vom 24.6.2021 „Veranstaltungsleiter: Mythos der MVStättVO – was er kann, was nicht"
39 S. u. a. „Torunfall: Ein Urteil macht fassungslos", Neue Westfälische Online 22.1.2015

und sachgerecht wahrnehmen. Das kann dann auch zur Folge haben, dass übliche und alltägliche Hierarchiestrukturen innerhalb einer Arbeitsorganisation außer Kraft gesetzt werden. Dies wiederum setzt bei allen Beteiligten das Wissen um die Position und Verantwortung des Veranstaltungsleiters und die Besonderheit der Situation voraus. Aber auch eine gesunde Portion Selbstvertrauen des Veranstaltungsleiters und eine weitgehende Akzeptanz der anderen Personen sind hier gefragt.

Je nach Organisation des Betriebes sowie Art und Umfang der Arbeiten können sich daraus sowohl in der Vorbereitung als auch in der Umsetzungsphase umfassende Verantwortungen ergeben. Einige Verantwortlichkeiten ergeben sich originär aus den Aufgaben des Veranstaltungsleiters, andere können sich aus der konkreten Situation des Einzelfalls ergeben. Das können sein:

1. Organisationsverantwortung:
- Geeignete Einrichtungen schaffen;
- Regeln aufstellen;
- Maßnahmen und Anordnungen treffen und umsetzen;
- Personal informieren, unterweisen.

2. Auswahlverantwortung:
- Personal nach Eignung (Qualifikation) auswählen, einweisen und einsetzen;
- Qualifizierte Auftragnehmer auswählen und Teams zusammenstellen.

3. Kontrollverantwortung:
- Funktioniert die geplante Organisation?
- Entspricht die Infrastruktur den Planungen?
- Ist die Technik sicher und einsatzbereit?
- Sind die beauftragten Personen geeignet?
- Sind alle Positionen besetzt?

4. Fachverantwortung:
- Kenntnisse und Erfahrungen fachkundig anwenden;
- eigenverantwortlich sicher arbeiten;
- Mögliche Gefahren erkennen und im eigenen Fachgebiet richtig handeln.

5. Koordinierungsverantwortung
Zusammenarbeit von Ordnungsdienst, Brandsicherheitswache und Sanitätswache mit der Polizei, der Feuerwehr und dem Rettungsdienst gewährleisten.

Die Präsenz des Veranstaltungsleiters ist nach § 38 Abs. 2 MVStättVO über die gesamte Veranstaltungszeit zwingend vorgeschrieben. Das geht in der Regel deutlich über die eigentliche Dauer der Veranstaltung hinaus.

387 Bevor der erste Gast die Versammlungsstätte betritt, sollte eine Kontrolle aller sicherheitsrelevanten Einrichtungen (soweit das machbar ist) erfolgt sein, wie:
- Sind die Fluchttüren uneingeschränkt nutzbar und unverschlossen?
- Wo sind die wichtigen Infrastruktureinrichtungen (z. B. Sicherungskasten, BMZ, usw.)?
- Wird die Rettungsanfahrt freigehalten?
- Sind die Flucht- und Rettungswege frei?
- Wird der genehmigte Bestuhlungsplan eingehalten?
- Sind die verantwortlichen Personen anwesend und auf ihren Positionen?
- Hat der Bühnenmeister die Bühne freigegeben (bei größeren Bühnen)?
- Sind die Technik und sonstige Veranstaltungsbereiche einsatzbereit?
- Ist der Verantwortliche für Veranstaltungstechnik anwesend (soweit dieser erforderlich ist)?

388 Erst wenn alle Fragen mit „JA" beantwortet werden, kann der Raum freigegeben werden und die Gäste dürfen den Veranstaltungsraum betreten. Das setzt ausreichende Vorlaufzeiten voraus. Deshalb ist unbedingt immer genügend Zeit einzuplanen.

389 Abgeschlossen ist eine Veranstaltung erst, wenn der letzte Gast gegangen ist. Frühestens dann endet die Präsenzpflicht. Sie kann aber auch schon deutlich früher beginnen und später enden. Auch Aufbau und Abbau gehören zu einer Veranstaltung und müssen qualifiziert koordiniert und beaufsichtigt werden. Hier kommt es immer auf den Einzelfall an und die im konkreten Fall festgelegten Zuständigkeiten.

III. Die Musterversammlungsstättenverordnung (MVStättVO) **389**

Grafik: Deutsche Expertenrat Besuchersicherheit e.V.
Abbildung 31: Standardcheckliste Veranstaltungsleiter

390 Es ist ratsam, vorher Checklisten mit den wichtigsten Veranstaltungsdaten und den notwendigen Sicherheitsüberprüfungen anzufertigen. Das erhöht die Handlungssicherheit und verhindert, dass wichtige Prüfungen unter den besonderen Bedingungen einer Veranstaltung vergessen werden. Das Internet bietet eine Reihe von Muster-Checklisten, u. a. auf der Homepage des Deutschen Expertenrats für Besuchersicherheit[40]. Eine Standard-Checkliste kann bei häufig wiederkehrenden oder vergleichbaren Veranstaltungen als Merkpostenliste sehr hilfreich sein.

391 Checklisten sollten aber nicht davon abhalten, sich in Planung und Durchführung weiterhin mit der Veranstaltung wachsam auseinanderzusetzen, denn Veranstaltungen sind im hohen Maße individuell. Auch wenn Veranstaltungen bereits mehrfach in demselben Format durchgeführt wurden, können sich Anforderungen und Gefährdungen schnell verändern. Dann reicht die Checkliste vielleicht nur noch für einen Teil der Aufgaben aus und muss entsprechend angepasst werden.

392 Bei der Nutzung sollte stets beachtet werden, dass Standard-Checklisten nur bei einfachen Veranstaltungen Anwendung finden können, aus denen keine besondere Gefährdung hervorgeht.

393 **Safety first:**
Vorschriften, die die Sicherheit von Besuchern betreffen, sind stets nur als Mindestanforderung zu verstehen!

Es ist in jedem Einzelfall zu prüfen, ob aufgrund der spezifischen Umstände einer konkreten Veranstaltung ggf. weitergehende Maßnahmen durchzuführen sind. Deswegen kann die Checkliste bestenfalls ein Grundgerüst darstellen. In jedem Einzelfall muss sie mit einem wachen Auge kritisch geprüft und gegebenenfalls angepasst werden.

394 Und auch hierbei gilt:

Wer seine Kompetenzgrenze erreicht hat, der sollte sich fachlichen Rat holen! Unwissenheit begünstigt Fehler, schützt aber nicht vor Strafe. Vor Selbstüberschätzung kann nur gewarnt werden.

395 Checklisten helfen gleichzeitig auch bei der Erfüllung der Dokumentationspflichten. Schadensfälle bei Veranstaltungen ziehen häufig Straf- oder Zivilverfahren nach sich. Das sind immer nachträgliche Bewertungen von Vorgängen aus oft verschiedenen Blickwinkeln. Bei dieser Bewertung haben nicht dokumentierte Gedankengänge des Planers oder Veranstaltungsleiters wenig Beweiskraft. Deswegen bringen Dokumentationen

---

40 https://www.expertenrat-besuchersicherheit.de/wp-content/uploads/2019/11/DEB_Checkliste.pdf

von Organisation, Entscheidungen und Wahrnehmung von Verantwortung auch ein Mehr an Rechtssicherheit.

Bei der Bewertung des Verantwortungsbereichs des Veranstaltungsleiters gibt es kein Patentrezept. Aufgabenverteilungen, Organisationstrukturen und Gefährdungen in einer Veranstaltung sind sehr individuell. Zusätzliche Aufsichtspflichten könnten sich aus dem Arbeitsschutz ergeben. Auch Überwachungspflichten aus dem Immissionsschutz sind denkbar. **396**

Deshalb ist die Bewertung meistens auch eine Einzelfallentscheidung. Grundsätzlich sollte der Anspruch an den Aufgabenbereich und gleichzeitig die persönliche Eignung eines Veranstaltungsleiters mit der Komplexität einer Veranstaltung wachsen. **397**

Unstrittig sind folgende Anforderungen an Veranstaltungsleiter: **398**
- Zuverlässigkeit.
- Anwesenheit.
- Kenntnis der relevanten Vorschriften.
- Vertrautheit mit der Versammlungsstätte und ihren Einrichtungen (analog § 38 Abs. 5 MVStättVO).
- Entscheidungsfähigkeit.
- Durchsetzungsfähigkeit (Er muss hierarchisch und faktisch in der Lage sein, eine Entscheidung auch an seinem (üblichen) Vorgesetzten vorbei zu treffen: Die Beauftragung als Veranstaltungsleiter kann die Alltags-Hierarchie durchbrechen).

39. §§ 39 und 40 Verantwortliche für Veranstaltungstechnik und deren Aufgaben und Pflichten

Der mit § 39 eingeführte Begriff „Verantwortlicher für Veranstaltungstechnik" stellt keine berufliche Qualifikation dar, sondern umschreibt eine sicherheitsrelevante **Funktion** bei Veranstaltungen, die unter der bauordnungsrechtlichen Regelung der MVStättVO stehen. **399**

Als Verantwortlicher für Veranstaltungstechnik können gemäß § 39 MVStättVO bestellt werden **400**
- **Geprüfte Meister für Veranstaltungstechnik**: Der geprüfte Meister für Veranstaltungstechnik ist in Deutschland ein anerkannter Fortbildungsabschluss, vergleichbar mit einem Bachelor. Der Geprüfte Meister für Veranstaltungstechnik soll neben seinen technischen Aufgaben in der Lage sein, die Betriebsorganisation mitzugestalten und Führungsaufgaben wahrzunehmen. Die Prüfung ist in einem Bundesgesetz geregelt.
- **Technische Fachkräfte** mit bestandenem fachrichtungsspezifischen Teil der Prüfung als „Geprüfter Meister für Veranstaltungstechnik in

den Fachrichtungen Bühne/Studio, Beleuchtung, Halle" in der jeweiligen Fachrichtung. Durch die neue Meisterprüfungsordnung aus dem Jahr 2019 mit dem Wegfall der Fachrichtungen in der Meisterprüfung muss noch gesehen werden, wie diese Regelung in Zukunft umgesetzt werden wird.

- **Hochschulabsolventen** mit berufsqualifizierendem Hochschulabschluss der Fachrichtung Theater- oder Veranstaltungstechnik mit mindestens einem Jahr Berufserfahrung im technischen Betrieb von Bühnen, Studios oder Mehrzweckhallen in der jeweiligen Fachrichtung, denen die nach der Verordnung über die Prüfung zum anerkannten Abschluss „Geprüfter Meister für Veranstaltungstechnik" in den Fachrichtungen Bühne/Studio, Beleuchtung, Halle zuständige Stelle ein Befähigungszeugnis nach Anlage 1 ausgestellt hat.
- **Technische Bühnen- und Studiofachkräfte,** die das Befähigungszeugnis nach der bis einschließlich 8. Oktober 2002 geltenden Verordnung über technische Fachkräfte vom 9. Dezember 1983 (GV. NRW. 1984 S. 14) erworben haben.

401 Bei dieser Ausnahme handelt es sich vorrangig um eine Besitzstandsregelung, weil frühere Versammlungsstättenverordnungen eine verbindliche Qualifikation nicht vorsahen. Deshalb gilt sie auch nur für Beleuchter oder Bühnenhandwerker, die bereits vor dem 9. Oktober 2002 als Beleuchter oder Bühnenhandwerker tätig waren.

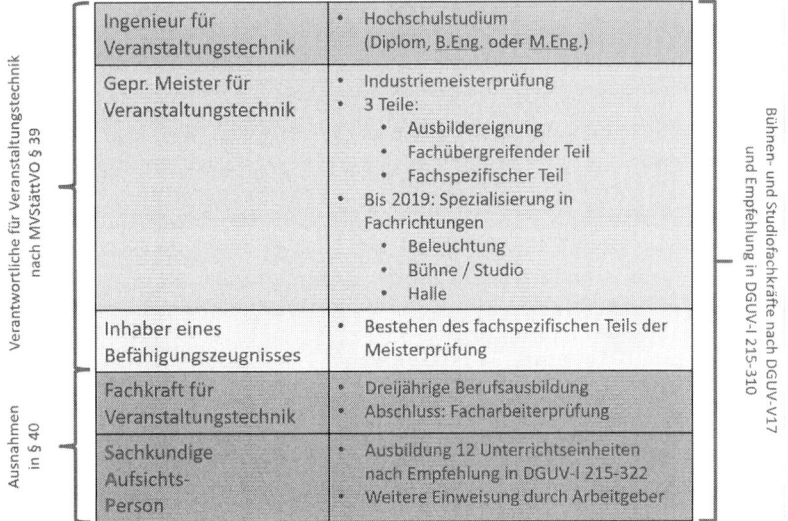

Grafik: Olaf Jastrob

Abbildung 32: Verantwortliche für Veranstaltungstechnik

Die Befähigung zur Ausübung der Aufgabe eines VfVt muss durch eine Bescheinigung einer Stelle nachgewiesen werden, die berechtigt ist, die Prüfung zum Meister für Veranstaltungstechnik abzunehmen. Das sind in der Regel die Industrie- und Handelskammern, die eine Prüfung zum Meister Veranstaltungstechnik anbieten.

Vergleichbare Abschlüsse mit Zeugnis aus anderen Staaten des EU-Binnenraums oder einem Vertragsstaat des Abkommens über den Europäischen Wirtschaftsraum können ebenfalls anerkannt werden.

Die technische Aufsicht durch einen VfVt ist zunächst eine Betreiberpflicht. Die Übertragung an einen Veranstalter ist möglich, wenn
- der Veranstalter oder sein Vertreter eine natürliche Person ist, und
- der Veranstalter oder sein Vertreter nach § 39 Abs. 1 der MVStättVO befähigt sind, und
- der Veranstalter oder sein Vertreter in die Versammlungsstätte eingewiesen und mit ihr vertraut sind.

Das Vorliegen der Voraussetzungen zur rechtssicheren und zwangsfreien Übertragung hat der Betreiber oder sein Beauftragter zu prüfen. Ist das nicht möglich, verbleibt die Verantwortung beim Betreiber und er ist weiterhin in der Pflicht, einen Verantwortlichen für Veranstaltungstechnik zu bestellen.

406 Aber auch wenn eine Pflichtenübertragung stattgefunden hat, entlastet das den Betreiber nicht von seinen Grundpflichten. Dazu gehört auch, dass es sich davon überzeugen muss, dass der Veranstalter seinen Verpflichtungen vollständig und kompetent nachkommt.

407 Die **Aufgaben und Pflichten** der Verantwortlichen für Veranstaltungstechnik werden in § 40 MVStättVO definiert. Bei Veranstaltungen im Sinne der MVStättVO führt der Verantwortliche für Veranstaltungstechnik Aufsicht über die Bühne oder Szenenfläche und ihre technischen Einrichtungen. Er sorgt dafür, dass diese sicher und technisch zuverlässig funktionieren und von ihnen keine Gefahren für die Besucher, Mitarbeiter und Mitwirkenden ausgehen. Zusätzlich ist er auch für die Einhaltung der Sicherheitsbestimmungen und des Brandschutzes zuständig. Hierzu muss er in der Lage sein, die technischen Einrichtungen einer Versammlungsstätte hinsichtlich der Sicherheitsbestimmungen und die Brandschutzvorrichtungen zu beurteilen und ggfls. auch zu überprüfen.

408 Ideal ist es, wenn der Verantwortliche für Veranstaltungstechnik bereits an der Planung einer Veranstaltung beteiligt wird. Er kann dann zu einem frühen Stadium seine Expertise beratend einbringen. Das hilft, böse Überraschungen zu vermeiden. Die Beurteilung der generellen Eignung einer Versammlungsstätte für eine konkrete Veranstaltung oder die Bewertung von Rettungswegen, Notausgängen, Brandschutzeinrichtungen oder der vorhandenen Energieversorgung sind dabei wichtige Aspekte. Die frühzeitige Einbeziehung ist besonders angezeigt, wenn Bühne, Technik oder Veranstaltungsort anspruchsvoll sind oder Spezialeffekte eingesetzt werden sollen. Dann kann der Verantwortliche für Veranstaltungstechnik besondere Sicherheitsmaßnahmen anordnen.

409 Der Verantwortliche für Veranstaltungstechnik muss für seine Aufgabe mit den technischen Einrichtungen der Bühne und der Versammlungsstätte vertraut sein. Nur dann kann er deren Sicherheit und Funktionsfähigkeit, besonders hinsichtlich des Brandschutzes, während des Betriebes gewährleisten. Seine Kenntnisse dürfen sich nicht nur auf die Veranstaltungstechnik beschränken. Vielmehr müssen sie auch die für den Betrieb einer Versammlungsstätte notwendige allgemeine Sicherheitstechnik des Gebäudes umfassen. Der Verantwortliche für Veranstaltungstechnik übernimmt damit aber nicht die generelle Verantwortung über diese Einrichtung. Sie verbleibt weiterhin beim Betreiber.

410 Der Verantwortliche für Veranstaltungstechnik übernimmt neben der technischen Überwachungspflicht auch eine Gewährleistungspflicht. Er ist deshalb verpflichtet, durch einen verpflichtenden Hinweis an den Veranstaltungsleiter den Abbruch der Veranstaltung zu veranlassen, wenn er maßgebliche Sicherheitsmängel feststellt, die zu einer Gefährdung von Personen führen könnten. Dabei sind ein vertrauensvolles, kollektives Arbeitsverhältnis und die enge Abstimmung mit dem Veranstaltungsleiter zwingend erforderlich.

Bei Veranstaltungen mit Großbühnen oder Szenenflächen mit mehr als 200 m² Grundfläche oder in Mehrzweckhallen mit mehr als 5.000 Besucherplätzen hat der Verantwortliche für Veranstaltungstechnik während der Generalprobe und der Veranstaltung eine Präsenzpflicht.   **411**

Während Aufbau und Abbau ist die ständige Anwesenheit vor Ort erforderlich. Bei schwierigen und gefährlichen Arbeiten muss der Verantwortliche für Veranstaltungstechnik die Leitung und Aufsicht selbst vor Ort wahrnehmen und überwachen. Zudem erfordert die Abnahme der Auf- und Abbauarbeiten seine persönliche Anwesenheit.[41]   **412**

Bei kleineren Veranstaltungen mit Bühnen zwischen 50 und 200 m² bietet die MVStättVO Erleichterungen. Hier kann die Aufgabe von einer Fachkraft für Veranstaltungstechnik (vergleichbar einem Handwerksgesellen) mit mindestens drei Jahren Berufserfahrung wahrgenommen werden.   **413**

Bei Bühnen mit einfachster Bühnen- und Beleuchtungsausstattung genügt bereits ein erfahrener Beleuchter oder Bühnenhandwerker. Das kann z. B. angenommen werden, wenn bei der Veranstaltung nur auf die vorhandene fest verbaute Beleuchtung und Tonanlage zurückgegriffen wird und auch das Bühnenprogramm keine besonderen Anforderungen an die Technik stellt.   **414**

Eine weitere Erleichterung ergibt sich aus § 40 Abs. 5 MVStättVO. Bei einfachen Veranstaltungen, von denen sowohl durch den Ablauf als auch der eingesetzten Technik keine besonderen Gefahren ausgehen, kann die Aufsicht auch von einer „Aufsicht führenden Person" wahrgenommen werden. Hier fordert die MVStättVO keine besondere Qualifizierung. Sie muss lediglich mit den technischen Einrichtungen vertraut sein (§ 40 Abs. 5 Satz 2 Nr. 3 MVStättVO). Damit kann bei dieser Art von Veranstaltungen auch der entsprechend unterwiesene Hausmeister oder Lehrer die Aufsicht führen. Wichtig hierbei ist jedoch, dass die Gefährdungsbeurteilung fachlich korrekt durchgeführt und dokumentiert wird.   **415**

	Aufbau/Abbau/ Probe/Wartung	Generalprobe/ Aufführung	Nach Abnahme durch VfVT*
Szenenfläche 200 m² oder Zuschauerkapazität 5.000 Pers	1 Meister oder 1 Ingenieur mit 1 Jahr Erfahrung	2 Meister oder 2 Ingenieure mit je 1 Jahr Erfahrung	1 Fachkraft für VA-Technik mit 3 Jahren Erfahrung

---

41 Nr. 41.2 der Erläuterungen des MHKGB NRW zur Verordnung über Bau und Betrieb von Sonderbauten in NRW

	Aufbau/Abbau/ Probe/Wartung	Generalprobe/ Aufführung	Nach Abnahme durch VfVT*
Szenenfläche 50 200 m² oder Zuschauerkapazität < 5.000 Pers.	1 Fachkraft für VA-Technik mit 3 Jahren Erfahrung	1 Fachkraft für VA-Technik mit 3 Jahren Erfahrung:	Abhängig von der Gefährdungsbeurteilung
Szenenfläche 50 200 m² und Kapazität < 5.000 Pers. und Einfache Bühnen- und Beleuchtungsausstattung	1 Fachkraft für VA-Technik mit 3 Jahren Erfahrung	Erfahrener Bühnenhandwerker oder Beleuchter	Abhängig von der Gefährdungsbeurteilung
Kleine Bühnen mit einfacher Bühnen- und Beleuchtungsausstattung und keiner besonderen Gefährdung durch Technik und Programm	Aufsichtsführende Person	Aufsichtsführende Person	Aufsichtsführende Person

416 Abweichungen von diesem Schema sind aus Gründen der Verkehrssicherungspflicht denkbar. Bei großen oder komplexen Versammlungsstätten kann es deshalb durchaus notwendig und zumutbar sein, zusätzliches Personal einzuplanen, das ganz oder teilweise die in § 40 Abs. 1 beschriebenen Aufgaben wahrnimmt.

417 Zusätzlich zur MVStättVO gilt auch die DGUV Vorschrift 1 und die DGUV Vorschrift 17. Durch sie wird eine Bühnen- und Studiofachkraft gefordert, unabhängig von der Bühnengröße oder der Anzahl der anwesenden Personen. Auch aus diesem Grund ist es ratsam, immer eine GBU durchzuführen oder eine Analyse durch einen internen oder externen Fachberater anzufordern. Das hilft, den individuellen Anforderungen gerecht zu werden und keine Lücken in der eigenen sicherheitsrelevanten Organisationsstruktur zu haben.

40. § 41 Brandsicherheitswache, Sanitäts- und Rettungsdienst

a) Brandsicherheitswache

418 Der § 41 MVStättVO fordert bei verschiedenen Gefährdungssituationen die Anwesenheit einer Brandsicherheitswache:
- Bei Veranstaltungen mit erhöhten Brandgefahren (§ 41 Abs. 1 MVStättVO).
  Die erhöhte Brandgefahr liegt vor, sobald auf der Bühne/Szenenfläche Feuer in jeglicher Form oder Pyrotechnik zum Einsatz kommt. Auch

andere szenische Effekte wie Bühnennebel können die Funktionsfähigkeit der vorhandenen Brandschutzanlagen beeinflussen und müssen bei der Beurteilung berücksichtigt werden.
• Bei jeder Veranstaltung auf Großbühnen sowie Szenenflächen mit mehr als 200 m² Grundfläche.

Die MVStättVO nimmt damit den Schutzgedanken auf, der sich auch in den verschiedenen länderspezifischen Feuerschutzgesetzen wie dem nordrhein-westfälischen Feuerschutz- und Hilfeleistungsgesetzes (FSHG NRW) wiederfindet. Auch diese Gesetze ermächtigen eine Gemeinde/Kommune bei Veranstaltungen mit erhöhter Brandgefahr und Gefährdung einer großen Anzahl von Personen die Anwesenheit einer Brandsicherheitswache zu fordern. Sie wären über diese Ermächtigung auch dann in der Lage, im Rahmen einer ordnungsbehördlichen Entscheidung eine Brandsicherheitswache anzuordnen, wenn eine Veranstaltung nicht unter die Regeln der MVStättVO fällt. Ähnliche Vorschriften finden sich auch in den Verordnungen und Richtlinien über den Bau und Betrieb Fliegender Bauten (FlBauR).

Die Brandsicherheitswachen sind präventiv und reaktiv tätig. Zu ihren Aufgaben gehört es, im Brandfall sofort Gegenmaßnahmen einzuleiten. Dazu gehören die Aktivierung der Brandschutzeinrichtungen der Versammlungsstätte, wenn nötig die Räumung des Gebäudes und falls möglich, ein erster Löschversuch. Für diesen Zweck ist die Brandsicherheitswache mit Feuerlöschern und einem unmittelbaren Zugriff auf Wandhydranten – falls vorhanden – auszustatten. Voraussetzung hierfür ist jedoch, dass die Position der Brandsicherheitswache so gewählt wurde, dass die Szenenfläche/Bühne durchgängig überblickt werden kann und die Auslöser der Brandschutzeinrichtungen leicht erreichbar sind. Es empfiehlt sich, die Vorgaben des § 25 MVStättVO zu Brandsicherheitswachen auch bei kleineren Bühnen anzuwenden.

Zusätzlich gehört zu den Aufgaben, vor und während der Veranstaltung auf die Einhaltung der allgemeinen Regeln des vorbeugenden Brandschutzes sowie eventueller Brandschutzauflagen zu achten.

Die Aufgaben der Brandsicherheitswache werden in der Regel – auch wenn § 41 Abs. 1 MVStättVO das nicht explizit fordert – von qualifizierten Einsatzkräften der örtlichen Feuerwehr wahrgenommen. Sie können aber auch durch Mitarbeiter des Betreibers oder Veranstalters geleistet werden. Auch externe Dienstleister können mit dieser Aufgabe betraut werden. Grundvoraussetzung für beide Varianten ist jedoch, dass die Personen entsprechend der Qualifikation der Feuerwehr für diese Aufgabe ausgebildet sind und die Brandschutzdienststelle damit einverstanden ist.

423 Die grundsätzlichen Entscheidungen, wie viele Brandsicherheitswachkräfte benötigt werden und welche Qualifikation diese haben müssen, trifft im Allgemeinen die zuständige Brandschutzdienststelle.

424 § 41 Abs. 2 Satz 2 MVStättVO stattet die Brandsicherheitswache mit einer umfassenden Weisungsbefugnis aus. Ihren Anweisungen ist unbedingt zu folgen.

b) Sanitäts- und Rettungsdienst

Grafiken: Olaf Jastrob/Holger Gerdes

Abbildung 33: Sanitäts- und Rettungsdienst

425 § 41 Abs. 3 MVStättVO fordert neben Brandschutzmaßnahmen auch, dass Veranstaltungen mit voraussichtlich mehr als 5.000 Besuchern der für den Sanitäts- und Rettungsdienst zuständigen Behörde rechtzeitig anzuzeigen sind. Damit soll einer Überforderung des Rettungsdienstes vorgebeugt werden. Auch im Falle eines Großeinsatzes bei der Veranstaltung ist der Rettungsdienst gesetzlich verpflichtet, Rettungsfristen in seinem Gebiet einzuhalten. Bei Kenntnis einer Großveranstaltung können sich die Rettungsdienste personell und materiell darauf einstellen und entsprechende Vorkehrungen treffen.

426 Nicht angemeldete Großveranstaltungen könnten sonst dazu führen, dass der Rettungsdienst durch einen Großeinsatz dort überlastet wird und seinen gesetzlichen Verpflichtungen gegenüber der Allgemeinheit nicht mehr nachkommen kann. Die einzuhaltenden Hilfsfristen reichen von acht Minuten in dicht besiedelten Gebieten Nordrhein-Westfalens bis hin zu maximal 17 Minuten in ländlichen Gebieten Thüringens.

Die Gefahr einer Überlastung des öffentlichen Rettungsdienstes besteht häufig bei Großveranstaltungen. Aber auch abgelegene und schlecht erreichbare Veranstaltungsorte können einen Sanitätsdienst notwendig machen. Gleiches gilt aber auch bei Veranstaltungen mit einem besonders gefährdeten Personenkreis. 427

Das können ältere oder gebrechliche Menschen (z. B. der Seniorennachmittag auf einem Ausflugsschiff), Menschen mit Behinderungen, aber auch Personen mit einer besonderen Schutzeinstufung sein. 428

Die für den Rettungsdienst zuständige Stelle kann aber auch von Amts wegen zur Sicherung der Hilfsfristen Anforderungen an den Betreiber oder Veranstalter stellen, zum Beispiel zur Einrichtung eines Sanitätsdienstes. 429

Auf einen häufig geäußerten Irrtum im Zusammenhang mit dem Sanitätsdienst sei an dieser Stelle hingewiesen: 430

Der Sanitätsdienst kümmert sich nur um die qualifizierte Erste Hilfe für erkrankte oder verletzte Personen. Der Transport ins Krankenhaus erfolgt stets durch den regulären Rettungsdienst, sofern kein entsprechendes integriertes Konzept mit Beauftragung des Sanitätsdienstes durch den Rettungsdienstträger besteht!

Die gesetzliche Vorgabe für den Rettungsdienst lautet, bei Notfallpatienten lebensrettende Maßnahmen am Notfallort durchzuführen, deren Transportfähigkeit herzustellen und sie unter Aufrechterhaltung der Transportfähigkeit und Vermeidung weiterer Schäden in ein für die weitere Versorgung geeignetes Krankenhaus zu befördern (z. B. § 2 Abs. 2 Rettungsgesetz NRW). Der Sanitätsdienst darf die Beförderung nur im Ausnahmefall nach Aufforderung der zuständigen Stelle übernehmen. Die Versorgung und Sicherung der Transportfähigkeit kann er jedoch durchführen und damit dem Rettungsdienst einen wertvollen Zeitvorsprung und damit Entlastung liefern. 431

Darüber hinaus gibt es kein Gesetz und keine Verordnung, die den Veranstalter oder Betreiber explizit zur Beauftragung eines Sanitätsdienstes verpflichtet. Gleichwohl ist der Sanitätsdienst ein wichtiges Element des präventiven Notfallmanagements. 432

Ein Sanitätsdienst kann deshalb immer erforderlich sein: 433
- aufgrund **behördlicher Anordnung**, oder
- aufgrund der **Gefährdungsbeurteilung** des Betreibers/Veranstalters, oder
- als **freiwillige Dienstleistung** für die Besucher, oder
- aufgrund weiterer Regeln, z. B. Sportordnung, Verbandsregeln, Regeln der Sportliga oder des Sportverbandes.

434 Liegt keine behördliche Anordnung oder andere Verpflichtung vor, sollte die Frage nach der **Notwendigkeit** des Sanitätsdienstes letztendlich eine Gefährdungsanalyse nachvollziehbar beantworten. Kriterien für die Bewertung könnten sein:
- Wo ist der Veranstaltungsort und wie ist er durch die Rettungskräfte erreichbar?
- Welche Publikumsstruktur ist zu erwarten und mit wie vielen Besucher/innen ist zu rechnen?
- Ist mit besonderen Begehrlichkeiten des Publikums zu rechnen (Gefahr von hohen Verdichtungen)?
- Wie ist die Technik zu bewerten, wird Pyrotechnik angewendet?
- Erfahrungen aus früheren vergleichbaren Veranstaltungen.

435 Wenn sich aus der Analyse ergibt, dass sich aus der Veranstaltung heraus keine Gefahren ergeben, die wesentlich über die allgemeinen Lebensrisiken hinausgehen, kann auch die Notwendigkeit eines Sanitätsdienstes verneint werden. Hier würde dann die Anwesenheit von Ersthelfern ausreichen.

436 Die Frage nach der **Sinnhaftigkeit** eines Sanitätsdienstes kann in den meisten Fällen jedoch immer mit **JA** beantwortet werden. Die Relation zwischen den geringen Kosten für den Sanitätsdienst und der Sicherheit für die Besucher beantwortet diese Frage eindeutig. Auch die Handlungs- und Planungssicherheit für alle verantwortlichen Personen erhöht sich durch einen Sanitätsdienst erheblich. Und: Keiner reißt sich darum, Erste Hilfe zu leisten, sei es aus Unsicherheit, oder weil es manchmal erhebliche Überwindungskraft erfordert.

437 Für die Bemessung und Ausstattung eines Sanitätsdienstes gibt es keine festen Vorgaben. Auch hier gilt, dass die Antwort darauf in der Gefährdungsanalyse zu finden ist. Bei Großveranstaltungen wird die Bemessung oft anhand von ingenieur-wissenschaftlichen Bedarfsplanungen wie dem Maurer-Schema oder dem Kölner Algorithmus vorgenommen.

438 **Exkurs: Erste Hilfe**
Abseits des Sanitätsdienstes verpflichtet der Gesetz- und Verordnungsgeber Betreiber und Veranstalter zur Einrichtung einer geeigneten Organisation der Ersten Hilfe. Grundlage sind § 10 Arbeitsschutzgesetz und § 22 DGUV Vorschrift 1, denn Veranstaltungen sind in der Regel auch Arbeitsstätten von Beschäftigten.

> **§ 10 Abs. 1 ArbSchG:**
> „Der Arbeitgeber hat entsprechend der Art der Arbeitsstätte und der Tätigkeiten sowie der Zahl der Beschäftigten die Maßnahmen zu treffen, die zur Ersten Hilfe, Brandbekämpfung und Evakuierung der Beschäftigten erforderlich sind. Dabei hat er der Anwesenheit anderer Personen Rechnung zu tragen."

III. Die Musterversammlungsstättenverordnung (MVStättVO)

Die **Erste Hilfe** umfasst medizinische, organisatorische und betreuende Maßnahmen an Verletzten oder Erkrankten im Notfall, die auch durch medizinische Laien erbracht werden können. Hierzu ist Voraussetzung, dass eine ausreichende Anzahl von **Ersthelfern** (oder höher qualifizierte Personen) **ständig** anwesend ist. Bei der Bemessung der Anzahl der Ersthelfer dürfen nicht nur die Beschäftigten berücksichtigt werden. Vielmehr ist auch für **andere anwesende Personen** Vorsorge zu treffen (§ 10 Abs. 1 Satz 2 ArbSchG).

Die materiellen Anforderungen an die Erst-Hilfe-Organisation sind relativ gering und ergeben sich mangels eigener Vorgaben aus dem Arbeitsschutz. Gefordert werden bei Veranstaltungen mit **bis zu 300** Besuchern ein großer Verbandkasten nach DIN 13169[42]. Bei Besucherzahlen **über 300** Personen wird jeweils ein weiterer großer Verbandkasten notwendig. In Abhängigkeit von der Gefährdungsbeurteilung können zusätzliche medizinische Geräte und sonstige Hilfsmittel notwendig sein. Beatmungsmasken, automatisierte externe Defibrillatoren (AED) können die Erste-Hilfe durch Laien effektiv unterstützen.

Die Einrichtungen der Ersten-Hilfe sind deutlich zu kennzeichnen. Erkennungsmerkmal aller Erste-Hilfe-Einrichtungen ist europaweit ein weißes Kreuz auf grünem Grund[43]. Die ASR A1. 3 „Sicherheits- und Gesundheitsschutzkennzeichnung" enthält weitere wichtige Hinweise.

Abbildung 34: Erste-Hilfe-Einrichtung (nach ISO 7010 und ASR 1.3)

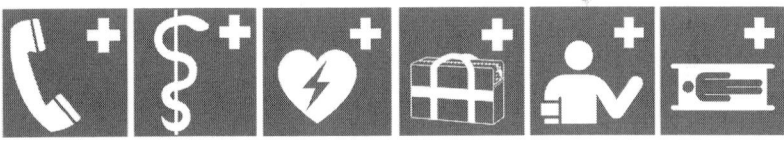

Abbildung 35: Sicherheits- und Gesundheitsschutzkennzeichnung (nach ISO 7010 und ASR 1.3)

---

42 Technische Regeln für Arbeitsstätten ASR 4.3 Abs. 4 „Mittel der Ersten Hilfe"
43 Europäische Norm für Sicherheitszeichen DIN EN ISO 7010

41. § 42 Brandschutzordnung, Räumungskonzept, Feuerwehrpläne

a) Brandschutzordnung

442 Eine Brandschutzordnung beschreibt Handlungsanweisungen für Personen innerhalb eines Gebäudes oder einer Betriebsstätte im **Brandfall**. Daneben definiert sie Maßnahmen zur Brandverhütung.

443 Baurechtlich ist die Erstellung einer Brandschutzordnung in Deutschland nicht durchgängig vorgeschrieben. Baurecht ist Landesrecht und deshalb existiert keine bundeseinheitliche gesetzliche Vorgabe. Sie kann jedoch durch die Ermächtigung des § 51 MBO, die sich identisch oder in ähnlicher Art in den einzelnen Landesbauordnungen wiederfindet, im Rahmen der Bau- und Nutzungsgenehmigung bei Sonderbauten gefordert werden.

444 § 2 Abs. 4 MBO zählt Versammlungsstätten zu den Sonderbauten. § 42 MVStättVO trägt der besonderen Nutzung und Gefährdungslage einer Versammlungsstätte Rechnung und schreibt verbindlich die Aufstellung einer Brandschutzordnung vor. Zuständig ist der Betreiber. Diese Verpflichtung kann nicht an den Veranstalter übertragen werden.

445 Neben dem Baurecht fordert auch der Arbeitsschutz, die vorbeugenden organisatorischen und betrieblichen Maßnahmen zu planen, zu treffen und zu überwachen, die für den Fall des Entstehens von Bränden erforderlich sind (§ 10 ArbSchG/§ 22 DGUV Vorschrift 1). Die Vorschriften fordern nicht explizit die Erstellung einer Brandschutzordnung. Die hier definierten Verpflichtungen lassen sich in der Praxis aber nur durch eine Verschriftlichung im Rahmen von Brandschutzkonzepten und Brandschutzordnungen kommunizieren und dokumentieren. Ebenso wie bei der Ersten Hilfe fordert der Arbeitsschutz auch beim Brandschutz und der Evakuierung die Berücksichtigung anderer anwesender Personen.

446 Die Brandschutzordnung orientiert sich an der Infrastruktur der Versammlungsstätte und gilt für die allgemeine genehmigte Nutzung. Veranstaltungen unterscheiden sich aber in aller Regel voneinander und können in unterschiedlicher Weise die allgemeinen Sicherheits- und Brandschutzvorkehrungen beeinflussen. Deshalb ist eine Abstimmung zwischen Betreiber und Veranstalter wichtig, in der mögliche kritische Details der Veranstaltungsplanung bewertet werden. Das kann es auch notwendig machen, den Brandschutz neu zu bewerten, wenn die vorhandene Brandschutzordnung nicht mehr ausreicht.

447 § 42 Abs. 1 Satz 2 MVStättVO macht inhaltlich lediglich zwei Vorgaben für eine Brandschutzordnung:

- Es muss geprüft werden, ob ein Brandschutzbeauftragter und weitere Kräfte für den Brandschutz erforderlich sind. Das kann sich aus Bau- und Betriebsgenehmigungen ergeben oder aus einschlägigen Verord-

nungen oder Richtlinien. Aber auch eine eigene fundierte Beurteilung kann Grundlage dieser Entscheidung sein.
- Die Brandschutzordnung muss Maßnahmen für eine schnelle und geordnete Räumung der gesamten Versammlungsstätte oder einzelner Bereiche beschreiben. Dabei ist auf Menschen mit Behinderungen besonders zu achten. Überlegungen für eine Evakuierung von Besuchern und Mitarbeitern im Brandfall sind damit immer verpflichtend. Das ist unabhängig von der Notwendigkeit eines gesonderten Räumungskonzeptes nach § 42 Abs. 1 Satz 3 MVStättVO.

Die Brandschutzordnung ist nicht an eine bestimmte Form gebunden. Bewährt hat sich eine Gliederung und Gestaltung nach DIN 14096. Hier finden sich auch Hinweise für eine Qualitätssicherung. **448**

Die **DIN 14096** empfiehlt eine Gliederung in drei Teile: **449**

Teil A ist öffentlich und richtet sich an alle Besucher einer Veranstaltung. In einer kurzen, einfachen und schnell verständlichen Form werden wichtige Verhaltensregeln im Brandfall dargestellt, z. B.
- Ruhe bewahren
- Brand melden (Notruf 112)
- Bringen Sie sich in Sicherheit.
- Löschversuch unternehmen.

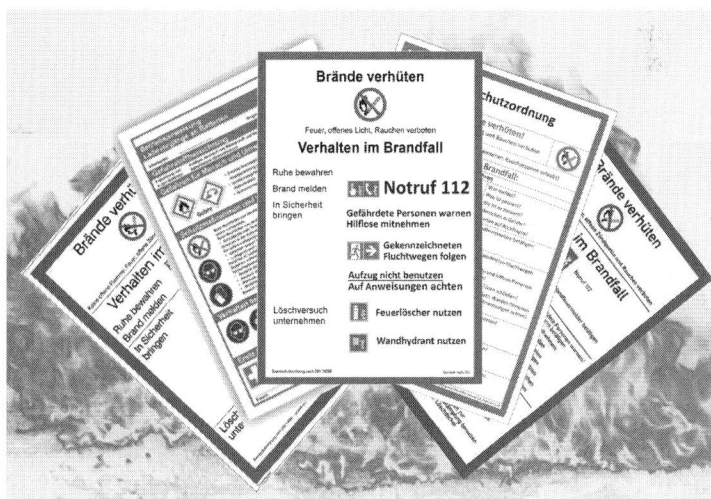

Grafik: Holger Gerdes
Abbildung 36: Brandverhütung

450 Die Brandschutzordnung Teil A ist im Format DIN A 4 mit einem 10 mm breiten rotem Rand gut sichtbar an verschiedenen Stellen der Versammlungsstätte anzubringen. Das umfasst nicht nur Publikumsbereiche, sondern auch Arbeitsbereiche, die für das Publikum nicht zugänglich sind. Damit wird der Betreiber auch den Verpflichtungen aus dem Arbeitsschutz gerecht. Besonders geeignet sind Treppenhäuser sowie Ein- und Ausgänge.

451 Teil A wird häufig durch einen **Flucht- und Rettungsplan nach ISO 23601 ergänzt**, der den kürzesten Flucht- und Rettungsweg aus dem Gebäude darstellt und Informationen über den Standort von Mitteln der Brandbekämpfung und der Ersten Hilfe liefert.

III. Die Musterversammlungsstättenverordnung (MVStättVO) 451

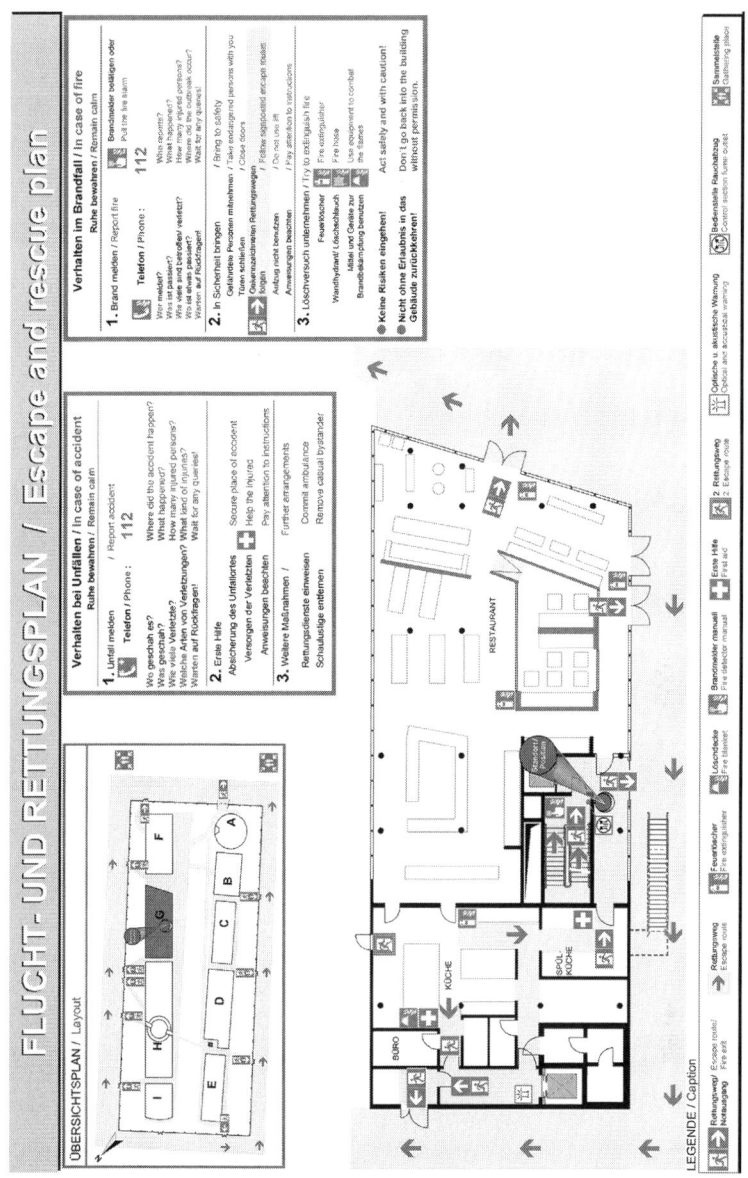

Grafik: Holger Gerdes

Abbildung 37: Muster für einen Flucht- und Rettungswegeplan

452 Teil B hat als Adressat alle Mitarbeiter. Er ist eine schriftliche Information über alle brandschutzrelevanten Punkte und informiert über Maßnahmen und Verhaltensregeln zur Verhinderung von Brand- und Rauchausbreitung, zur Freihaltung der Flucht- und Rettungswege und das richtige Verhalten im Brandfall.

453 Eine Ausfertigung ist allen Mitarbeitern auszuhändigen. Auch der Veranstalter sollte die entsprechenden Informationen erhalten.

454 Die durch DIN 14096 definierte Gliederung umfasst:

Einleitung
- Beschreibung Teil A
- Regeln zur Brandverhütung
- Brand- und Rauchausbreitung
- Flucht- und Rettungswege
- Melde- und Löscheinrichtungen
- Verhalten im Brandfall
- Brand melden
- Alarmsignale und Anweisungen beachten
- In Sicherheit bringen
- Löschversuche unternehmen
- Besondere Verhaltensregeln

Anhang

455 Teil B sollte möglichst einfach gehalten werden und allgemein verständlich sein. Verwendbare Symbole und Piktogramme finden sich in der ASR A1.3 „Sicherheits- und Gesundheitsschutzkennzeichen" sowie in der DIN ISO 7010.

Teil C bietet Informationen für Mitarbeiter mit besonderen Brandschutzaufgaben, wie Brandschutzbeauftragte, Brandschutzhelfer und Räumungshelfer, aber auch Sicherheitsbeauftragte. Die Informationen umfassen die Maßnahmen des vorbeugenden und abwehrenden Brandschutzes und eine Beschreibung des Ablaufs einer Evakuierung.

Brandschutzordnungen müssen stets aktuell sein und mindestens alle zwei Jahre von einer sachkundigen Person überprüft werden.

456 Die notwendige Qualifikation zur Erstellung einer Brandschutzordnung ist weder durch Gesetze, Verordnungen oder andere Normen geregelt. In analoger Anwendung der Bestimmungen des Arbeitsschutzes liegt es jedoch in der Verantwortung des Betreibers bzw. Arbeitgebers, qualifizierte und geeignete Beschäftigte hierfür zu benennen oder als qualifizierte Dienstleistung von Dritten erstellen zu lassen. Brandschutzbeauftragte sollten aufgrund ihrer fachlichen Qualifizierung in der Lage sein, Brandschutzordnungen zu erstellen.

b) **Räumungskonzept**

457 Für größere Versammlungsstätten mit einer Kapazität über 1.000 Besucher schreibt § 42 Abs. 1 Satz 3 MVStättVO vor, dass die geordnete Räumung einer Versammlungsstätte in einem gesonderten Räumungskonzept darzustellen ist. Diese Verpflichtung entfällt, wenn die Evakuierung bereits im Rahmen eines Sicherheitskonzeptes nach § 43 MVStättVO entsprechend beschrieben wird.

458 Der Vorbehalt auf **große Versammlungsstätten** heißt jedoch nicht, dass sich ein Betreiber einer kleineren Versammlungsstätte keine Gedanken zu diesem Thema machen muss. Auch § 10 ArbSchG verpflichtet den Arbeitgeber zu entsprechenden Maßnahmen, bei denen auch betriebsfremde Personen zu berücksichtigen sind. Außerdem kann sich aus einer entsprechenden Gefährdungsbeurteilung abseits der gesetzlich beschriebenen Verpflichtung der Bedarf für ein gesondertes Räumungskonzept ergeben.

459 Die MVStättVO verwendet durchgängig den Begriff „Räumung". Oftmals wird aber auch von Evakuierung gesprochen. In der Wissenschaft beschreibt der Begriff „Evakuierung" die organisierte Verlegung von Menschen und Tieren **aus einem akut gefährdeten Gebiet** in einen sicheren Raum bzw. ein sicheres Gebiet *(z. B. in ein Sammellager)* für unbestimmte (wahrscheinlich längere) Zeit. Eine Evakuierung setzt immer voraus, dass zum Zeitpunkt der Entscheidung oder Maßnahme eine abstrakte Gefährdung besteht, d. h. ein Notfallszenario zeichnet sich ab, ist also wahrscheinlich aber noch nicht eingetroffen. Ein gutes Beispiel ist die geplante und mit Vorlauf durchgeführte Evakuierung von Bewohnern eines Stadtteils bei Bombenentschärfungen.

460 Das kurzfristige und geordnete Verlegen von Personen aus einem durch einen konkret eingetretenen Vorfall **direkt bedrohten** Gebiet oder Raum in einen sicheren Ort als kurzfristige und räumlich eng begrenzte Maßnahme wird hingegen mit dem Begriff **Räumung** umschrieben (ISO 8421-6). Umgangssprachlich und im Arbeitsschutz hat sich zuletzt verstärkt der Begriff „Evakuierung" durchgesetzt. Gemeint bleibt aber immer die Räumung im Notfall.

461 Manchmal wird in diesem Zusammenhang der Begriff Entfluchtung genutzt. Dieser Begriff wird der Situation jedoch nicht gerecht, denn Flucht ist durch das **individuelle, schnelle und ungeordnete** Verlassen eines Ortes gekennzeichnet, also etwas, dass in einer Veranstaltung durch personelle und organisatorische Maßnahmen und Szenarien besonders vermieden werden soll.

462 Tritt ein Notfall ein und ist ein Verlassen des Gebäudes erforderlich, ist das für die betroffenen Menschen eine Ausnahmesituation, in der drei Faktoren dominieren[44]:

Art der Gefahr	(Brand/Gas/Amoklauf/Wetter ...)
Gebäude und Umgebung	(Gebäude/Freigelände/Rettungswege...)
Faktor Mensch	(Aktivierung/Verhalten/Lenkung ...)

463 Räumungskonzepte müssen deshalb allen drei Faktoren gerecht werden, um die Räumung schnell, geordnet und sicher erfolgen zu lassen.

464 Das „In-Sicherheit-Bringen" von Personen aus einem gefährlichen Bereich setzt sicheres aktives Handeln und Organisationsstrukturen voraus. Deshalb gelten hohe qualitative Anforderungen sowohl an Organisation als auch an die Mitarbeiter. Von der Auslösung des Räumungsalarms bis zum Räumungsablauf und der Beendigung des Alarms müssen alle Planungen gut durchdacht sein. Die technische Richtlinie VDI 4062 „Evakuierung von Personen im Gefahrenfall" bietet wichtige Parameter für die Planung.

465 Die Räumung dient dem Schutz der Gesundheit und des Lebens der Mitarbeiter und Besucher. Sie sollte deshalb so organisiert sein, dass von ihr kein zusätzliches Risiko ausgeht. Ein geordneter und kontrollierter Ablauf ist die beste Gewähr dafür, dass die Maßnahme so sicher wie möglich erfolgen kann. Geschulte und eingewiesene Räumungshelfer übernehmen koordinierende Aufgaben für die sichere und schnelle Räumung eines Gebäudes.

466 Die Notfall- und Evakuierungsplanung sollte sich nicht nur an technischen Normen orientieren, sondern auch die menschlichen Eigenschaften und Verhaltensweisen berücksichtigen. Art und Anlass der Zusammenkunft können hierauf Einfluss haben. Die Art der Veranstaltung, die Wirkung der Darbietung, die Besucherstruktur und der Ausschank von Alkohol sind nur einige Faktoren, die das Verhalten beeinflussen können. Wie sich das alles auf das Verhalten in Extremsituationen auswirkt, lässt sich nicht vollständig sicher vorhersagen. Hier ist deshalb viel Erfahrung gefragt.

467 Bekannt ist, dass Menschen unter Stress häufig automatisch im Unterbewusstsein verankerte Verhaltensmuster abrufen, die in der Vergangenheit zum Erfolg geführt haben. Deshalb nutzt der ortsfremde Besucher für die Flucht häufig die Wege, auf denen er das Gebäude betreten hat und nicht die vorgesehenen Notausgänge, auch wenn diese schneller ins Freie führen. Außerdem entwickeln Menschen einen „Herdeninstinkt", orientieren sich am Verhalten anderer Personen und laufen ihnen ohne eigene Reflektion

---

44 Schneider & Kirchberger, 2007, Studie über die Evakuierung von Menschgruppen bei Bränden aus Brandabschnitten

III. Die Musterversammlungsstättenverordnung (MVStättVO) 468–471

hinterher[45]. Um den kürzesten und sichersten Notausgang zu finden, wird dann unkritisch fremden Personen gefolgt.

Die Notfallplanung muss auch berücksichtigen, dass die Alarmierung nicht zwangsläufig auch zu einer unmittelbaren Reaktion der Besucher führt. Wissenschaftliche Studien haben ergeben, dass Besucher einer Veranstaltung bis zu fünf Phasen von Wahrnehmung, Erkennen und Aktivierung durchleben, die zu Verzögerungen bei der Evakuierung führen können[46].

- **Phase 1 – Wahrnehmen:** Ist der Alarm verständlich und laut genug um wahrgenommen zu werden? Zwei-Sinne-Alarmierung notwendig?
- **Phase 2 – Verstehen:** Ist die Bedeutung der Alarmierung bekannt, was bedeutet sie? Unterstützung durch Durchsage erforderlich?
- **Phase 3 – Als echt erkennen:** „Doch nur Probealarm oder technische Störung, da bleibe ich und warte erst einmal ab"
- **Phase 4 – Auf sich beziehen und als relevant erkennen:** Bin auch ich gemeint? Abhängig von der persönlichen Risikoeinschätzung und bei Besuchern praktisch nicht vorhersehbar.
- **Phase 5 – Entscheiden und reagieren:** Die Phasen 1-4 lassen vier Verhaltensweisen erwarten:
  - Warten auf Instruktionen
  - Suchen nach weiteren Informationen,
  - Wie verhalten sich die anderen?
  - Entscheidung zum Verlassen der Versammlungsstätte

Eine reine Sirenen-Alarmierung wird den aus der Studie abgeleiteten Verhaltensmustern nicht gerecht. Hierzu müsste sie eine Vielzahl verschiedener Signale liefern, deren Bedeutung vorher erlernt und bekannt sein muss. In Versammlungsstätten ist das im Hinblick auf die Notfallaktivierung von Besuchern nicht möglich. Deshalb sollte eine Sprachalarmierung Standard sein.

Neben den einzelnen Aufgaben der Brandschutz- und Räumungshelfer ist es wichtig, die einzelnen Kriterien zur Einleitung einer Räumung festzulegen. Die Räumung kann automatisiert durch eine Gefahrenmeldeanlage wie eine Brandmeldeanlage oder automatische Gefahrstoffwarner erfolgen. Diesem Alarm ist immer Folge zu leisten, auch wenn eine Gefahr nicht ersichtlich ist.

Der Räumungsalarm kann auch manuell ausgelöst werden. Dazu muss eindeutig im Räumungskonzept beschrieben sein, wer hierzu berechtigt ist.

---

45 Sime, 1985 „person and place affiliation in a fire entrapment setting"/Schadschneider et al., 2008 „Evacuation Dynamics: Empirical Results, Modeling and Applications"/Shelley E. Taylor et al., „Biobehavioral responses to stress in females: Tend-and-befriend, not fight-or-flight". *Psychological Review* 2000
46 Fitzpatrick, C. & Mileti, D. S. (1994). Public risk communication. In R. R. Dynes & K. Tierney (Hrsg.), „Disasters, collective behaviour, and social organisation"

Auf keinen Fall sollte der Alarm ohne Beteiligung des Veranstaltungsleiters erfolgen. Gründe für eine manuelle Alarmierung können eine besondere Gefahrenlage durch Brand, Bedrohungen, Störungen durch Besucher oder auch der Ausfall von sicherheitstechnischen Anlagen sein. Auch behördliche Anordnungen durch Feuerwehr, Polizei oder Ordnungsbehörde können ein Grund sein.

472   Voraussetzung für eine manuelle Alarmierung ist das Vorhandensein entsprechender Kommunikationseinrichtungen. Im Rahmen der Barrierefreiheit sollten diese immer zwei Sinne ansprechen, z. B. Sirene und Lichtzeichen (Blitzer). Für größere Versammlungsstätten fordert die MVStättVO zusätzlich eine Lautsprecheranlage (§ 20 MVStättVO), die netzunabhängig auch bei Ausfall des Stromnetzes betrieben werden kann (§ 14 MVStättVO). Die erforderlichen Anforderungen an Lautstärke und Verständlichkeit ergeben sich aus der DIN VDE 0833-4.

473   Egal, ob der Alarm automatisch oder manuell ausgelöst wird, kann nicht davon ausgegangen werden, dass die Besucher auch unverzüglich den Gefahrenbereich verlassen. Vielmehr werden die Reaktionen auf einen Alarm durch individuelle Bewertungen und Einschätzungen gesteuert. Wer kennt das nicht aus der letzten Brandschutz- und Räumungsübung? Das ist ja nur eine Übung/betrifft mich nicht/wird schon nicht so schlimm sein/ist bestimmt ein Fehlalarm.

474   Das sind Annahmen, die erfahrungsgemäß die Reaktionszeit deutlich verlängern und auch zu Fehleinschätzungen anderer Personen führen (wenn die bleiben, dann ...). In der Kette *„Hören – Verstehen – als echt identifizieren – auf sich beziehen – als wichtig anerkennen und reagieren"* sind viele individuelle Fehlinterpretationen denkbar. Dem kann nur durch Räumungshelfer oder zielgerichtete Lautsprecherdurchsagen entgegengewirkt werden.

475   Eine vorweg geschaltete Voralarmierung (stummer Alarm) ist organisatorisch sehr hilfreich. Durch sie können sich alle eingebundenen Helfer zunächst an ihren Einsatzort begeben und sich auf die Aufgabe vorbereiten. Das unterstützt die effektive und geordnete Räumung der Versammlungsstätte und hilft panisches Verhalten der Besucher zu vermeiden.

Bei der Räumung unterscheidet man zwischen der **horizontalen** Räumung und der **vertikalen** Räumung.

476   Nicht immer muss in einem Zug sofort die gesamte Versammlungsstätte geräumt werden. Bei mehrgeschossigen Versammlungsstätten kann es in höhergelegenen Geschossen sicherer sein, zunächst horizontal zu räumen. Die Besucher verbleiben dann im gleichen Geschoss. Voraussetzung ist, dass das Geschoss über mehrere unabhängige Brandabschnitte verfügt und eine Verlegung der Besucher in einen sicheren Brandabschnitt die ausrei-

chende Sicherheit bietet. In der Folge kann dann auch die Entscheidung getroffen werden, das Gebäude weiter zu räumen. Das sollte immer in Abstimmung mit der Feuerwehr erfolgen.

Die Verlegung der Besucher aus höheren Geschossen in einen darunterliegenden Brandabschnitt oder über die Ausgangsebene an einen Sammelplatz außerhalb der Versammlungsstätte gilt als vertikale Räumung. Diese kann notwendig sein, wenn die Geschosse über keine eigenen Brandabschnitte verfügen oder sich die horizontal durchgeführte Räumung nicht mehr als sicher erweist, z. B. weil sich der Brand über den ursprünglichen Brandabschnitt ausgeweitet hat.

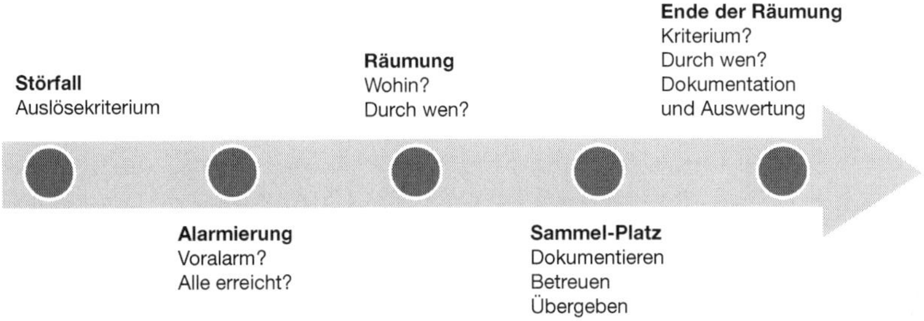

Störfall
Auslösekriterium

Räumung
Wohin?
Durch wen?

Ende der Räumung
Kriterium?
Durch wen?
Dokumentation
und Auswertung

Alarmierung
Voralarm?
Alle erreicht?

Sammel-Platz
Dokumentieren
Betreuen
Übergeben

Grafik: Olaf Jastrob

Abbildung 38: Räumung

Bei der vertikalen Räumung dürfen grundsätzlich keine Aufzüge benutzt werden. Das stellt besondere Anforderungen an die Barrierefreiheit mehrgeschossiger Versammlungsstätten. Ausnahmen sind nur in besonderen Situationen und einem eng begrenzten Rahmen durch eine Freigabe der Einsatzleitung möglich.

c) **Räumungshelfer**

Räumungshelfer sind für die Rettung von Menschen in einem Notfall von großer Bedeutung. Die Besucher einer Versammlungsstätte sind in der Regel ortsfremd. Die meisten haben auch noch nie einen Blick auf den Flucht- und Rettungswegeplan geworfen. Deshalb kennen sie den kürzesten Rettungsweg nicht und verhalten sich im Notfall mehr oder weniger orientierungslos. Hier kommt dann der Räumungshelfer ins Spiel.

Der Räumungshelfer veranlasst bei automatischem Alarm oder auf Weisung der Veranstaltungsleitung die Räumung und überwacht sie in seinem Zuständigkeitsbereich. Dazu gehört auch die Unterstützung von Menschen mit eingeschränkter Mobilität. Er leitet bzw. begleitet die zu evakuierenden Personen an die vorher definierten Sammelstellen. Das ist besonders wichtig, wenn der Rettungsweg lang und/oder unübersichtlich ist.

481 Räumungshelfer müssen für ihre Aufgaben wie der Räumung von Gebäuden, für das Verhalten im Brandfall und das Agieren an den Sammelstellen durch entsprechende Schulungen und Übungen qualifiziert werden. Zudem müssen sie in die örtlichen Gegebenheiten eingewiesen sein und die wichtigste bauliche Infrastruktur kennen (z. B. die Position und Handhabung von Rettungshilfsmitteln wie dem EvakChair).

482 Notwendig sind auch Kenntnisse über das Verhalten von Menschen in Notfällen, unter Angst und bei Panik.

Der psychische Druck und die eigenen Ängste, die mit einem Notfall immer einhergehen, setzen neben regelmäßigen Schulungen auch eine gefestigte und nervenstarke Persönlichkeit voraus. Sich nicht verunsichern zu lassen und auch unter starkem Druck die Nerven nicht zu verlieren, sind wertvolle menschliche Qualitäten bei der Bewältigung eines Notfalls. Ein dem Menschen zugewandtes Naturell ist ebenfalls von großem Vorteil, denn Freundlichkeit und Souveränität übertragen sich auch auf die Besucher. Das kann erheblich dazu beitragen, eine schwierige Situation nicht eskalieren zu lassen und Ängste zu nehmen.

483 Die Schulung muss aber auch deutlich Gefahren (z. B. durch Rauch) benennen und die Grenzen der Aufgabe aufzeigen. **Die Aufgabe als Räumungshelfer erfordert nicht die Gefährdung der eigenen Person. Niemand muss sich bei seiner Aufgabe als Räumungshelfer selbst in Gefahr bringen!**

484 Räumungshelfer sind **mindestens** einmal jährlich zu unterweisen (§ 42 Abs. 2 MVStättVO). Wenn besondere Umstände vorliegen, kann auch eine anlassbezogene Unterweisung nötig sein, zum Beispiel, wenn Veranstaltungen Veränderungen in der Brandschutz- und Räumungsorganisation verlangen.

485 Die Unterweisung ist zu dokumentieren. Außerdem ist der zuständigen Brandschutzdienststelle die Gelegenheit zu geben, an der Unterweisung teilzunehmen. Übungen und Begehungen sollten fester Bestandteil der Unterweisung sein.

Die Unterweisung soll informieren

- über die Lage und die Bedienung der Feuerlöscheinrichtungen und -anlagen, Rauchabzugsanlagen, Brandmelde- und Alarmierungsanlagen und der Brandmelder- und Alarmzentrale,
- die Brandschutzordnung, mit besonderem Blick auf das Verhalten bei einem Brand oder bei einer sonstigen Gefahrenlage, gegebenenfalls in Verbindung mit dem Räumungskonzept und
- die Betriebsvorschriften.

III. Die Musterversammlungsstättenverordnung (MVStättVO)

486 Räumungshelfer sollten neben einer psychischen und physischen Belastbarkeit folgende Voraussetzungen erfüllen:
- Einweisung und Unterrichtung über Räumungen mit jährlichen Auffrischungen,
- Kenntnisse über die Veranstaltung, das Gebäude und das Gelände,
- Kenntnisse der Befugnisse und Verantwortlichkeiten.

487 Eine entsprechende Ausrüstung hilft bei der Bewältigung der Aufgabe. Alle Räumungshelfer sollten über eine Warnweste verfügen, die sie für alle sichtbar in der Funktion kennzeichnet und legitimiert. Eine Kommunikationsliste mit den wichtigsten Erreichbarkeiten, Checklisten und Handlungsanweisungen in Form von Taschenkarten erhöhen die Handlungssicherheit. Räumungshelfer in Leitungsfunktionen sollten zusätzlich auf geeignete Kommunikationsmittel zurückgreifen können.

488 Bei der Gestaltung der Checklisten und Handlungsanweisungen ist es ratsam, auch allgemein bekannte Informationen aufzunehmen und nichts vorauszusetzen. Die Erfahrung lehrt, dass unter Stress selbst die Notrufnummern 110 und 112 vergessen werden. Außerdem vermitteln solche Hilfsmittel psychologische Stabilität auch in schwierigen Situationen, denn niemand muss Angst haben, etwas Wichtiges zu vergessen.

489 Die Signalweste ist eine wichtige Ausstattung für Räumungshelfer. Sie ist sowohl für die persönliche Sicherheit von großer Bedeutung als auch für die Besucher und die externen Rettungskräfte hilfreich, um Funktionsträger, Ansprechpartner und Helfer sofort und zweifelsfrei identifizieren zu können.

490 Eine farbliche Unterscheidung der Westen kann zusätzlich noch besondere Aufgaben und Kompetenzen erkennbar machen. Das ist bei Feuerwehren, Rettungsdiensten und Polizei ein übliches und etabliertes Verfahren zur Kennzeichnung von Funktionen und Weisungsbefugnissen. Ein System, das sich an der Farbgebung der Feuerwehr für Signalwesten ausrichtet, erleichtert den Rettungskräften die Orientierung und Kontaktaufnahme.

491 Die MVStättVO trifft keine Aussagen über die Notwendigkeit und Personalstärken von Räumungshelfern. Die technischen Vorgaben bei der Bemessung der Rettungswege geben aber eine schnellere Räumung vor, als sie die MBO vorsieht. Daher ist es nur logisch, dass dieses Ziel auch personell unterstützt werden muss.

In Ermangelung einschlägiger Vorgaben der Versammlungsstättenverordnung lohnt der Blick in das Arbeitsschutzgesetz:

> **§ 10 Abs. 2 ArbSchG:**
> „Der Arbeitgeber hat diejenigen Beschäftigten zu benennen, die Aufgaben der Ersten Hilfe, Brandbekämpfung und **Evakuierung** der Beschäftigten

> übernehmen. Anzahl, Ausbildung und Ausrüstung der nach Satz 1 benannten Beschäftigten müssen **in einem angemessenen Verhältnis zur Zahl der Beschäftigten und zu den bestehenden besonderen Gefahren** stehen."

492 Die Anzahl der notwendigen Räumungshelfer ergibt sich dann aus dem Arbeitsrecht. Abschnitt 6.2 Ziffer 2 der Technischen Regel für Arbeitsstätten ASR A2.2 Maßnahmen gegen Brände" sieht eine Anzahl von mindestens 5 Prozent der Beschäftigten vor.

493 Diese Berechnung lässt sich aber nicht 1:1 auf Veranstaltungen übertragen. Die Rahmenbedingungen, unter denen im Betrieb und einer Veranstaltung im Notfall Räumungen durchgeführt werden müssen, unterscheiden sich erheblich:

In einem Betrieb sind die Mitarbeiter mit der Umgebung vertraut. Das erleichtert eine Räumung. Erschwert wird sie jedoch durch die meist dezentrale und unübersichtlichere Verteilung der Menschen innerhalb eines Gebäudes, zum Beispiel in Büros. Dahingegen sind die Besucher einer Veranstaltung meist konzentriert in einem Bereich anzutreffen.

494 Die Anzahl und die Positionen der Räumungshelfer können sich deshalb nur aus der Gefährdungsanalyse ergeben, in der die wichtigen Parameter für die notwendige Bemessung der Anzahl bewertet werden. Besucherzusammensetzung, Technik, Infrastruktur, Gebäude, Fluchtwege und die Fluchtwegeführung sind wichtige Indikatoren, mit denen eine sachgerechte und angemessene Personaldisposition für den Evakuierungsdienst aufgestellt werden kann.

495 Dabei sollten nicht nur für die Lenkung der Besucher auf den Rettungswegen Räumungshelfer vorgesehen werden. Auch die abschließende Überprüfung und Sicherung des Veranstaltungsraumes und der Nebenräume, wie Toiletten, sind wichtige Aufgaben.

496 Letztendlich ist die Anzahl der notwenigen Räumungshelfer durch den Betreiber in Zusammenarbeit mit dem Brandschutzbeauftragten oder anderen externen Sachverständigen nach sachlichen und nachvollziehbaren Gesichtspunkten festzulegen.

d) Feuerwehrpläne

497 Versammlungsstätten müssen nach § 42 Abs. 3 MVStättVO über Feuerwehrpläne verfügen. Die Verpflichtung richtet sich an den Betreiber der Versammlungsstätte. Die Pläne müssen im Einvernehmen mit der zuständigen Brandschutzdienststelle angefertigt werden und der Feuerwehr zugänglich sein.

Feuerwehrpläne sind ein wichtiges Führungsmittel der Feuerwehr und haben den Zweck, Einsätze zielgerichtet und effektiv durchführen zu können. Sie dienen der Einsatzvorbereitung und der raschen Orientierung bei Einsätzen in und an besonderen Gebäuden. Sie liefern den Einsatzkräften wichtige Informationen über das Gebäude, dessen Infrastruktur, die Nutzung, die brandschutztechnischen Einrichtungen, aber auch Hinweise auf besondere Gefahrenquellen im Haus (z. B. Batterieräume, Chemikalienlager usw.). Sie sind die Grundlage für eine Lagebeurteilung und einen zielgerichteten Einsatz.

Die DIN 14095 definiert zum Inhalt und der Gestaltung einen deutschen Standard für Feuerwehrpläne, von dem aber von Fall zu Fall aus historischen Gründen abgewichen wird. Inhalte der Feuerwehrpläne sind

- Zugang zum Gebäude,
- Darstellung der Brandabschnitte,
- vertikale Erschließung,
- Aufstellflächen der Feuerwehr,
- Angaben über den anlagentechnischen Brandschutz,
- Besondere Gefahrenquellen, und
- Absperrmöglichkeiten.

Diese Angaben sind sowohl in textlicher Form als auch als Übersichtskarte, ggfls. mit detaillierten Geschossplänen dargestellt.

Soweit die Feuerwehrpläne den Feuerwehren nicht bereits generell zur Verfügung stehen, müssen sie sicher und zu jeder Zeit für die Einsatzkräfte schnell zugänglich deponiert werden. Das geschieht in der Regel in abschließbaren Wandschränken. Die Schränke sind auffällig rot lackiert und entsprechend beschriftet. Ihre genaue Position sollte unbedingt mit der Feuerwehr abgestimmt sein.

Feuerwehrpläne müssen stets auf dem aktuellen Stand gehalten werden. Der Betreiber der Versammlungsstätte hat den Feuerwehrplan mindestens alle zwei Jahre von einer sachkundigen Person prüfen zu lassen.

42. § 43 Sicherheitskonzept, Ordnungsdienst

§ 43 MVStättVO führt den Begriff „Sicherheitskonzept" ein, ohne diesen weiter zu definieren. Einige Forderungen an Inhalt und Themen des Sicherheitskonzeptes werden in Absatz 2 aufgeführt. Diese sind jedoch nicht als abschließend anzusehen. Form und Inhalt eines Sicherheitskonzeptes werden in der Folge unter Rn. 594 ff.. detailliert abgehandelt.

Ein Sicherheitskonzept wird verbindlich gefordert, wenn es die Art der Veranstaltung erforderlich macht (Abs. 1). Auch bei dieser Forderung bleibt die Verordnung unkonkret. Damit drängt sich die Frage auf, was genau unter der Formulierung „Art der Veranstaltung" zu verstehen ist.

503 Aus dem Gesamtkontext kann geschlossen werden, dass mit „Art der Veranstaltung" eine Bewertung des Risikos einer Veranstaltung gemeint ist und der Fokus auf „Gefährlichkeit" einer Veranstaltung liegt. Grundlage dieser Bewertung kann deshalb stets nur eine fundierte Risikobewertung oder Gefährdungsbeurteilung sein. Hierzu wird auf die Ausführungen unter Rn. 569 ff., 636 ff. verwiesen.

504 Belegt die Risikobewertung, dass das Risiko für die Besucher einer Veranstaltung oberhalb des Niveaus liegt, das allgemein als akzeptiertes Restrisikos gilt, dann ist immer die Erstellung eines Sicherheitskonzeptes erforderlich.

505 Bei Versammlungsstätten mit einem Fassungsvermögen über 5.000 Besuchern wird diese Gefährlichkeit unterstellt und die Vorlage eines Sicherheitskonzeptes generell gefordert (Abs. 2). Damit richtet die MVStättVO den Blick besonders auf die großen Mehrzweckarenen und multifunktionalen Sportstadien sowie auf große Versammlungsstätten im Freien wie die Berliner Waldbühne.

506 Die besonderen Bedingungen dieser besonderen Versammlungsstätten sollen im Rahmen des Sicherheitskonzeptes sowohl in bautechnischer als auch in betrieblicher Hinsicht berücksichtigt werden[47].

507 Bei der Erstellung eines Sicherheitskonzeptes ist der Betreiber federführend in der Pflicht. Nur er kann ein Sicherheitskonzept unter den Bedingungen des Abs. 2 erstellen und einreichen. Risiken erwachsen aber nicht nur aus der Versammlungsstätte, sondern können sich auch aus den einzelnen Darbietungen der Veranstaltung ergeben. Deshalb ist hierbei der Veranstalter mit einzubeziehen.

508 Durch den weiteren Wortlaut des § 43 Abs. 2 MVStättVO hat der Betreiber das Sicherheitskonzept für große Versammlungsstätten immer im Einvernehmen mit den für Sicherheit oder Ordnung zuständigen Behörden zu erstellen. Dazu gehören regelmäßig Polizei, Feuerwehr und Rettungsdienst. Damit soll sichergestellt werden, dass die Behörden den notwendigen Einfluss erhalten, aktiv an der Erstellung des Sicherheitskonzeptes teilnehmen zu können und so ihre rechtlichen und örtlichen Erfahrungen einzubringen. Gleichzeitig kann die Behörde die Einhaltung der Sicherheitsvorschriften schon in einem frühen Stadium effektiv überwachen. Verpflichtende Inhalte des Sicherheitskonzeptes sind

---

47 Nr. 43.3 der Erläuterungen des MHKGB NRW zur Verordnung über Bau und Betrieb von Sonderbauten in NRW (S 186)

- die Bewertung der Mindestzahl der Kräfte des Ordnungsdienstes, gestaffelt nach Besucherzahlen und Gefährdungsgraden,
- die betrieblichen Sicherheitsmaßnahmen und
- die allgemeinen und besonderen Sicherheitsdurchsagen.

Weitere mögliche Inhalte sind unter Rn. 594 ff., 629 ff. beschrieben.

Als zweite Verpflichtung aus § 43 ist abzuleiten, **dass immer dann, wenn ein Sicherheitskonzept erforderlich ist, ein Ordnungsdienst einzusetzen ist.** Das Erfordernis eines Sicherheitskonzeptes geht also stets zwingend mit der Beauftragung eines Ordnungsdienstes einher. **509**

Der Ordnungsdienst muss unter der Leitung eines Ordnungsdienstleiters stehen, **der vom Betreiber oder Veranstalter bestellt wurde** (§ 43 Abs. 3 MVStättVO). Bei der Beauftragung von Dienstleistern des Sicherheitsgewerbes ist dieser formale Aspekt zu beachten. Nicht der Dienstleister bestellt den Leiter Ordnungsdienst, sondern der Betreiber bzw. Veranstalter. **510**

Als Aufgaben des Ordnungsdienstes sieht § 43 Abs. 4 MVStättVO verpflichtend folgende Aufgaben vor: **511**
- Einhaltung der betrieblichen Sicherheitsmaßnahmen
- Kontrolle an den Ein- und Ausgängen
- Kontrolle an den Zugängen zu den Besucherblöcken,
- die Beachtung der maximal zulässigen Besucherzahl
- die Überprüfung der Anordnung der Besucherplätze,
- die Einhaltung der Verbote des § 35 (Rauchen und offenes Feuer)
- die Sicherheitsdurchsagen und
- die geordnete Evakuierung im Gefahrenfall.

Weitere Aufgaben sind denkbar und im Sicherheitskonzept zu beschreiben. Ausführlicher wird das Thema „Ordnungsdienst" unter Rn. 509 ff., 708 ff. beschrieben. Die Aufgabenbeschreibung und Disposition des Ordnungsdienstes ist zwingender Bestandteil des Sicherheitskonzeptes. Über die Beteiligung der maßgeblichen Sicherheitsbehörden werden die sicherheits- und ordnungsrechtlichen Anforderungen bedarfsgerecht gesichert und vermieden, dass bei der Planung wirtschaftliche Interessen zu einem unsachgemäßen Ergebnis führen. **Absatz 1** legt dem Betreiber daher die Verpflichtung auf, abhängig von der Art der Veranstaltung ein Sicherheitskonzept aufzustellen und einen Ordnungsdienst einzurichten. **512**

Für Veranstaltungen, die unter Verbandsbestimmungen ausgerichtet werden (z. B. Spiele der Fußball Bundesliga) können zur Verbesserung der Sicherheit weitere Vorgaben durch die verantwortlichen Verbände bestehen. Diese können die Bestimmungen des § 43 MVStättVO jedoch nur ergänzen, nicht jedoch unterlaufen. § 43 MVStättVO ist eine verbindliche Betriebsvorschrift, deren Nichtbeachtung nach § 49 mit einem hohen **513**

Bußgeld bewehrt ist, unabhängig davon, ob es zu einem Schadensfall gekommen ist oder nicht.

43. § 44 Zusätzliche Bauvorlagen, Bestuhlungs- und Rettungswegeplan

514 § 44 MVStättVO ist eine Verfahrensvorschrift, die sich nicht in allen Versammlungsstättenverordnungen der Länder wiederfindet. In den meisten Bundesländern bestehen Wechselwirkungen zu entsprechenden Vorschriften in den unterschiedlichen Bauvorlagenverordnungen (z. B. BauVorlV Bayern). In Nordrhein-Westfalen hingegen stellt die BauPrüfVO in § 12 dezidierte eigene Anforderungen auf. Deshalb wurde in NRW der § 44 MVStättVO nicht in die SBauVO NRW übernommen.

515 Zunächst fordert § 44 MVStättVO bei jedem Genehmigungsverfahren verbindlich bei Versammlungsstätten die gleichzeitige Vorlage eines Brandschutzkonzeptes. Das gilt auch bei Änderungen oder Erweiterungen bestehender Genehmigungen.

516 Inhaltliche Vorgaben sind (Minimalanforderung):
- Berechnung der maximal zulässigen Besucherzahl
- Bemessung der Rettungswege
- Anordnung der Rettungswege
- Beschreibung der erforderlichen Brandschutzmaßnahmen (baulich/technisch/organisatorisch bzw. betrieblich)

517 Bei der Berechnung der maximal zulässigen Besucherzahl lässt § 44 Abs. 1 Satz 2 MVStättVO seit 2014 ausdrücklich auch andere Berechnungsformeln zu als die Standardformeln des § 1 Abs. 2 MVStättVO. Seit diesem Zeitpunkt können auch höhere Besucherzahlen angenommen werden. Voraussetzung ist, dass die Rettungs- und Brandschutzinfrastruktur hierdurch nicht beeinträchtigt wird und diese ggfls. sogar an die höhere Besucherzahl angepasst wird. Auf keinen Fall darf ein höherer Platzbedarf für ein Mehr an Publikum zu Lasten der Sicherheitsinfrastruktur gehen.

518 In den Ländern, die die Neufassung des § 1 Abs. 2 Satz 1 MVStättVO umgesetzt haben, macht § 44 Abs. 1 Satz 2 MVStättVO deutlich, dass bei der Berechnung der maximalen Besucherzahl unter besonderen Bedingungen von der starren Formel mit höchstens 2 Pers./qm nach oben abgewichen werden kann. Voraussetzung ist, dass die Sicherheitsinfrastruktur in ihrer Funktion nicht beeinträchtigt wird. Hier ist besonders auf die Rettungswege und die Brandschutzeinrichtungen zu achten. Bei erhöhten Personendichten sind die ergänzenden oder zusätzlichen Vorkehrungen und Maßnahmen für die Sicherheit der Besucher in den Bauunterlagen gesondert darzustellen.

III. Die Musterversammlungsstättenverordnung (MVStättVO)

Bauvorlagen für Versammlungsstätten müssen zusätzlich stets die in § 44 Abs. 2 MVStättVO aufgeführten Angaben und Unterlagen enthalten. Die Vorschrift bezieht sich auf alle technischen Einrichtungen, die durch die MVStättVO gefordert werden. Dazu gehören auch Nachweise über die fristgemäße Durchführung von wiederkehrenden Prüfungen, die in den einzelnen Länder-Prüfverordnungen vorgesehen sind (z. B. Lüftungsanlagen, Rauchabzugsanlagen usw.). § 44 Abs. 3 MVStättVO ergänzt den Inhalt der Bauvorlagen um Standsicherheitsnachweise für dynamische Belastungen zu veränderbaren Einbauten (§ 3 Abs. 7 MVStättVO) oder auch Wellenbrechern und Abschrankungen (§§ 27 – 29 MVStättVO).

Außerhalb der Versammlungsstätte befindliche Rettungswege, Zufahrten und Aufstellflächen für Einsatzkräfte sind in einem gesonderten Plan darzustellen und den Bauunterlagen beizufügen.

Abschließend schreibt § 44 Abs. 5 MVStättVO Bestuhlungspläne als zusätzliche Bauvorlage vor. Demnach sind in einer Übersicht mit einem Maßstab von mindestens 1:200

- die Anordnung der Sitz- und Stehplätze, einschließlich der Plätze für Rollstuhlbenutzer,
- der Bühnen-, Szenen- oder Spielflächen
- sowie der Verlauf der Rettungswege

darzustellen. Bei variablen Anordnungen, wie sie bei Versammlungsstätten mit freier Bestuhlung häufig vorkommen, ist **für jede Variante** ein besonderer Plan erforderlich.

Die Bestuhlungspläne dienen der Darstellung der maximalen Besucherzahl anhand der definierten Sitz- und Stehplätze und helfen, diese im laufenden Betrieb einzuhalten. Zusätzlich zeigen sie den Verlauf und die Anordnung der Rettungswege und belegen die Einhaltung der sich aus der MVStättVO ergebenden Vorgaben.

Die Bestuhlungspläne sind in den jeweils dargestellten Räumen auszuhängen. Deshalb dienen sie auch der Information und Orientierung der Besucher im Notfall.

Die Frage, wer Bauvorlagen, Brandschutzkonzepte und Bestuhlungspläne erstellen darf, ist in den Bauordnungen der Länder geregelt. § 65 MBO sieht bei komplexeren Vorlagen hohe Qualifikationen, wie Architekt oder Ingenieur vor. Einfachere Vorlagen können auch von anderen fachqualifizierten Fachkräften („Fachkräfte anderer Ausbildung") erstellt werden. Die Handhabung dieser Vorschrift ist nicht einheitlich. In Nordrhein-Westfalen darf z. B. ein Bestuhlungsplan auch von Personen ohne formelle Bauvorlagenberechtigung erstellt werden, wenn sich der Plan nur auf die Anordnung der Stühle beschränkt und hierdurch die bauliche Infrastruktur oder die Rettungswege nicht betroffen sind.

Exkurs Brandschutzkonzept

525 Brandereignisse gehören zu den gefährlichsten Störungen einer Veranstaltung. Das gilt sowohl im Hinblick auf die Sicherheit der Besucher und Mitarbeiter als auch auf mögliche Umwelt- und Sachschäden. Brandschäden durch technische und organisatorische Maßnahmen zu verhindern hilft, Leben zu retten und große wirtschaftliche Verluste zu vermeiden. Deshalb fordert § 44 MVStättVO im Rahmen des Genehmigungsverfahrens die Vorlage eines Brandschutzkonzeptes.

526 Das Brandschutzkonzept beschreibt alle notwendigen baulichen, technischen und organisatorischen Maßnahmen, die Brände verhindern, ihre Ausbreitung vermeiden und die Rettung von Menschen im Brandfall ermöglichen sollen. Die notwendigen Inhalte und Bestandteile des Brandschutzkonzeptes für Versammlungsstätten (Sonderbauten) ergeben sich aus den jeweiligen Landesvorschriften. Als Beispiel sei hier Nordrhein-Westfalen genannt, das durch § 9 BauPrüfVO genaue Vorgaben zum Inhalt macht. Der Mindestinhalt wird in 18 Punkten definiert.

527 Das Brandschutzkonzept muss für die Versammlungsstätte „maßgeschneidert" sein. Es ist individuell auf die Versammlungsstätte und ihre Nutzung abzustimmen, um eine effektive Schutzwirkung zu entfalten.

Das Brandschutzkonzept ist auch die Basis für die Erstellung weiterer notwendiger Brandschutzunterlagen wie der Brandschutzordnung oder Anforderungen aus dem Arbeitsrecht oder der Sachversicherer.

528 Die Anforderungen an Brandschutzkonzepte ergeben sich aus länderspezifischen Vorgaben. Sie sind deshalb nicht einheitlich. Das gilt sowohl für Inhalt, Aufbau und auch für die Berechtigung, ein Brandschutzkonzept zu erstellen. Im Allgemeinen wird hierzu die Qualifikation eines Fachplaners mit praktischen Erfahrungen im Brandschutz gefordert, ohne dass dieser Begriff bundeseinheitlich genauer definiert wird. Die meisten Bundesländer verbinden die fachliche Qualifikation mit der Bauvorlagenberechtigung (§ 65 MBO). Besonders restriktiv ist Nordrhein-Westfalen. Hier reicht eine „normale" Bauvorlagenberechtigung nicht aus. Vielmehr sind in NRW – mit einzelnen Ausnahmen – nur staatlich anerkannte Sachverständige im Sinne des § 87 Abs. 2 Satz 1 Nr. 4 BauO NRW oder öffentlich bestellte und vereidigte Sachverständige für den vorbeugenden Brandschutz nach § 36 Gewerbeordnung zur Vorlage berechtigt.

529 Brandschutzkonzepte sind regelmäßig an die aktuellen Gegebenheiten anzupassen. Änderungen am Gebäude oder bei der Nutzung machen meistens auch Aktualisierungen der Brandschutzkonzepte erforderlich.

44. § 45 Gastspielprüfbuch

Um bei Tourneeveranstaltungen mit identischen Szenenaufbauten zeitaufwendige Einzelbauabnahmen in den jeweiligen Veranstaltungsstätten zu vermeiden, kann der Veranstalter die Ausstellung eines Gastspielprüfbuchs erwirken. Der Antrag ist schriftlich bei der obersten Bauaufsichtsbehörde oder der von ihr bestimmten Stelle zu beantragen. Vor der Erteilung ist eine technische Probe zwingend notwendig.

Durch Vorlage des Gastspielprüfbuchs ist der Veranstalter nicht mehr verpflichtet, an jedem Gastspielort die Sicherheit des Szenenaufbaues und der dazu gehörenden technischen Einrichtungen nachzuweisen. Im Einvernehmen mit der Genehmigungsbehörde kann in diesen Fällen auf die bei Großbühnen und Szenenflächen mit mehr als 200 m² Grundfläche nach § 40 Abs. 6 MVStättVO notwendige nichtöffentliche technische Probe mit vollem Szenenaufbau und voller Beleuchtung verzichtet werden. Das spart Zeit und Geld, denn Tourneepläne sind meistens eng gestrickt und die Aufbauten werden häufig erst just in time fertiggestellt. Eine ordnungsgemäße Abnahme der Gastspielbühne ist dann häufig aus Zeit- oder aus Personalgründen nicht mehr sichergestellt.

In einem Gastspielprüfbuch sind alle wichtigen, gefährlichen, sicherheitsrelevanten Punkte des Szenenaufbaus einzutragen und der für den jeweiligen Veranstaltungsort zuständigen Bauaufsichtsbehörde rechtzeitig vor der ersten Veranstaltung vorzulegen. Die Geltungsdauer ist jeweils auf die Dauer der Tournee zu befristen, kann aber aufgrund eines schriftlichen Antrages verlängert werden. Obwohl das Baurecht Ländersache ist, werden Gastspielprüfbücher länderübergreifend anerkannt.

Das Gastspielprüfbuch bringt die konkrete Handlung der Veranstaltung in einen Kontext mit den technischen Aufbauten und Bedingungen sowie den Sicherheitsaspekten. Zusätzlich sind die Ausführungen im Gastspielprüfbuch durch Gefährdungsanalysen, Pläne und Standsicherheitsnachweise zu ergänzen. Damit entsteht eine Gesamtdarstellung, die es der Bauaufsicht und ggfls. der Feuerwehr ermöglicht, die Aufführung hinsichtlich ihrer Gefährlichkeit zu beurteilen.

§ 45 MVStättVO zählt zu den Verfahrensvorschriften für bestehende Versammlungsstätten. Verstöße gegen die Bestimmungen des § 45 MVStättVO sind nicht bußgeldbewehrt, weil der Veranstalter auch ohne Gastspielprüfbuch über eine rechtzeitig angezeigte technische Probe (24 Stunden vorher) seine Veranstaltung rechtskonform durchführen kann.

45. § 46 Anwendung der Vorschriften auf bestehende Versammlungsstätten

534 Viele Versammlungsstätten sind genehmigt und gebaut worden als die MVStättVO noch nicht oder nicht in der aktuellen Form existierte. Rechtmäßig erbaute und genutzte Gebäude genießen deshalb grundsätzlich Bestandsschutz, der sie (und damit das Eigentum) gegen rückwirkende Eingriffe schützen soll. Die aufgrund neuer Erkenntnisse erst im Laufe der Zeit aufgenommenen Anforderungen kollidieren daher häufig mit der Eigentumsgarantie des Art. 14 GG. Das ist möglich, wenn eine den gesetzlichen Vorgaben der Zeit entsprechende Baugenehmigung vorliegt, das Gebäude hiervon auch nicht abweicht und zwecksentsprechend genutzt wird.

535 § 85 Abs. 1 Nr. 4 MBO ermächtigt den Verordnungsgeber, durch Rechtsverordnung Vorschriften zu erlassen, die den Betreibern auch nachträglich besondere Anforderungen auferlegen. Von dieser Ermächtigung wurde mit § 46 Gebrauch gemacht und ein rechtlicher Rahmen für Eingriffe in den Bestandsschutz geschaffen.

§ 46 Abs. 1 MVStättVO wurde bei der Novellierung 2014 ersatzlos gestrichen. Bis dahin war in dieser Vorschrift eindeutig umrissen,

- für welche Versammlungsstätten Eingriffe in den Bestandsschutz möglich sind (Versammlungsstätten mit mehr als 5.000 Besucherplätzen) und

- welche (neuen) Vorgaben zu beachten sind. Änderungen waren demnach umzusetzen bei
  1. der Kennzeichnung der Ausgänge und Rettungswege (§ 6 Abs. 6),
  2. den Sitzplätzen (§ 10 Abs. 2 und § 33 Abs. 2),
  3. der Lautsprecheranlage (§ 20 Abs. 2 und § 26 Abs. 1),
  4. der Einsatzzentrale für die Polizei (§ 26 Abs. 2),
  5. der Abschrankung von Besucherbereichen (§ 27 Abs. 1 und 3),
  6. den Wellenbrechern (§ 28),
  7. der Abschrankung von Stehplätzen vor Szenenflächen (§ 29).

536 Der Verordnungsgeber hatte damals neue technische Erkenntnisse und Entwicklungen auch für ältere Versammlungsstätten verbindlich gemacht, dabei aber auch zwischen dem öffentlichen Interesse der Gefahrenabwehr und den Eigentumsrechten sowie weiteren Schutzrechten (z. B. Denkmalschutz) abgewogen.

537 Obwohl der Absatz 1 aufgehoben wurde, gelten die Forderungen weiter. Die Aufhebung erfolgte nur, weil zum Zeitpunkt der Novellierung die Zweijahresfrist abgelaufen war, in der die notwendigen Anpassungen durchgeführt werden mussten (§ 46 Abs. 1 Satz 1 MVStättVO 2005). Die ARGE-Bau hat dabei unterstellt, dass im Jahr 2014 alle Veranstaltungsgebäude bereits nachgerüstet waren und den 2005 formulierten Forderungen entsprachen. Der in § 42 Abs. 1 MVStättVO 2005 umschriebene Standard ist deshalb weiterhin als verbindlich anzusehen. Viele Bundesländer haben diese Streichung nicht nachvollzogen und führen den Absatz 1 weiterhin mit seinem ursprünglichen Inhalt auf.

Der Bestandsschutz kann Gebäude und ihre Eigentümer vor nachträglichen Auflagen schützen, erstreckt sich jedoch nicht auf den reinen Betrieb oder eine Veranstaltung. Die Betriebsvorschriften und die Veranstaltungsorganisation müssen sich deshalb immer an den aktuellen Vorgaben orientieren. Das gilt auch im Hinblick auf Arbeitsschutz und Unfallverhütung. Die Tatsache, dass Veranstaltungen schon mehrfach in dieser Form durchgeführt wurden und nichts passiert ist, berechtigt nicht, Änderungen der Vorschriften nicht umzusetzen.

Der Bestandsschutz schützt den Betreiber einer Versammlungsstätte nicht in allen Fällen davor, zwingende bauliche Auflagen erfüllen zu müssen. Werden Mängel festgestellt, die eine erhebliche Gefahr für Leib und Leben darstellen, hat der Schutz der körperlichen Unversehrtheit der Gäste Vorrang vor den Eigentumsrechten. Die Bauaufsicht könnte dann nach einer entsprechenden rechtlichen Abwägung Auflagen erlassen, die auch in den Bestand eines Gebäudes eingreifen können und die von der Ermächtigung des § 46 MVStättVO nicht erfasst werden.

§ 46 Abs. 2 bekräftigt diese Forderung und verpflichtet die Betreiber bestehender Versammlungsstätten, ihren organisatorischen und betrieblichen Brandschutz innerhalb von zwei Jahren nach Inkrafttreten der MVStättVO an die nunmehr geltenden Vorschriften anzupassen. Von dieser Formulierung weichen die Bundesländer zum Teil ab. So konkretisiert die SBauVO NRW die Forderung der MVStättVO auf alle Betriebsvorschriften des Teils 4 (SBauVO) sowie § 10 Abs. 1, § 14 Abs. 3 und § 19 Abs. 8 SBauVO. Das geht dann teilweise über den klassischen Brandschutz hinaus.

§ 42 Absatz 3 MVStättVO verpflichtet die Baurechtsbehörden zu einer wiederkehrenden Überprüfung der Versammlungsstätten im Abstand von höchstens 3 Jahren. Ein besonderer Fokus liegt bei dieser Prüfung auf der verordnungskonformen Einhaltung der Betriebsvorschriften und der Einhaltung der vorgeschriebenen wiederkehrenden Prüfungen. Da der Brandschutzbehörde (neben anderen Behörden) Gelegenheit zu geben ist, an der Prüfung teilzunehmen, kann sie gleichzeitig mit der Brandverhütungsschau stattfinden.

46. § 47 Ordnungswidrigkeiten

Nach § 84 Abs. 1 Nr. 1 MBO handelt derjenige ordnungswidrig, der vorsätzlich oder fahrlässig gegen die Bestimmungen einer baurechtlichen Verordnung verstößt. Voraussetzung ist, dass die Verordnung nach § 85 Abs. 1 bis 3 MBO erlassen wurde und in ihr die einzelnen Tatbestände aufgeführt sind.

543 Die MVStättVO wurde aufgrund der Ermächtigung des § 85 Abs. 1 Nr. 4 MBO erlassen. § 47 MVStättVO nennt konkrete mögliche Versäumnisse und Fehler bei der Veranstaltungsdurchführung. Mit Ausnahme der Anpassungspflicht bei bestehenden Versammlungsstätten (§ 46 MVStättVO) handelt es sich bei den hier aufgeführten Ordnungswidrigkeiten um Verstöße gegen die Betriebsvorschriften im vierten Teil der MVStättVO.

544 Hiernach handelt ordnungswidrig, wer
- die Rettungswege auf dem Grundstück, die Zufahrten, Aufstell- und Bewegungsflächen nicht freihält (§ 31 Abs. 1),
- die Rettungswege in der Versammlungsstätte nicht frei hält (§ 31 Abs. 2),
- Türen in Rettungswegen verschließt oder feststellt (§ 31 Abs. 3),
- die Zahl der genehmigten Besucherplätze überschreitet oder die genehmigte Anordnung der Besucherplätze ändert (§ 32 Abs. 1),
- erforderliche Abschrankungen nicht einrichtet (§ 32 Abs. 3),
- andere als die dort genannten Materialien verwendet oder entgegen anbringt (§ 33 Abs. 1 bis 5 bzw. 6–8),
- Ausstattungen auf der Bühne aufbewahrt oder nicht von der Bühne entfernt (§ 34 Abs. 1 bis 3),
- pyrotechnische Gegenstände, brennbare Flüssigkeiten oder anderes brennbares Material außerhalb der dafür vorgesehenen Magazine aufbewahrt (§ 34 Abs. 4),
- raucht oder offenes Feuer, brennbare Flüssigkeiten oder Gase, explosionsgefährliche Stoffe oder pyrotechnische Gegenstände verwendet (§ 35 Abs. 1 und 2),
- die Sicherheitsbeleuchtung nicht in Betrieb nimmt (§ 36 Abs. 4),
- unberechtigt Laseranlagen in Betrieb nimmt (§ 37),
- als Betreiber, Veranstalter oder beauftragter Veranstaltungsleiter während des Betriebes nicht anwesend ist (§ 38 Abs. 2),
- als Betreiber, Veranstalter oder beauftragter Veranstaltungsleiter den Betrieb der Versammlungsstätte nicht einstellt, wenn die Sicherheitsvorschriften (§ 38 Abs. 4) nicht eingehalten werden können,
- als Betreiber, Veranstalter oder beauftragter Veranstaltungsleiter den Betrieb von Bühnen oder Szenenflächen zulässt, ohne dass die erforderlichen Verantwortlichen oder Fachkräfte für Veranstaltungstechnik, die erfahrenen Bühnenhandwerker oder Beleuchter oder die aufsichtführenden Personen anwesend sind (§ 40 Abs. 2 bis 5 in Verbindung mit § 38 Abs. 1),
- als Verantwortlicher oder Fachkraft für Veranstaltungstechnik, als erfahrener Bühnenhandwerker oder Beleuchter oder als aufsichtführende

Person die Versammlungsstätte während des Betriebes verlässt (§ 40 Abs. 2 bis 5),
- als Betreiber nicht für die Durchführung der Brandsicherheitswache sorgt oder die Veranstaltung nicht anzeigt (§ 41 Abs. 1 und 2 bzw. Abs. 3),
- als Betreiber oder Veranstalter die nach § 42 Abs. 2 vorgeschriebenen Unterweisungen unterlässt,
- als Betreiber oder Veranstalter entgegen (notwendigen) Ordnungsdienst oder keinen Ordnungsdienstleiter bestellt (§ 43 Abs. 1 bis 3),
- als Ordnungsdienstleiter oder Ordnungsdienstkraft seinen Aufgaben nicht nachkommt (§ 43 Abs. 3 oder 4),
- als Betreiber einer der Anpassungspflichten nach § 46 Abs. 1 nicht oder nicht fristgerecht nachkommt.

Verstöße gegen die in § 47 aufgeführten Vorschriften können mit Bußgeldern bis zu 500.000 € geahndet werden (§ 84 Abs. 3 MBO). Damit soll sichergestellt werden, dass Gesetzesübertretungen auch außerhalb des Strafrechts sanktioniert werden können (§ 1 Abs. 1 Gesetz über Ordnungswidrigkeiten, OWiG). Auch wenn in der Intention Parallelen zum Strafrecht erkennbar sind, gehört das Ordnungswidrigkeitenrecht zum Verwaltungsrecht.

Die Bußgelder können unabhängig von einem schädigenden Ereignis oder einem konkreten Schaden erhoben werden und richten sich an jede natürliche oder juristische Person, die gegen die Bestimmungen verstoßen hat. Hier geht das Ordnungswidrigkeitenrecht sogar über die Möglichkeiten des Strafrechts hinaus, denn das Strafrecht kann nur gegenüber natürlichen Personen angewendet werden.

Besondere Verantwortungen ergeben sich aus § 47 Abs. 1 Nr. 12 – 14 MVStättVO. Hier werden Betreiber, Veranstalter und Veranstaltungsleiter als Träger besonderer gesetzlicher Verpflichtungen konkret benannt. Ähnliches gilt für § 47 Abs. 1 Nr. 15, der sich an Veranstaltungsleiter, Bühnenhandwerker, Beleuchter oder andere aufsichtsführende Personen wendet.

Weitere Ordnungswidrigkeiten können sich auch aus den anderen Bestimmungen des § 84 Abs. 1 MBO ergeben. Bei Veranstaltungen könnte besonders die Nr. 5 Bedeutung haben, die die Inbetriebnahme von Fliegenden Bauten zum Gegenstand hat. Das ist vor allem bei Veranstaltungen außerhalb der MVStättVO von Relevanz.

IV. Arbeitsschutzvorschriften

Die Sicherheit einer Veranstaltung hat in der Vergangenheit immer mehr an Bedeutung gewonnen. Oft waren es schlimme Katastrophen, die verstärkt den Fokus auf diesen wichtigen Aspekt gerichtet haben. Häufig wird bei der Bewertung der Sicherheit einer Veranstaltung aber nur die der Sicherheit der Besucher betrachtet. Auch die MVStättVO hat überwiegend die Sicherheit der Besucher im Fokus. Doch diese Fokussierung ist für eine umfassende Betrachtung nicht ausreichend.

550 Neben den Besuchern gibt es mit dem Personal in einer Veranstaltung eine zweite große Personengruppe, für die die Grundrechte, insbesondere das Recht auf Leben und Gesundheit, in gleichem Maße gilt.

551 Für die Mitarbeiter einer Veranstaltung gelten parallel die Arbeitsschutzvorschriften. Diese gelten als verbindliche Rechtsnormen. Ihnen unterliegen alle Arbeitnehmer und Arbeitgeber (Arbeitsschutzgesetz) sowie alle Mitglieder der Berufsgenossenschaft und Unternehmer. Das gilt auch, wenn ausländische Firmen in Deutschland mit eigenen Mitarbeitern tätig werden und sie keiner Berufsgenossenschaft angehören (§ 16 Abs. 2 SGB VII).

552 Arbeitsschutzgesetz und berufsgenossenschaftliche Unfallverhütungsvorschriften übertragen grundsätzlich dem Arbeitgeber/Unternehmer die Verantwortung, Maßnahmen zur Verhütung von Arbeitsunfällen, Berufskrankheiten und arbeitsbedingten Gesundheitsgefahren sowie für eine wirksame Erste Hilfe zu treffen.

1. Arbeitsschutzgesetz

553 Das heute gültige Arbeitsschutzgesetz ist eine Ausgestaltung der Europäischen Arbeitsschutz-Rahmenrichtlinie. Mit ihr wurden für alle Mitgliedsstatten einheitliche und verpflichtende Arbeitsschutzstandards geschaffen. Damit wird gleichzeitig Wettbewerbsgleichheit unter den Mitgliedsländern angestrebt. Kein Mitgliedsland soll durch ein geringeres Arbeitsschutzniveau wirtschaftliche Wettbewerbsvorteile erlangen.

IV. Arbeitsschutzvorschriften 554, 555

Foto: Holger Gerdes

Abbildung 39: Arbeitsschutz im Eventbau

Das Arbeitsschutzgesetz ist verbindlich für alle Arbeitgeber, Unternehmer und Beschäftigten der privaten Wirtschaft und des öffentlichen Dienstes. Es gilt auch für die freien Berufe und die Landwirtschaft und macht den Arbeitsschutz zur Chefsache, denn vorrangiger Adressat ist der Arbeitgeber (§ 3 ArbSchG). **554**

Die modernen Arbeitsschutzstandards erzählen eine Erfolgsgeschichte. Verloren noch 1960 binnen eines Jahres rd. 5.500 Menschen durch einen Arbeitsunfall ihr Leben, so waren es 2019 nur noch 497, obwohl ab 1991 auch die neuen Bundesländer eingerechnet werden. Die Wahrscheinlichkeit, an einem tödlichen Arbeitsunfall zu sterben sank auf ein historisches Tief von 0,011 pro 100.000 Vollbeschäftigte (Quelle: DGUV/Statistisches Bundesamt). **555**

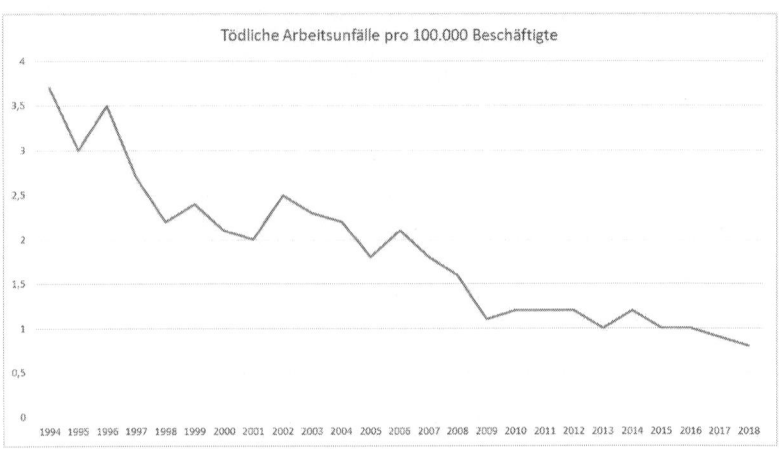

Abbildung 40: DGUV Statistik über Arbeitsunfälle

556 Die Arbeitsschutzvorschriften verpflichten den Arbeitgeber und Unternehmer durch organisatorische, technische und/oder persönliche Schutzmaßnahmen einen effektiven innerbetrieblichen Arbeitsschutz zu garantieren. Dazu gehören auch Schulungen der Mitarbeiter*innen sowie regelmäßige „Auffrischungen" durch jährliche Unterweisungen (§ 12 ArbSchG). Es gilt der Grundsatz, dass Gefahren grundsätzlich an ihrer Quelle zu bekämpfen sind (§ 4 ArbSchG).

557 Grundlage des innerbetrieblichen Arbeitsschutzes ist immer die Beurteilung der zu erwartenden Gefahren an einem Arbeitsplatz durch eine Gefährdungsbeurteilung. Bei mehr als 10 Betriebsangehörigen sind diese und die sich hieraus ableitenden Schutzmaßnahmen zwingend schriftlich zu dokumentieren.

558 Das Arbeitsschutzgesetz verpflichtet im Gegenzug alle Arbeitnehmer, sich aktiv am Arbeitsschutz zu beteiligen und die gesetzlichen und innerbetrieblich festgelegten Schutzregeln zu beachten.

2. Vorschriften der Gesetzlichen Unfallversicherungen (DGUV)

559 Die Definition von Arbeitsschutzstandard ist keine exklusive Angelegenheit des Gesetzgebers. Abgeleitet aus §§ 14 und 15 Sozialgesetzbuch VII (SGB VII) haben auch die Berufsgenossenschaften und Unfallkassen (Unfallversicherungsträger, UVT) die Befugnis, eigenständig Unfallverhütungsvorschriften (DGUV Vorschriften) zu erlassen.

560 1885 wurde in Deutschland weltweit die erste Berufsgenossenschaft gegründet. Damit wurde auch der Gedanke der Unfallverhütung geboren.

IV. Arbeitsschutzvorschriften

Eine Vielzahl von Arbeitsschutz- und Unfallverhütungsvorschriften entstanden und galten über lange Zeit. Seit 2004 wurden diese Vorschriften gebündelt und an die Vorgaben der europäischen Rahmenrichtlinie 89/391/EWG angepasst.

Grafik: Olaf Jastrob

Abbildung 41: Arbeitsschutz

Die DGUV Vorschrift en beschränken sich auf den Zuständigkeitsbereich der jeweiligen Berufsgenossenschaft. Jede Berufsgenossenschaft erlässt deshalb nur die für seinen Bereich relevanten Unfallverhütungsvorschriften. Ausnahme hier ist die DGUV Vorschrift 1 „Grundsätze der Prävention". Sie gilt in allen Zuständigkeitsbereichen übergreifend. In ihr wurden 2014 die bis dahin parallel geltenden Vorschriften BGV A1 und GUV-V A1 zusammengefasst. **561**

Aufgrund des Zuständigkeitsprinzips unterscheiden sich DGUV Vorschriften und Arbeitsschutzgesetz bei den jeweiligen Adressaten der Vorschrift. Regelt das Arbeitsschutzgesetz explizit das Verhältnis zwischen **Arbeitgeber** und **Arbeitnehmer**, so legen die DGUV Vorschriften ihren Fokus auf das Verhältnis zwischen **Unternehmer** und **Versicherten**. **562**

DGUV Vorschrift en haben den rechtlichen Status einer staatlichen Verordnung und sind damit für die Mitglieder der Berufsgenossenschaften rechtsverbindlich. Die von den Unfallversicherungsträgern veröffentlichten Regeln und Informationsschriften gelten als Richtlinien. Sie gehören zum Stand der Technik und beschreiben, wie Schutzziele erreicht werden können. Sie bieten damit eine fundierte und rechtssichere Entscheidungsgrundlage vor allem bei der Bewertung von Risiken im Rahmen einer Gefährdungsbeurteilung. **563**

DGUV Vorschriften, Regeln und Informationsschriften definieren wie auch das Arbeitsschutzgesetz Schutzziele für die Sicherheit, Gesundheit **564** und Gesundheitsschutz im Arbeitsverhältnis. Besondere Bedeutung haben sie für die Grundsätze der **Prävention**, der **Ersten Hilfe** bei Arbeitsunfällen, der **Gestaltung von Arbeitsplätzen** und der Tätigkeit von **Fachkräften für Arbeitssicherheit** und Betriebsärzten.

565 Die DGUV Vorschriften betreffen das Verhältnis zwischen Versichertem und Unternehmer. Damit unterscheidet sich die DGUV von den Adressaten des Arbeitsschutzgesetzes. Der Begriff Unternehmer kann weitestgehend gleichgesetzt werden mit dem aus dem Arbeitsschutzgesetz bekannten Arbeitgeber. Der Begriff „Versicherter" geht hingegen weit über die Definition des Arbeitnehmers hinaus.

566 Wer als Versicherter im Sinne der Unfallverhütungsvorschriften gilt, regelt § 2 SGB VII. Die hier aufgeführten Personengruppen müssen nicht zwangsläufig in einem Beschäftigtenverhältnis zum Unternehmer stehen. Beispielsweise können auch Volunteers unter den geschützten Personenkreis fallen, mit der Konsequenz, dass auch bei deren Einsatz die DGUV Vorschrift en einzuhalten sind.

567 Neben der allgemeingültigen DGUV Vorschrift 1 hat die Deutsche Gesetzliche Unfallversicherung mit der DGUV Vorschrift 17 eine weitere Unfallverhütungsvorschrift erlassen, die sich speziell auf die Bedingungen des bühnentechnischen und darstellerischen Bereichs von Veranstaltungsstätten sowie Produktionsstätten für Film, Fernsehen, Hörfunk und Fotografie eingeht.

3. Forderungen aus Arbeitsschutz und Unfallverhütungsvorschriften

568 Allgemein gilt für Arbeitsschutz und Unfallverhütung der Grundsatz, dass den Beschäftigten aus ihrer Arbeit keine erhöhten Gefahren für Gesundheit und Leben erwachsen darf und die Arbeit menschengerecht gestaltet werden muss (§ 2 ArbSchG, § 2 DGUV Vorschrift 1). An diesem Grundsatz muss sich auch jeder einzelne Arbeitsplatz in einer Veranstaltung messen lassen.

569 Die Bewertung des Arbeitsplatzes und sich daraus ableitende Schutzmaßnahmen werden im Rahmen einer Gefährdungsanalyse ermittelt. Durch die Gefährdungsbeurteilung sollen frühzeitig und vorausschauend Gefährdungen erkannt und abgestellt werden, bevor sie zur Gefahr bzw. Gesundheitsgefahr werden. Dieses Verfahren ist sowohl durch § 5 ArbSchG als auch § 3 DGUV Vorschrift 1 zwingend vorgeschrieben. Die DGUV V 1 verweist ausdrücklich auf die Regelung des ArbSchG. Die Gefährdungsbeurteilung ist schriftlich zu dokumentieren (§ 6 Abs. 1 ArbSchG/§ 3 DGUV Vorschrift 1).

570 Auf der Grundlage der Beurteilung der konkreten Arbeitsbedingungen ist die Gefährdungsbeurteilung das zentrale Instrument für zielgerichtete betriebliche Präventionsmaßnahmen zur Verhinderung von Arbeitsunfällen und Berufserkrankungen. Sie bildet die Handlungsgrundlage für den Arbeitgeber, um seine Grundpflicht gemäß § 3 Absatz 1 ArbSchG bzw. § 2 DGUV Vorschrift 1 zu erfüllen.

571 Wie Gefährdungsbeurteilungen durchzuführen sind, wird vom Gesetzgeber bzw. der Deutschen Gesetzlichen Unfallversicherung nicht vorgegeben. Der Staat definiert nur die Mindestanforderungen und eröffnet den Betrieben eine Gestaltungskompetenz und die Möglichkeit, branchen- und betriebsspezifisch Beurteilungen zu erstellen.

572 Es werden deshalb lediglich Grundsätze genannt, die es zu berücksichtigen gilt. Dazu werden unverbindliche Handlungsempfehlungen gegeben wie mit der VBG-Informationsschrift „Gefährdungsbeurteilung – so geht's".

573 Freiheit bei Form und Methode bedingen besondere Anforderungen an den Umfang und die gewählte Methodik der Gefährdungsbeurteilung. Diese müssen sich immer an den konkreten betrieblichen Gegebenheiten und Voraussetzungen orientieren.

574 Die Berufsgenossenschaften empfehlen folgendes Vorgehen:
- Vorbereiten der Gefährdungsbeurteilung,
- Ermitteln der Gefährdungen,
- Beurteilen der Gefährdungen,
- Festlegen konkreter Arbeitsschutzmaßnahmen,
- Durchführen der Maßnahmen,
- Überprüfen der Durchführung und der Wirksamkeit der Maßnahmen und
- Fortschreiben der Gefährdungsbeurteilung

In der Folge darf eine kontinuierliche Überprüfung der Wirksamkeit der festgelegten Schutzmaßnahmen nicht fehlen.

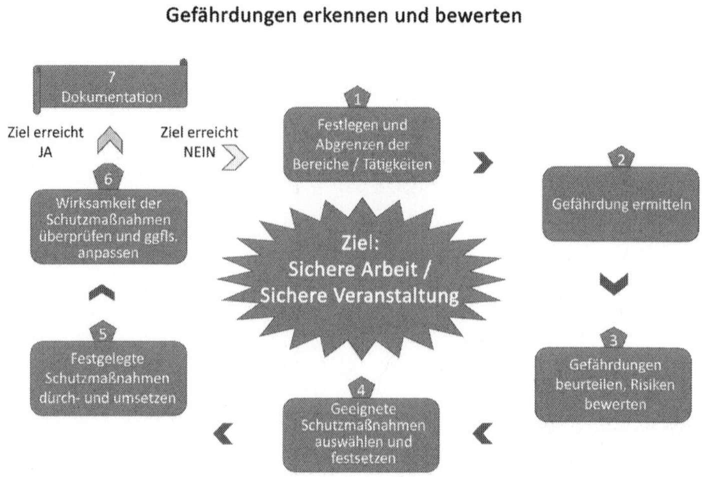

Gefährdungen erkennen und bewerten

Grafik: Holger Gerdes

Abbildung 42: Gefährdungsbeurteilung

575 Die aus der Gefährdungsbeurteilung abgeleiteten Maßnahmen sind – wenn möglich – immer an der Quelle zu bekämpfen. Im Idealfall ist die Gefahr zu beseitigen. Ist das nicht möglich, dann unterliegen die zur Kompensation definierten Schutzmaßnahmen gemäß § 4 Absatz 2 Betriebssicherheitsverordnung (BetrSichV) folgender Priorität (TOP-Prinzip):

- **Technische Maßnahmen** (z. B. Abschrankung von Quetschstellen, Lichtschranken an beweglichen Maschinenteilen, Kapselung einer Lärmquelle) haben Vorrang vor
- **Organisatorischen Maßnahmen** (z. B. Trennung von Fußwegen und Gabelstapler-Fahrwegen im Produktionsbereich, Sichtprüfung von Elektrowerkzeugen vor jeder Benutzung, Beschränkung der Arbeitszeit bei Arbeiten mit hoher körperlicher Belastung, Bildschirmpausen). Diese wiederum haben Vorrang vor
- **persönlichen Schutzmaßnahmen** (z. B. Persönliche Schutzausrüstungen wie Schutzhelm, Schutzhandschuhe usw.).

576 Einzelne grundsätzliche Ziele und Forderungen des Arbeits- und Unfallschutzes werden in beiden Vorschriften in der Folge konkretisiert. Häufig sind die Ziele identisch oder ähnlich formuliert. An vielen Stellen nimmt die DGUV Vorschrift 1 auch Bezug auf das Arbeitsschutzgesetz und erklärt die dort beschriebenen Regelungen auch für den DGUV-Bereich für verbindlich.

Für Veranstaltungen sind folgende Schutzvorschriften von besonderer Bedeutung:

a) **Organisationspflicht (§ 3 Abs. 2 ArbSchG/§ 2 Abs. 3 DGUV-V 1)**
Für die Organisation des Arbeitsschutzes/der Unfallverhütungsmaßnahmen ist grundsätzlich immer der Arbeitgeber/Unternehmer zuständig. Er hat dafür zu sorgen, dass eine geeignete Organisationsstruktur geschaffen wird, die Vorgaben zum Schutz der Beschäftigten von allen eingehalten und die erforderlichen Sachmittel bereitgestellt werden.

b) **Unterweisung (§ 12 ArbSchG/§ 7 DGUV-V 1)**
Der Arbeitgeber hat die Beschäftigten über Sicherheit und Gesundheitsschutz bei der Arbeit ausreichend und angemessen zu unterweisen. Die Unterweisung muss sich auf den konkreten Arbeitsplatz oder den Aufgabenbereich des Beschäftigten beziehen. Die Unterweisung muss nach der erstmaligen Unterweisung wiederholt und angepasst werden, wenn sich der Aufgabenbereich, die Arbeitsmittel oder die Gefährdungslage wesentlich ändern.

c) **Befähigung (§ 7 ArbSchG/§ 7 DGUV-V 1)**
Bei der Übertragung von Aufgaben auf Beschäftigte hat der Arbeitgeber je nach Art der Tätigkeiten zu berücksichtigen, ob die Beschäftigten befähigt sind, die für die Sicherheit und den Gesundheitsschutz bei der Aufgabenerfüllung zu beachtenden Bestimmungen und Maßnahmen einzuhalten und ihre Arbeit ohne Gefahr für sich **oder andere** auszuüben.

Zusatz DGUV: Der Unternehmer darf Versicherte, die erkennbar nicht in der Lage sind, eine Arbeit ohne Gefahr für sich oder andere auszuführen, mit dieser Arbeit nicht beschäftigen.

d) **Zusammenarbeit mehrerer Arbeitgeber (§ 8 ArbSchG/§ 8 DGUV-V 1)**
Eine Koordinierung ist verpflichtend zu sichern, wenn Beschäftigte mehrerer Firmen an einem Arbeitsplatz tätig werden. Das ist der Fall, wenn sich die Tätigkeiten eines dieser Unternehmen durch die räumliche oder zeitliche Nähe der Arbeiten auf Beschäftigte anderer Firmen auswirken können. Bei Veranstaltungen ist das häufig der Fall. Bühnenbau trifft auf Dekorateur, Licht und Ton auf Kulissenbau.

Die Tätigkeiten können sich gegenseitig beeinflussen und Auswirkungen auf das Unfall- und Gesundheitsrisiko des Anderen haben. Deshalb müssen Verantwortlichkeiten, Abläufe und Zuständigkeiten eindeutig koordiniert und geregelt werden, um unnötige Gefährdungen zu vermeiden. Ein typisches und häufig zu beobachtendes Fehlverhalten sind Arbeiten an der

Bühne zeitgleich mit dem Aufhängen von Lampen darüber. Das ist aus Sicht des Arbeitsschutzes nicht zulässig und muss unterbunden und zeitlich koordiniert werden. Die DGUV Information 215-830 „Einsatz von Fremdfirmen im Rahmen von Werkverträgen" umschreibt den zu beachtenden Standard.

e) **Besondere Gefahren/Betretungsverbote (§ 9 Abs. 1 ArbSchG/ §§ 9 und 18 DGUV-V 1)**

583 Bereiche mit besonderen Gefahren (z. B. Bühnen) dürfen nur von befugten Personen zur Ausübung ihrer Tätigkeit betreten werden. Auf die Betretungsverbote ist entsprechend hinzuweisen.

f) **Erste Hilfe, Brandschutz, Evakuierung (§ 10 ArbSchG/§§ 22 u. 24 DGUV-V 1)**

584 Die Vorschriften verpflichten den Arbeitgeber/Unternehmer dazu, geeignete Maßnahmen der Ersten Hilfe, Brandbekämpfung und Evakuierung zu treffen. Die Maßnahmen müssen sich in ihrem Umfang und ihrer Personalstärke an der Anzahl der Beschäftigten orientieren. Außerdem muss aber auch der Anwesenheit anderer Personen Rechnung getragen werden. Hier verlässt Arbeits- und Unfallschutz den Schutzbereich der Beschäftigten und weitet ihn auf alle möglichen Anwesenden aus. Damit geraten auch die Besucher einer Veranstaltung in den Geltungsbereich dieser Vorschrift und verpflichten den Betreiber oder Veranstalter zu entsprechenden Maßnahmen. Anzahl, Ausbildung und Ausrüstung der Helfer müssen in einem angemessenen Verhältnis zur Zahl aller zu berücksichtigenden Personen und ihrem Risiko stehen.

585 In der Folge definieren die Vorschriften auch eine Koordinierungsaufgabe zu den Brandbekämpfungs- und Rettungsorganisationen, die in § 42 MVStättVO ergänzt und konkretisiert wird.

g) **Arbeitsanweisungen (§§ 2 Abs. 4 u. 15 Abs. 1 DGUV-V 1)**

586 Arbeitgeber/Unternehmer und ihre Vertreter dürfen keine sicherheitswidrigen Weisungen erteilen, die Beschäftigten/Versicherten dürfen solche nicht befolgen. Die Vorschrift bezieht sich vorrangig auf den Arbeitsschutz und die Unfallverhütung, hat aber auch unmittelbar Auswirkung auf den Veranstaltungsschutz. Der Schutz der Besucher geht Hand in Hand mit dem Schutz der Beschäftigten und lässt sich kaum trennen. Deshalb ist durch diese Vorschrift auch die Entscheidungsfreiheit des Veranstaltungsleiters oder des VfVt geschützt. Seine Entscheidung zum Abbruch kann nicht durch anderslautende Weisungen des Betreibers/Veranstalters unterlaufen werden, die dieser ggfls. aus wirtschaftlichen Gesichtspunkten trifft.

h) **Handlungspflicht** (§ 11 DGUV-V 1)
Treten Mängel auf, die für Mitarbeiter gefährlich werden können, muss der Unternehmer aktiv werden. Das heißt, die betroffenen Arbeitsmittel oder Einrichtungen müssen der weiteren Benutzung entzogen oder stillgelegt werden. Außerdem sind Arbeitsverfahren oder -abläufe abzubrechen, bis der Mangel behoben ist.

4. **DGUV Vorschrift 17 Besondere Unfallverhütungsvorschrift für Veranstaltungs- und Produktionsstätten für szenische Darstellung**

Die DGUV Vorschrift 17 ergänzt die allgemeinen Vorschriften um wichtige branchenspezifische Sicherheitsvorgaben zur Veranstaltungsbranche. Dabei werden auch Forderungen aus der MVStättVO erneuert, konkretisiert oder ergänzt. Die DGUV-V 17 umfasst.

a) **Technische Vorgaben**
- zu Standsicherheit und Tragfähigkeit (§ 4),
- zur Sicheren Begehbarkeit (§ 5),
- zur Absturzsicherung (§ 6),
- zum Schutz gegen herabfallende Gegenstände (§ 7),
- zur Sicherung gegen unbeabsichtigte Bewegungen (§ 8),
- zu Tragmitteln und Anschlagmitteln (§ 9),
- für betriebsbedingt bewegte Einrichtungen (§ 10),
- für Werkstätten (§ 11),
- für Lagerräume (§ 12),
- für Orchestergräben, Proben- und Stimmräume (§ 13).

b) **Betriebsvorschriften**
- für Leitung und Aufsicht (§ 15),
- zur Beschäftigungsbeschränkung (§ 16),
- zur Unterweisung (§ 17),
- zur Nutzung der persönlichen Schutzausrüstungen, Hilfsmittel (§ 18),
- zum Aufenthaltsverbot (§ 19),
- zu gefährlichen szenischen Vorgängen (§ 20),
- zu artistischen Darstellungen (§ 21),
- zum Lagern von Gegenständen (§ 22),
- zum Umgang mit Gegenständen (§ 23),
- zum Zustand von Flächen und Aufbauten (§ 24),
- zur bestimmungsgemäßen Verwendung maschinentechnischer Einrichtungen (§ 25),
- zu Bewegungsvorgängen von maschinentechnischen Einrichtungen (§ 26),
- zu den elektrischen Betriebsmitteln (§ 27),

- zum Umgang mit Schusswaffen und Pyrotechnik (§ 28),
- zum vorbeugenden Brandschutz (§ 29),
- zur Ausstattung (§ 30),
- zum Umgang mit Tieren (§ 31),
- zur Instandhaltung und Reinigung (§ 32),

c) **Regeln für technische Prüfungen**

591 Die DGUV-17 beschreibt weitere wichtige Regeln und Fristen für technische Prüfungen. Sie ergänzt damit die Technischen Regeln für Betriebssicherheit (TRBS 1201), die MVStättVO und die DGUV-V3 und ihre Durchführungsanweisung. Prüfungen sind vorgesehen

- vor der ersten Inbetriebnahme und nach wesentlichen Änderungen von sicherheits- und maschinentechnischen Einrichtungen (§ 33),
- als wiederkehrende Prüfungen an sicherheits- und maschinentechnischen Einrichtungen (§ 34).

592 Formale Erfordernisse ergeben sich
- zu Prüfnachweisen/Führung des Prüfbuches (§ 35), und
- zu den ermächtigten Sachverständigen (§ 36).

593 Wichtige Regeln und Hinweise zur konkreten Anwendung der DGUV Vorschrift 17 liefert die von der Deutschen Gesetzlichen Unfallversicherung hierzu erlassene Regel DGUV-R 115-002.

V. Instrumente für eine sichere Veranstaltung

1. Sicherheitskonzept

594 Nach Jahren scheinbarer Sicherheit bei Veranstaltungen in Deutschland rückte der 24. Juli 2010 das Thema in den in den Fokus der Öffentlichkeit. Wieder bedurfte es einer Katastrophe, um Veranstaltern, Behörden und Besuchern vor Augen zu halten, dass Veranstaltungssicherheit gut und umfassend zu planen ist.

595 Eine zentrale Rolle bei Großveranstaltungen oder Veranstaltungen mit erhöhtem Gefährdungspotential kommt dem Sicherheitskonzept zu. Es ist das zentrale Planungs- und Kommunikationsdokument des Veranstalters oder Betreibers. Es analysiert und bewertet methodisch die Risiken einer Veranstaltung und definiert das von allen Beteiligten akzeptierte Restrisiko. Im Einvernehmen zwischen allen Prozessbeteiligten wird durch das akzeptierte Restrisiko das Schutzniveau beschrieben.

596 Das Sicherheitskonzept zeigt Veranstaltern oder Betreibern aber nicht nur die möglichen Risiken bei einer Veranstaltung. Für den nicht auszuschlie-

V. Instrumente für eine sichere Veranstaltung

ßenden Notfall definiert es auch Lösungsansätze und Maßnahme, um das Schutzniveau gleichwohl zu garantieren. Durch präventive und reaktive Maßnahmen sollen mögliche Schädenverhindert oder minimiert werden. Im Sicherheitskonzept hinterlegte Szenarien, die allen Verantwortlichen bekannt sind, sorgen zusätzlich dafür, dass im Notfall effektiv, verlässlich und sicher gehandelt werden kann.

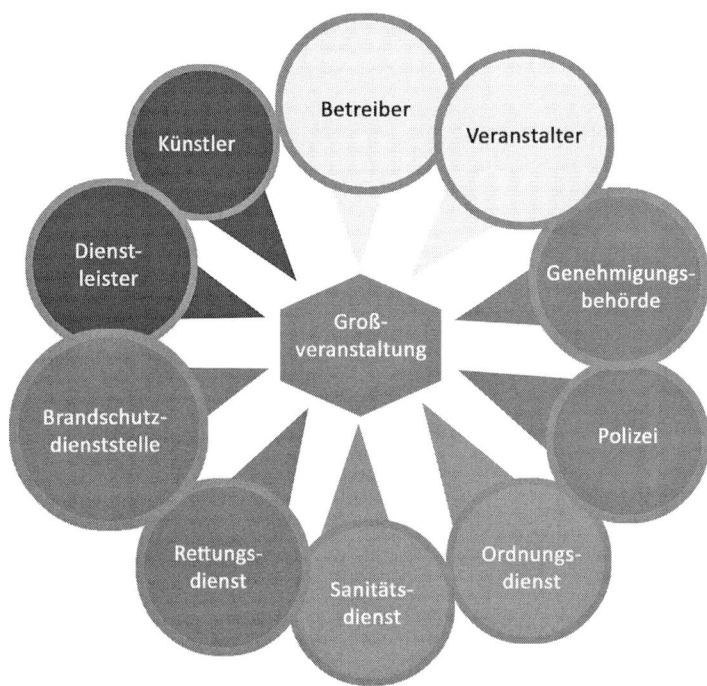

Grafik: Holger Gerdes

Abbildung 43: Sicherheitskonzept

Das Sicherheitskonzept spielt eine gewichtige Rolle bei der Abstimmung und Kommunikation mit den wichtigen beteiligten Dienstleistern, den Behörden und den Einsatzkräften. Es informiert alle wichtigen Akteure über die aktuelle Planung und bietet diesen damit eine Grundlage für die eigenen Einsatzplanungen. Die Entwicklung des Sicherheitskonzeptes, im Idealfall in der Diskussion mit den anderen Beteiligten erstellt, zeigt Schwachstellen und falsche Planungsansätze.

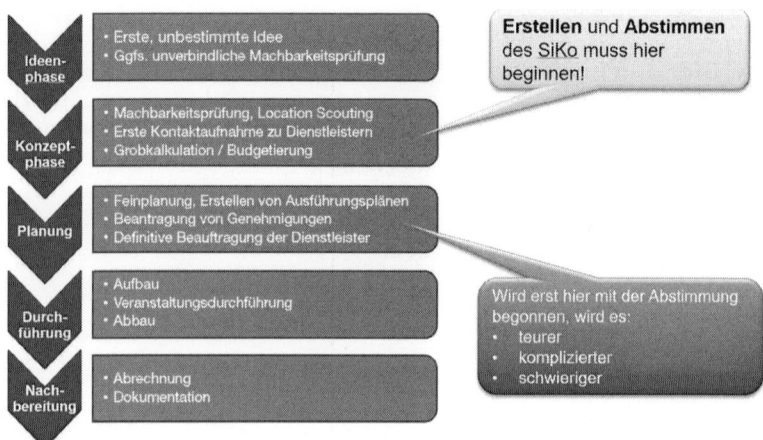

Grafik: Olaf Jastrob

Abbildung 44: Entwicklung des Sicherheitskonzepts

598 Bei den meisten Veranstaltungen werden durch Gesetze oder Verordnungen keine Sicherheitskonzepte verlangt. Es finden sich bei öffentlichen Veranstaltungen unter freiem Himmel nur in einigen Bundesländern verpflichtende Rechtsgrundlagen, die mit § 43 MVStättVO vergleichbar wären:

- § 26 Polizei- und Ordnungsbehördengesetzes (POG) in Rheinland-Pfalz (zzgl. Erläuterungen)
- § 19 Gesetz über das Landesstrafrecht und das Verordnungsrecht auf dem Gebiet der öffentlichen Sicherheit und Ordnung (Bayern)
- Orientierungsrahmen des Ministeriums des Innern des Landes Nordrhein-Westfalen (Empfehlung)
- § 31 Gesetz zum Schutz der öffentlichen Sicherheit und Ordnung Hamburg
- Leitfaden „Sicherheit bei Großveranstaltungen" Hessen (Empfehlung)
- Kommunale Empfehlungen (z. B. der Berufsfeuerwehren München oder Hannover).

599 Nach § 43 MVStättVO sind Sicherheitskonzepte verpflichtend zu erstellen, wenn **es die Art der Veranstaltung erfordert.** Das ist regelmäßig der Fall, wenn Versammlungsstätten genutzt werden, die mehr als 5.000 Personen Platz bieten.

Aus dem Wortlaut des § 43 MVStättVO geht aber auch hervor, dass bei kleineren Veranstaltungen Sicherheitskonzepte benötigt werden können. Hierzu sind das Wesen und der Inhalt der Veranstaltung, der Veranstaltungsort sowie der erwartete Besucherkreis zu bewerten.

V. Instrumente für eine sichere Veranstaltung 600–604

600 Für Veranstaltungen außerhalb der Regelungen der MVStättVO fehlen in den meisten Bundesländern verbindliche Vorgaben. Es fehlt damit ein bundesweiter verbindlicher und umfassender Rechtsrahmen zur Organisation und Durchführung von Veranstaltungen z. B. im Freien. Ein seit vielen Jahren immer wieder einmal diskutiertes bundeseinheitliches Veranstaltungsgesetz ist wegen der Länderkompetenzen in diesem Bereich unwahrscheinlich. Einzig Berlin hat im Koalitionsvertrag von 2021 den Erlass eines Veranstaltungssicherheitsgesetzes vorgesehen, das neben verlässlichen Sicherheitsanforderungen ein einfacheres und zuverlässiges Genehmigungsverfahren für Veranstaltende bieten soll.

601 Bleibt als Rechtsrahmen häufig (neben vielen verschiedenen gesetzlichen Regelungen zu Einzelaspekten einer Veranstaltung) das Ordnungsrecht mit seiner wenig spezifizierten Generalklausel, nach der die Ordnungsbehörden die notwendigen Maßnahmen treffen muss, um eine im Einzelnen Falle bestehende Gefahr für die öffentliche Sicherheit oder Ordnung (Gefahr) abzuwehren[48]. Verbindliche Vorgaben, was als Gefahr in einer Open-Air-Veranstaltung zu werten ist und welche technischen und organisatorischen Bedingungen sich daraus ableiten, liefert das Ordnungsrecht – anders als die MVStättVO nicht. Ein weiterer Mangel des Ordnungsrechts ist, dass es im Gegensatz zur MVStättVO keine Genehmigung kennt. Ordnungsrechtliche Verfügungen untersagen Handlungen, genehmigen sie aber nicht.

602 Das Land Bayern hat vor diesem Hintergrund 2020 das Gesetz über das Landesstrafrecht und das Verordnungsrecht auf dem Gebiet der öffentlichen Sicherheit und Ordnung um den Artikel 19 ergänzt und hier den Behörden die Möglichkeit eingeräumt, Erlaubnisse für die Durchführung von Veranstaltungen auszusprechen.

603 Deshalb ist es für Veranstalter von Open-Air Veranstaltungen wichtig, mit guten und fundierten Sicherheitskonzepten die Behörden davon zu überzeugen, dass von der Veranstaltung keine Gefahr für die öffentliche Sicherheit oder Ordnung ausgeht.

604 Im Allgemeinen haben die Behörden Sicherheitskonzepte sehr uneinheitlich gefordert. Besonders durch die Loveparade 2010 sind besonders größere Veranstaltungen im Freien in den besonderen Fokus der Genehmigungs- und Ordnungsbehörden geraten. Die erwartete Besucherzahl wurde zum entscheidenden Faktor für die Notwendigkeit von Sicherheitskonzepten. Großveranstaltungen wurden allgemein eine besondere Gefährlichkeit unterstellt. Der Begriff „Großveranstaltung" blieb aber in allen Jahren ein unbestimmter Rechtsbegriff. Es gibt auch weiterhin keine bundeseinheitli-

---

48 Orientierungsrahmen für die Genehmigungen von Veranstaltungen im Freien des Ministeriums des Innern des Landes Nordrhein-Westfalen von November 2021, Seite 12

che Definition, ab welcher Größenordnung eine Veranstaltung als Großveranstaltung gilt.

605 Nordrhein-Westfalen hatte 2012 unter dem Eindruck der Ereignisse bei der Loveparade in Duisburg mit dem „Orientierungsrahmen für die Genehmigungen von Großveranstaltungen im Freien" den Versuch einer Definition unternommen. Hessen folgte mit dem **Leitfaden „Sicherheit bei Großveranstaltungen"**[49]. Hierbei wurde die Anzahl der Besucher mit der Größe der Gemeinde/Stadt und dem Gefährdungspotential in Bezug gesetzt. Auch das Forschungsprojekt BASIGO folgt diesem Weg und sieht einen Schwellenwert von 5.000 Besuchern als Indiz für eine Großveranstaltung.

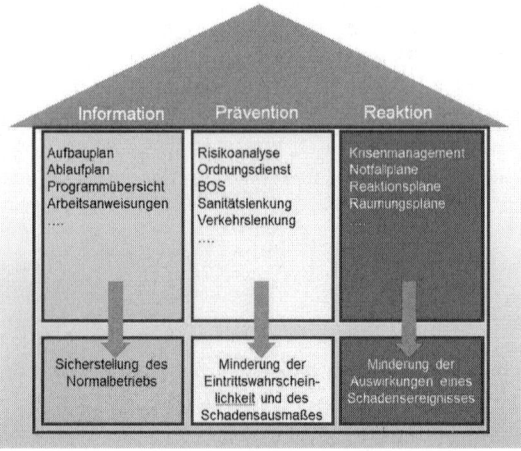

Grafik: Olaf Jastrob

Abbildung 45: Sicherheit bei Großveranstaltungen

606 Eine große Schwachstelle des Leitfadens war, dass die Anzahl der Besucher als Maßstab für die „Gefährlichkeit" eines Events herangezogen wurde. Das wurde dem tatsächlichen Charakter vieler Veranstaltungen nicht gerecht. Diese Sichtweise verändert sich mehr und mehr. Der im November 2021 überarbeitete neue NRW-Orientierungsrahmen ist von dieser Definition ebenfalls abgerückt[50]. Der Begriff „Großveranstaltung" wird jetzt verstärkt nur noch als unbestimmter Mengenbegriff genutzt und nicht mehr als Synonym für „Gefährlich". Das hat zur Folge, dass eine Großveranstaltung

---

49 Leitfaden „Sicherheit bei Großveranstaltungen", Hessisches Ministerium des Innern und für Sport.
50 Orientierungsrahmen für die Genehmigungen von Veranstaltungen im Freien des Ministeriums des Innern des Landes Nordrhein-Westfalen von November 2021, Seite 6.

V. Instrumente für eine sichere Veranstaltung

nicht mehr automatisch als gefährlich gilt. Sie kann es sein, muss es aber nicht.

607 Im Umkehrschluss gilt aber auch für kleinere Veranstaltungen, dass sie nicht automatisch als ungefährlich anzusehen sind. Das gilt auch, wenn sie bisher „unter dem Radar" der Genehmigungsbehörden blieben. Die Verpflichtung des Veranstalters, in besonderem Maße für die Sicherheit seiner Besucher Sorge zu tragen, darf nicht davon abhängen, ob eine Veranstaltung eine Großveranstaltung ist oder nicht.

608 Allen Sicherheitskonzepten gemeinsam ist ein strukturiertes Vorgehen und Bewerten:
- Bestimmung der Schutzziele,
- Analyse der Bedrohungen, Gefahren und Schadensszenarien,
- Bewertung von Eintrittswahrscheinlichkeit und potentieller **Schadensschwere** sowie Ermittlung des zu erwartenden Schadens,
- Entwicklung von Maßnahmen zur Reduzierung der Eintrittswahrscheinlichkeit bzw. Schadensauswirkungen,
- Planung von Maßnahmen und Bereitstellung von Mitteln zur Schadensbekämpfung und -Eindämmung im Notfall,
- Im gegenseitigen Einvernehmen aller Beteiligten: Festlegung des von allen akzeptierten Restrisikos.

609 Das Sicherheitsniveau wird durch das akzeptierte Restrisiko bestimmt. Keine Veranstaltung ist risikofrei und hat meist ein Sicherheitsniveau, das höher zu bewerten ist als das allgemeine Lebensrisiko. Es wird maßgeblich davon bestimmt, mit welchen Gefährdungen gerechnet werden muss und in welcher Form und welchem Umfang diesen begegnet werden soll und kann. Im letzten Schritt werden deshalb aus den lokalisierten Gefährdungen Konsequenzen, Maßnahmen und Szenarien abgeleitet, um das von allen Beteiligten angestrebte und akzeptierte Sicherheitsniveau zu erreichen.

610 Das Erstellen von Sicherheitskonzepten ist zunächst einmal Fleißarbeit. Ein großer Teil der Arbeit besteht darin, die Vorstellungen und Ideen der Planer auf Papier zu bringen und auf die konkrete Veranstaltung individuell abzustellen. Das trägt zur Transparenz der Planungen bei. Deshalb sollten die Planungen jedem Beteiligten zugänglich gemacht werden.

611 In einem nächsten Schritt werden bereits bestehende oder im Aufbau befindliche Pläne und Listen beigefügt. Das bildet dann das Gerüst für die notwendigen Analysen und Beurteilungen, z. B. in Form von Gefährdungsbeurteilungen bzw. Risikobeurteilungen (s. hierzu Rn.###). Sie sind das Herzstück jedes Sicherheitskonzeptes und gliedern sich in
- Risikoidentifikation,
- Risikoanalyse und
- Risikobewertung.

612 Aber auch das beste Sicherheitskonzept schafft es nicht, das Restrisiko vollständig auszuschließen. Aus diesem Grund ist auch das Krisen- und Katastrophenmanagement fester Bestandteil von guten Sicherheitskonzepten. Damit können die Folgen für Leib und Leben der Besucher und Mitarbeiter sowie für die Sachwerte deutlich reduziert werden. Ein gutes Krisen- und Katastrophenmanagement zeichnet sich durch Weitsicht und gut durchdachte Szenarien aus (siehe Rn. 689 ff.).

613 Für Form und Inhalt eines Sicherheitskonzeptes gibt es keine verpflichtenden Vorgaben. Nützliche Hinweise hierzu finden sich im Merkblatt „Sicherheitskonzept für Großveranstaltungen" der Vereinigung zur Förderung des Deutschen Brandschutzes e.V. und im neuen NRW-Orientierungsrahmen. Verschiedene Städte wie München, Kiel, Bonn haben zum Thema Sicherheitskonzept zum Teil sehr ausführliche Informationsbroschüren herausgegeben, die kostenlos im Internet zum Download bereitstehen. Auch das wissenschaftliche Projekt BaSiGo „Bausteine für die Sicherheit von Großveranstaltungen" bietet zum Thema Sicherheitskonzept gute und wichtige Anregungen. Der NRW-Orientierungsrahmen 2021 orientiert sich an den Hinweisen der Feuerwehr Düsseldorf zu Sicherheitskonzepten für Großveranstaltungen. Folgende Gliederung und Inhalte werden dort empfohlen:[51]

01 Deckblatt

Name der Veranstaltung
Veranstaltungsdatum
Konzeptverfasser
Version
Versionsdatum
Verteiler [Abstimmung – Einvernehmen]
Verteiler [Endversion – Umsetzung]

02 Vorwort/Einleitung

Allgemeine Angaben/Beschreibungen
Angaben zum Entwurfsverfasser

03 Schutzziele

Welche Schutzziele sollen mit dem Sicherheitskonzept erreicht und einvernehmlich abgestimmt werden? Die Schutzziele sind möglichst konkret zu benennen.

04 Veranstaltungsbeschreibung

Allgemeine kurze Beschreibung der Veranstaltung

---

[51] Orientierungsrahmen für die Genehmigungen von Veranstaltungen im Freien des Ministeriums des Innern des Landes Nordrhein-Westfalen von November 2021, Anlage 3

V. Instrumente für eine sichere Veranstaltung **613**

Veranstaltungsart/Veranstaltungsort(e)
- kurze Beschreibung
- weitere Details über Darstellung in Planunterlagen

Abläufe und Zeiten
- Auf- und Abbauzeiten
- Veranstaltungszeiten

Programmablauf ggf. mit besonderen „Highlights" [besondere Künstler, etc.]

05 Verantwortlichkeiten

Beschreibung der jeweiligen Rollen, Verantwortlichkeiten und Aufgaben in Kurzform.
Veranstalter/Veranstaltungsleiter/Vertreter des Veranstalters
Veranstaltungsordnungsdienst
Ordnungsamt
Bauaufsichtsamt
Straßenbaulastträger [Verkehrsmanagement]
Feuerwehr/Rettungsdienst
Polizei
Beauftragter Sanitätsdienst
ÖPNV
Koordinierungsgremium

06 Gefährdungsbeurteilung/Nachweise

Besucher
An- und Abreise/Zufahrten
Flächen- und Infrastrukturnachweise
Kapazitätsnachweise
Einlässe
Engstellen
Besonderheiten
Matrix zur Gefährdungsbeurteilung
Sicherheitsrelevante bauliche/technische Maßnahmen
Aufbauten [Stände, Bühnen, etc.]
Gitter, Absperrungen, sonstige Einbauten
Beschilderungskonzept
Allgemeine Anforderungen zu betrieblichen und organisatorischen Maßnahmen der Veranstaltungssicherheit
- Führung von Kabel und Leitungen
- Gewährleistung der Barrierefreiheit
- Vorhaltung von Feuerlöschern und sonstigen
- Löscheinrichtungen
- Betrieb von Wärme und Heizgeräten

- Nutzung von Gasanlagen
- Beleuchtung
- Beschallung
- Notfallmeldungen und Hausnummernsystem

07 Maßnahmenbeschreibung – Szenarien und Procedere

Szenarien
- eingeschränkte Betriebs-/Veranstaltungssicherheit
- Wetterereignisse [Wetterwarnungen, Unwetterwarnungen]
- Drohszenarien
- Fund eines nicht zuzuordnen Gegenstands
- Überfüllung von Veranstaltungsbereichen
- Beeinträchtigungen durch Einsätze von Feuerwehr, Rettungsdienst, Polizei
- Verkehrsstörung des ÖPNV

etc.

Prozedere
- Absage der Veranstaltung [vor dem Beginn]
- Abbruch der Veranstaltung [während der Veranstaltung]
- Unterbrechung der Veranstaltung
- Umleitung von Besuchern
- Räumung der Veranstaltungsfläche
- Sicherung von Veranstaltungsfläche
- Information sonstiger Beteiligter
- Einberufung einer Pressekonferenz

etc.

Checklisten [als Anlagen]

Gesamtverantwortung
- Durchführung
- Alarmierung Koordinierungsgremium
    - ständige Mitglieder
    - ereignisbezogene Mitglieder
- Procedere
    - Maßnahmen und Aufgaben
    - Zuweisung – wer macht was?
- Sicherheitsdurchsagen
- Aufhebung des Szenarios
    - Zuständigkeiten
    - Zeitplan
    - Überprüfung und Freigabe

V. Instrumente für eine sichere Veranstaltung

> **08 Anlagen zum Sicherheitskonzept**
> Checklisten für Szenarien
> einheitliche Planunterlagen [Objekt/Einsatzpläne]
> Aufbau-, Verkehrspläne
> Kommunikationsplan
> sonstige Konzepte [Ordnungsdienst-, Räumungs-, Verkehrskonzept]

Die Empfehlungen aus Nordrhein-Westfalen zu den Inhalten eines Sicherheitskonzeptes ähneln den Empfehlungen anderer Bundesländer bzw. öffentlicher Stellen. Inhaltlich gibt es kaum Unterschiede, nur die Reihenfolge der abzuhandelnden Themen kann voneinander abweichen.[52]

Die Erstellung von Sicherheitskonzepten ist eine qualifizierte Arbeit und bedarf fundierter Kompetenzen zu allen Aspekten einer Veranstaltung. Kenntnisse zum Programmablauf und zur eingesetzten Technik sind ebenso erforderlich wie Wissen über Risikomanagement, Crowd Management, Notfallplanung und psychologisches Grundlagenwissen über das Verhalten von Menschen in Notfallsituationen.

Nicht selten werden Sicherheitskonzepte von einer Veranstaltung zur nächsten übertragen. Vor dem Kopieren und Anpassen von Sicherheitskonzepten anderer Veranstaltungen sei aber ausdrücklich gewarnt. Die Rahmenbedingungen sind in der Regel auch bei ähnlichen Veranstaltungen sehr unterschiedlich. Es besteht deshalb bei dieser Methode die große Gefahr, dass das „wache Auge" und das Problembewusstsein schwinden. Dann besteht die Gefahr, dass Gefährdungen übersehen werden und das Sicherheitskonzept gefährliche Lücken bekommt.

In einem möglichen Schadensfall hilft das Sicherheitskonzept außerdem beweisbar darzulegen, dass den Veranstalter kein Organisationsverschulden trifft. Das erhöht die Rechtssicherheit und kann wirtschaftlichen Schäden durch Schadenersatzforderungen vorbeugen. Schadensfälle ziehen sehr sicher eine gerichtliche Aufarbeitung des Geschehens nach sich. Hierbei geht es dann meistens um die Frage, ob dem Veranstalter oder Betreiber ein schuldhaftes Versagen vorzuwerfen ist. Das wiederum liegt vor,

- wenn mit dem Schaden **gerechnet** werden konnte, und
- der Schaden mit entsprechenden Maßnahmen **zu verhindern gewesen** wäre, und
- eine solche Maßnahme **angemessen und zumutbar** gewesen wäre.

---

[52] S. a. Musteraufbau für Sicherheitskonzepte für öffentliche Veranstaltungen in Hannover 2018, Polizeidirektion und Feuerwehr Hannover
https://www.hannover.de/content/download/545450/file/Muster_SiKo_Vers.%203_14-11-2018.pdf

a) Anforderungen an die Veranstaltungsleitung

617 Ein wichtiger Bestandteil des Sicherheitskonzeptes ist die Beschreibung der Organisationsstruktur. In dieser Beschreibung ist der Bewilligungsbehörde darzulegen, wie der Betreiber oder Veranstalter die Veranstaltung führen will und welche Unterstützung er dabei eingeplant hat. Bei größeren Veranstaltungen oder Veranstaltungen mit erhöhtem Gefährdungspotential kann das keine One-Man-Show des Veranstaltungsleiters sein. Hier wird regelmäßig mit einem Leitungsgremium geführt, das unter der Leitung des Veranstaltungsleiters steht, aber weitere Expertise und ggfls. auch die Genehmigungsbehörde und Vertreter von BOS-Behörden (s. hierzu nachfolgenden Exkurs) mit einbezieht. Bei sehr großen oder komplexen Veranstaltungen empfiehlt es sich, die Veranstaltungsführung in zwei Gremien aufzuteilen, die möglichst getrennt, gleichzeitig aber auch in räumlicher Nähe zueinander arbeiten. Ein Gremium kümmert sich dann um die „Alltagssorgen", während sich der enge Leitungskreis in größerer Ruhe auf die Veranstaltungslenkung konzentrieren kann. Gleichzeitig erlaubt die räumliche Nähe aber auch den direkten Austausch und die zügige Zusammenarbeit in besonderen Problemlagen und bei Störungen der Veranstaltung.

V. Instrumente für eine sichere Veranstaltung

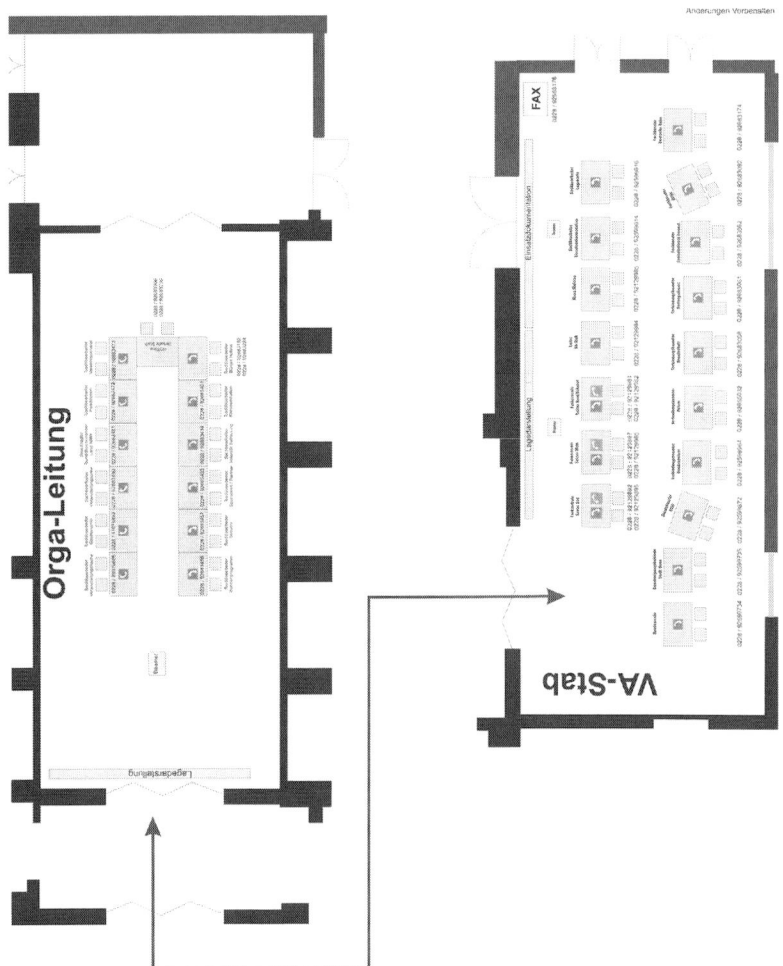

Abbildung 46: Matrix Köln Organisationsstruktur beim Tag der Deutschen Einheit 2011 in Bonn

Die technische Ausstattung einer größeren Veranstaltungsleitung sollte höchste Ansprüche an die Redundanz stellen. Verlässliche Erreichbarkeit und sicherer Datentransfer sind Grundvoraussetzungen für eine gute Veranstaltungsleitung. Deshalb ist auch heute noch das Festnetztelefon zur sicheren Erreichbarkeit Standard. Zusätzliche Mobiltelefone und Funkverbindungen erhöhen diese Sicherheit und erleichtern die Steuerung.

619 Zur Lagedarstellung sollten Großbildschirme oder Beamer eingesetzt werden, um allen Mitarbeitern gleichzeitig die notwendigen Informationen bereitzustellen. Auch ein hierüber projiziertes „Veranstaltungstagebuch" mit allen eingehenden wichtigen Meldungen und deren Erledigungsstatus liefert wichtige Informationen für alle.

Foto: Holger Gerdes

Abbildung 47: Veranstaltungsleitung beim Tag der Deutschen Einheit 2019 in Kiel

Exkurs Behörden und Organisationen der Gefahrenabwehr (BOS)

620 Bei großen Veranstaltungen oder Veranstaltungen mit einem besonderen Gefährdungspotential erlangen BOS-Einrichtungen Relevanz. Die Abkürzung BOS steht für „Behörden und Organisationen mit Sicherheitsaufgaben zur Abwehr innerer Gefahren". Das können Behörden sein (Polizei, Berufsfeuerwehr), halbstaatliche Organisationen wie das Technische Hilfswerk oder auch durch den Staat beauftragte Organisationen, Vereine und Unternehmen (z.B. im Rettungsdienst). Dabei ist es unerheblich, ob die Organisation ehrenamtlich getragen ist oder gewinnorientiert arbeitet.

621 Private Sicherheitsdienste gehören hingegen nicht dazu.

622 Die Bundeswehr gehört aufgrund Artikel 87a Absatz 2 Grundgesetz grundsätzlich nicht zu den BOS-Organisationen. Ausnahmefälle können sich bei den Zuständigkeiten der Feldjäger, den Rettungsdiensteinheiten, der Flugrettung oder den Feuerwehren der Bundeswehr ergeben.

623 Auch die Ordnungsämter gehören nicht zwangsläufig zu den BOS-Behörden. Vor der Reform des Polizeiwesens in der Weimarer Republik war die Polizei in den meisten deutschen Bundesstaaten kommunal organisiert. Bis in die 70'er Jahre wurden die polizeilichen Kompetenzen der Städte abgebaut und die historisch gewachsenen Stadtpolizeibehörden in die jeweilige Landespolizei überführt. Zuständigkeiten außerhalb der reinen Polizeiaufgaben verblieben bei den Ordnungsämtern. Im Rahmen der Kommunalrechtsreformen haben die Städte jedoch wieder mehr Polizeibefugnisse übernommen und unter dem Dach der Ordnungsämter organisiert. Deshalb gelten sie in diesen Fällen ebenfalls als BOS-Organisation.

Eine Zwitterposition kommt den Hilfsorganisationen wie DRK, Malteser Hilfsdienst, Arbeiter Samariter Bund u. a. sowie Einrichtungen der öffentlichen Daseinsfürsorge (grundlegende Versorgung der Bevölkerung mit wesentlichen Gütern und Dienstleistungen, z. B. Trinkwasserversorgung, Versorgung mit Gas, und Strom) zu. Grundsätzlich werden sie nicht der BOS zugeschrieben. Das ändert sich aber, wenn deren ehrenamtliches oder hauptamtliches Personal und/oder deren eigenes Material auf Anforderung eingesetzt werden. 624

b) **Übersicht BOS (nicht abschließend)**

aa) **Polizei** 625
- Bundespolizei
- Bundeskriminalamt
- Polizei beim Deutschen Bundestag
- Wasser- und Schifffahrtsverwaltung des Bundes (als Bestandteil der deutschen Küstenwache im Koordinierungsverbund Küstenwache oder auf Bundeswasserstraßen)
- Landespolizei der Bundesländer
- Stadtpolizei (z. B. in Stuttgart, Frankfurt)

bb) **Verfassungsschutz** 626
- Bundesamt für Verfassungsschutz
- Landesämter für Verfassungsschutz bzw. entsprechende Abteilungen der Innenministerien

Hinweis: Auch der Verfassungsschutz ist Teil der BOS, obwohl er nicht mit vollzugspolizeilichen Rechten ausgestattet ist.

cc) **Zoll** 627
- Zoll
- Zollkriminalamt
- Hauptzollämter
- Grenzaufsichtsdienst
- Wasserzoll

c) **Nicht-polizeiliche Gefahrenabwehr**
- Bundesanstalt Technisches Hilfswerk 628
- Feuerwehr: Berufsfeuerwehr, Freiwillige Feuerwehr, Pflichtfeuerwehr, Werkfeuerwehren

- Rettungsdienst
- Arbeiter-Samariter-Bund (ASB)
- Malteser Hilfsdienst (MHD)
- Deutsche Gesellschaft zur Rettung Schiffbrüchiger (DGzRS)
- Deutsche Lebens-Rettungs-Gesellschaft (DLRG)
- Deutsches Rotes Kreuz (DRK) mit Wasser- und Bergwacht
- Johanniter-Unfall-Hilfe (JUH)
- Betreiber von Rettungshubschraubern (nur die betreffenden Einheiten)
- ADAC
- Deutsche Rettungsflugwacht
- Internationale Flugambulanz
- Bundeswehr
- Betreiber von Intensivtransporthubschraubern
- Organisationen, die sich am Search and Rescue-System beteiligen, in erster Linie Bundeswehr und DGzRS (Deutsche Gesellschaft Zur Rettung Schiffbrüchiger)
- Rettungshundestaffeln
- Vereine und andere Einrichtungen, die gegenüber der zuständigen Landesbehörde die Bereitschaft zu Mitarbeit im Katastrophenschutz erklärt haben
- Katastrophenschutzbehörden der Länder
- Regieeinrichtungen der Katastrophenschutzbehörden

Hinweis: Abweichungen können von Bundesland zu Bundesland auftreten.

d) Prüfung des Sicherheitskonzepts durch die Genehmigungsbehörde

Die Prüfung der Sicherheitskonzepte ist eine Angelegenheit der Kommunalverwaltung. Wird das Sicherheitskonzept aufgrund der Verpflichtungen aus § 43 MVStättVO notwendig, ist regelmäßig die Bauaufsicht zuständig. Das heißt aber nicht, dass die Sicherheitskonzepte durch die Bauaufsicht geprüft werden. Meistens wird dort nur darauf geachtet, ob überhaupt ein abgestimmtes und im Einvernehmen mit den beteiligten Stellen verabschiedetes Sicherheitskonzept vorliegt.

Unübersichtlicher werden die Zuständigkeiten, wenn das Sicherheitskonzept Veranstaltungen außerhalb der MVStättVO betrifft. Nur wenige Bundesländer haben hierfür verbindliche Regelungen eingeführt. Hamburg sieht eine Prüfung unter Federführung der Bezirksämter und der Polizei vor[53], Nordrhein-Westfalen empfiehlt den Kommunen die Einrichtung von Zentralen Ansprechpartnern, die eine erste Bewertung der Veranstaltung

---

53 Pfeffer, Neues Hamburger SOG, NVwZ – Extra 6/2021 Seite 5

V. Instrumente für eine sichere Veranstaltung

vornehmen und alle notwendigen weiteren Antragsverfahren intern steuern sollen.

In anderen Bundesländern bewerten Ordnungsämter die eingereichten Sicherheitskonzepte.

Bei allen unterschiedlichen Zuständigkeiten ist den Prüfungsverfahren aber gemein, dass bei komplexeren Veranstaltungen nicht nur eine Person prüft, sondern die Bewertung in einem Kollegium von Fachleuten der verschiedenen betroffenen Fachabteilungen erfolgt. Zu den Beratungen der Koordinierungs- oder Lenkungsgruppen können auch der Veranstalter und gegebenenfalls die von ihm beauftragten Sicherheits- oder Sanitätsdienste einbezogen werden.

Am Ende des Prüfungsverfahrens muss unter allen Beteiligten Einvernehmen über die Inhalte des Sicherheitskonzeptes bestehen. Das bedeutet, dass besonders die Sicherheitsbehörden und ggfls. die Bauaufsicht den Maßnahmen und Ausführungen im Sicherheitskonzept für ihren Zuständigkeitsbereich zustimmen.

Die Lenkungsgruppe unterteilt sich meistens in Arbeitsgruppen, in denen fachbezogene Themen und Probleme diskutiert werden. Die Federführung in der Arbeitsgruppe übernimmt regelmäßig das betroffene Amt.

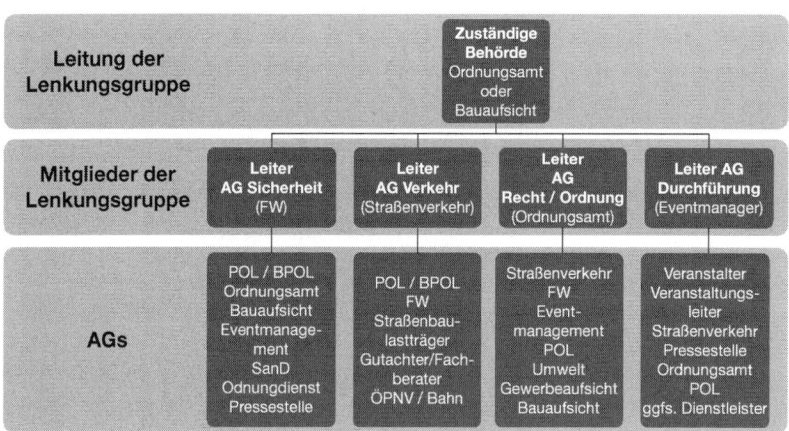

Grafik: Olaf Jastrob

Abbildung 48: Muster für den Aufbau einer Lenkungsgruppe

Die Bewertung eines Sicherheitskonzeptes stellt die Prüfenden vor ähnliche Schwierigkeiten wie die Verfasser. Die Parameter einer sicheren Veranstaltung sind – anders als im Regelungsbereich der MVStättVO – oft auf viele verschiedene Quellen verteilt oder müssen analog aus anderen Rechtsvorschriften herangezogen werden. Das im Rahmen dieser Bewertung oft von den Behörden ausgeübte Ermessen und die Verhältnismäßigkeit des Verwaltungshandelns sind manchmal nur schwer messbar. Gerade bei traditionellen Veranstaltungen im öffentlichen Raum, wie traditionelle Stadtfeste, den besonderen Anspruch mit dem gebotenen Sicherheitsniveau zu vereinen ist deshalb keine leichte Aufgabe.

635 Gleichwohl sollten Veranstalter und Genehmigungsbehörden nie das übergeordnete Ziel aus dem Auge verlieren, auf einem gemeinsamen Weg in vertrauensvoller Zusammenarbeit eine Veranstaltung „sicher zu machen", ohne die Attraktivität, die Wirtschaftlichkeit und den Charakter des Events zu schädigen. Nur wenn Veranstalter und Behörden ihren Rollen als Verantwortliche voll und umfänglich gerecht werden, kann dieses Ziel erreicht werden.

2. Gefährdungsbeurteilung/Risikoanalyse

Grafik: Olaf Jastrob

Abbildung 49: Gefährdungsbeurteilung

636 Die Analyse der bekannten und zu erwartenden Gefährdungspotentiale ist ein „Muss" jeder vorausschauenden Veranstaltungsplanung. Das Wissen um die Gefahren und Gefährdungen einer Veranstaltung sind der erste Schritt, um ein akzeptierbares Niveau des Restrisikos zu erreichen. Grundsätzlich wird im deutschsprachigen Raum der Begriff „Risiko" als ein potentielles ungeplantes Ereignis mit negativen Folgen für den Projektverlauf definiert.

Im englischsprachigen Raum können „Risks" aber auch positive Planabweichungen beschreiben.

Nur Risiken, die identifiziert und unverwechselbar beschrieben werden, können in der Folge sachgerecht analysiert und bewertet werden. Diese Analyse ist die Grundlage, auf der eine Gegenstrategie mit geeigneten Maßnahmen zur Risikominimierung entworfen werden kann. Sie kann sich zum einen auf Annahmen aufgrund von statistischen Erfahrungen, Nachweisen und Berechnungen, aber auch auf die klassische Gefährdungsbeurteilung stützen, wie sie aus dem Arbeitsschutz bekannt ist. Für alle angewandten Methoden gilt aber, dass sie grundsätzlich für alle Beteiligten nachvollziehbar und transparent sein müssen.

Die Gefährdungs- bzw. Risikoanalyse ist nicht nur ein wichtiges Führungsinstrument, um die Veranstaltungssicherheit zu gewährleisten, sondern auch, um die verantwortungsbewusste Planung zusätzlich zu dokumentieren. Denn eine saubere Dokumentation kann spätestens dann aufklärend helfen, wenn etwas geschehen ist und Verantwortlichkeiten gesucht werden.

Schuldvorwürfe werden in der Regel danach beurteilt, ob Schäden vorhersehbar oder gar vermeidbar waren. Auch die Frage, ob die Vorschriften, Regeln und Erfahrungssätze zur Gefahrenabwehr eingehalten wurden und Gefahren richtig eingeschätzt und die erforderlichen Maßnahmen abgeleitet wurden, ist dann zu beantworten.

Analysen, die zwar richtig und zutreffend waren, aber nur im Kopf des Veranstaltungsplaners existierten, haben in einer solchen Situation nur wenig Beweiskraft. Die Analyse ist damit auch ein wichtiger Bestandteil innerhalb einer aussagekräftigen, vollständigen und widerspruchsfreien Veranstaltungsdokumentation, die im Ernstfall entscheidend sein kann. Sie ist deshalb unverzichtbar.

Die Analyse ist fester Bestandteil jedes Sicherheitskonzeptes und die Grundlage, um durch geeignete Präventivmaßnahmen Gefahren zu verhindern oder – falls das nicht geht – auf ein akzeptierbares Maß zu beschränken. Die Gefährdungsanalyse trägt der allgemeinen Fürsorgepflicht und der Verkehrssicherungspflicht des Veranstalters Rechnung.

Durch die Analyse der einzelnen Abläufe einer Produktion bereits in der Planungsphase können außerdem frühzeitig Fehler in den Abläufen oder in der Organisationsform erkannt werden. Das hilft Störungen in Aufbau, Abbau und Programmablauf zu identifizieren und im Vorfeld zu vermeiden. Die Gefährdungs- bzw. Risikoanalyse trägt somit nicht nur zur Sicherheit bei, sondern erhöht auch die Qualität und Attraktivität der Veranstaltung.

643 Durch die Gefährdungs- bzw. Risikoanalyse werden wichtige Informationen und Hinweise gewonnen über

- Gefährdungen für Besucher und Mitarbeiter,
- Art und Umfang von notwendigen technischen und organisatorischen Schutzmaßnahmen,
- Falls erforderlich, den Einsatz persönlicher Schutzausrüstungen für die Mitarbeiter,
- Notwendige Inhalte für Unterweisungen der Mitarbeiter und Dienstleister,
- Ableitungen für die Definition von Szenarien.

Festlegen und Abgrenzen (Beispiele bei Veranstaltungen)

Standartrisiken	- Wetter, Hitze, Kälte, Glätte ...
Besonders gefährdete Orte	- Ein- / Auslass, Bühne, Backstagebereich, Technikbereich, Catering
Zu erwartendes Besucherverhalten	- Absperrungen, Gedränge, Erklettern von Aufbauten, Emotionen, Erwartungen, Alkoholausschank, ...
Zu erwartende Besucherstruktur	- Alter, Zusammensetzung (Einzel / Paare / Gruppen), Altersstruktur, Anzahl „hilfebedürftiger" Personen, ...
Bewertung Sanitätsbereich	- Konsumverhalten der Gäste, Vermisste Personen, Massenerkrankungen, ...
Bewertung Brand- / Verletzungsrisiken	- Technik, Pyrotechnik, Glasflaschen, ...
Bewertung Technische Risiken	- Stromausfall, Austritt von Gefahrstoffen, Infrastruktur, ...
Bewertung Besucherrelevante Infrastruktur	- Ver- und Entsorgungsmöglichkeiten, Getränkeversorgung, An- und Abreisekomplikationen, ...
VIP's	- Personenschutz, Demonstrationen, Gegenveranstaltungen, Emotionen - An- und Abreise, ...

Grafik: Olaf Jastrob

Abbildung 50: Risikobeurteilung

644 Die Risikoermittlung und Risikobewertung setzen umfangreiche Kenntnisse und Erfahrungen der Analytiker voraus. Deshalb sollte sie von Personen durchgeführt werden, die über die notwendigen methodischen Kenntnisse verfügen. Auch Erfahrungen mit der Anwendung statistischer Werte sind notwendig. Nur so ist sichergestellt, dass die richtige Art der Risikoidentifikation angewendet wird und Risiken sicher identifiziert und deren Eintrittswahrscheinlichkeit treffend berechnet werden können.

645 Der Aufwand, der für die Gefährdungsbeurteilung betrieben werden muss, richtet sich regelmäßig nach der Größe und der Art der Veranstaltung. Nicht jede kleine Veranstaltung benötigt eine ausgefeilte Gefährdungsbeurteilung. Meistens reicht es schon aus, das, was ohnehin im „Kopf existiert", aufzuschreiben und formlos zu bewerten. Das erhöht auch die Transparenz für die Mitarbeiter und erfüllt Dokumentationspflichten.

Gefährdungsanalysen und -beurteilungen sind besonders im Arbeitsschutz bekannt. Dort sind sie übliche Instrumente zur Vermeidung von Arbeitsunfällen und Gefährdungen. Nützliches zu diesem Thema und Muster für Gefährdungsbeurteilungen finden sich deshalb bei den Berufsgenossenschaften und den gesetzlichen Rentenversicherungen. Die Informationen sind auf die Belange des Arbeitsschutzes ausgerichtet. Es gibt darin aber viele Parallelen zur Veranstaltungssicherheit. Sie sind deshalb gut übertragbar und vermitteln einen guten Eindruck über die Systematik. Zudem gilt der Grundsatz, dass wegen der gegenseitigen Wechselwirkungen ein guter Arbeitsschutz auch immer ein Mehr an Besucherschutz bedeutet.

Am Anfang der Analyse steht die Definition der Schutzziele, also die Frage, was geschützt werden soll. Das beginnt immer mit dem Standardschutzziel „Körperliche Unversehrtheit von Veranstaltungsbesuchern". Weitere Schutzziele können auch der Schutz der Umwelt, Einhaltung des Jugendschutzes, die Vermeidung von wirtschaftlichen Schäden für den Veranstalter oder der Schutz von Prozessen und Strukturen der Veranstaltung sein.

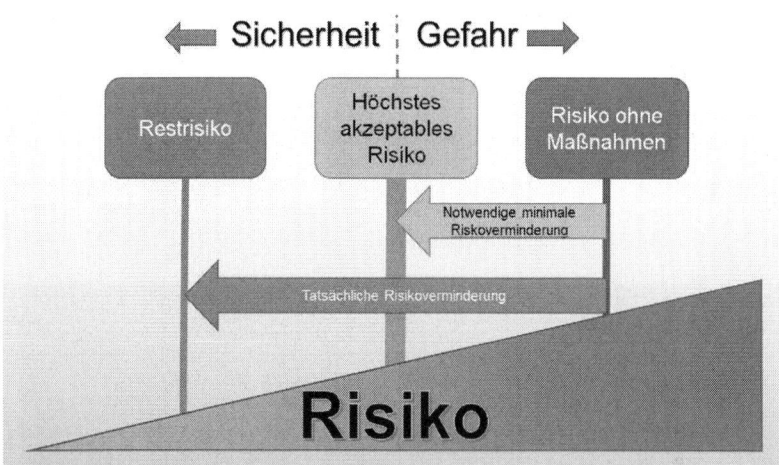

Grafik: Olaf Jastrob

Abbildung 51: Risikoermittlung

Nicht alle Schutzziele lassen sich aber vollständig erreichen. Selbst auf einem Schutzniveau, das dem alltäglichen Leben entspricht, kann z. B. die körperliche Unversehrtheit nicht zu 100 Prozent garantiert werden. Deshalb muss in einem nächsten Schritt das Schutzziel hinsichtlich des tolerierbaren Ausmaßes von Schäden genauer beurteilt werden. Das erfolgt in Form einer vierteiligen Risikoanalyse.

649 a) **Schritt 1: Gefährdungen werden systematisch ermittelt**
Welche Risiken bestehen, die das Erreichen der Schutzziele gefährden können?

Es werden alle bekannten und zu erwartenden Risiken systematisch identifiziert und gelistet, die die Einhaltung der Schutzziele gefährden können. Die Risikoidentifikation muss so vollständig wie möglich sein und alle Bereiche einer Veranstaltung umfassen. Klar ist dabei aber auch, dass nicht alle Risiken, die mit einer Veranstaltung einhergehen können, bekannt sind und erfasst werden können.

650 Bei der Risikoidentifikation sind Risiken aus Technik und Veranstaltungsort relativ einfach zu erkennen und zu bewerten. Hier hat der Planer überwiegend bekannte und belegbare Faktoren zu bewerten. Zudem besteht in diesen Bereichen auch die Möglichkeit, bereits im Vorfeld aktiv Erkenntnisse zu gewinnen oder Einfluss zu nehmen. Bei dynamischen Risiken, die z. B. aus dem Verhalten der Besucher resultieren, ist eine Einordnung und Bewertung erheblich schwieriger. Hier können Erkenntnisse aus vergleichbaren Veranstaltungen wichtige Hinweise liefern.

651 Das zu erwartende Verhalten von Einzelnen und von Personenströmen vorherzusagen, erfordert tief greifende Kenntnisse und Erfahrung. Neben den psychologischen Bewertungen der Besucher müssen auch die besonderen Anziehungspunkte identifiziert werden, die Einfluss auf das Verhalten des Publikums nehmen können.

652 Welche für die Besucher interessanten Begehrlichkeiten bietet die Veranstaltung? Kann die gute Sicht auf die Bühne, bei Veranstaltungen unter freiem Himmel ein Wetterschutz oder Schattenspender oder die Nähe zu einem Künstler das Verhalten der Besucher beeinflussen? Entstehen da Begehrlichkeiten, auf die man sich vorbereiten muss, die ggfls. gesteuert oder unterbinden werden müssen? Wie ist die Altersstruktur der Gäste? Ist verstärkt mit Kinderwagen, Rollatoren oder Rollstühlen zu rechnen?

653 Das sind Faktoren, die in die Sicherheitsarchitektur einer Veranstaltung einfließen müssen und deshalb in die Risikoanalyse unbedingt einfließen sollten.

654 Das gilt grundsätzlich für alle Veranstaltungsphasen (Anreise, Einlass, Zirkulation, Abstrom, Abreise). Auch gehören Zu- und Abwege außerhalb des eigentlichen Veranstaltungsgeländes in die Betrachtung. Die Verantwortung beginnt somit nicht erst am Eingang und endet nicht am Ausgang.

655 b) **Schritt 2: Die Eintrittswahrscheinlichkeit wird bewertet**
Wie hoch ist die Wahrscheinlichkeit, dass das Risiko zur konkreten Gefahr wird?

V. Instrumente für eine sichere Veranstaltung

Die **Eintrittswahrscheinlichkeit** ist eine quantitative oder qualitative Angabe über die Wahrscheinlichkeit, mit der ein Risikoereignis innerhalb eines bestimmten Zeitraums eintritt.

Risiken, die sich **vernünftigerweise ausschließen** lassen, können in der Analyse vernachlässigt werden. Die Beherrschung und Eindämmung solcher Gefahren würde die Möglichkeiten jedes Veranstalters überschreiten. Ein typisches Beispiel wäre hier die Sicherheitsbewertung eines möglichen Vulkanausbruchs bei einer Veranstaltung in der Vulkaneifel. Theoretisch ist das jeder Zeit möglich, nach dem geschichtlichen Wissen sogar seit mehreren tausend Jahren überfällig. Das Ereignis ist aber nicht vorhersagbar. Das Verhältnis des Veranstaltungszeitraums von wenigen Stunden bzw. Tagen zum bekannten Ausbruchzyklus ist aber so gering, dass ein Ausbruch zum Veranstaltungszeitraum vernünftigerweise ausgeschlossen werden kann. Die Angabe der Eintrittswahrscheinlichkeit ist deshalb nur sinnvoll, wenn auch der Zeitraum berücksichtigt wird, für den diese Wahrscheinlichkeit gilt. Ein unbegrenzter Zeitraum würde auch Ereignisse mit einer sehr geringen Wahrscheinlichkeitsdichte erfassen, denn je länger der Zeitraum ist, desto wahrscheinlicher wird, dass auch ein sehr seltenes Ereignis eintreten wird.

Eintrittswahrscheinlichkeiten sind Schätzungen, die sich durch empirische Daten und belegbare Erfahrungswerte begründen lassen. Bei Bewertungen, bei denen keine belastbaren Daten oder Erfahrungen aus vergleichbaren Veranstaltungen vorliegen, kommt es in besonderem Maße auf die Erfahrung und Kompetenz des Planers an. Alle Gefahren, die sich „vernünftigerweise nicht auszuschließen lassen", müssen jedoch vom Veranstalter bewertet werden.

Der Eintrittswahrscheinlichkeit jedes ermittelten Risikos werden Kennzahlen zugeordnet. In der Veranstaltungsbranche werden hierzu meistens Abstufungen zwischen 1 und 5 verwendet:

Wert	Wahrscheinlichkeit
1	mit an Sicherheit grenzender Wahrscheinlichkeit ausgeschlossen Mit einem Schadenseintritt ist nicht zu rechnen.
2	sehr unwahrscheinlich Da Ausbleiben eines Schadenereignisses ist deutlich wahrscheinlicher als sein Eintritt.
3	unwahrscheinlich Das Ausbleiben eines Schadenereignisses ist wahrscheinlicher als sein Eintritt.
4	wahrscheinlich Der Eintritt eines Schadenereignisses ist wahrscheinlicher als sein Ausbleiben.
5	Sehr wahrscheinlich Ohne weitere Schutzmaßnahmen ist mit einem Schadenseintritt zu rechnen.

659 c) Schritt 3: Das mögliche Schadensausmaß wird bewertet
Wie relevant sind die möglichen Auswirkungen auf die Schutzziele?

Ist ein Risiko ausreichend wahrscheinlich, muss es hinsichtlich des möglichen Schadenausmaßes bewertet werden. In diesem Prozessschritt wird geschätzt, wie hoch der zu erwartende Schaden ist, mit dem bei Eintritt eines Risikos gerechnet werden muss. Je nach Schutzziel können das die Schwere der Verletzungen bei Personen, die Anzahl der betroffenen Personen, aber auch das Ausmaß der wirtschaftlichen Schäden oder die Auswirkungen auf die Umwelt sein.

660 Ein Beispiel für die Bewertung von Körperschäden kann wie folgt aussehen.

Wert	Schwere des Schadens
1	keine erheblichen Verletzungen Keine oder nur minimale Verletzungen
2	leichte Verletzungen Bagatell-Verletzungen, die nicht ärztlich versorgt werden müssen
3	mittelschwere Verletzungen Verletzungen, die ambulant versorgt werden müssen (z. B. Schnittverletzung, die genäht werden muss, Verstauchung)
4	schwere Verletzungen Verletzungen, die stationär versorgt werden müssen (z. B. komplizierte Knochenbrüche, stumpfe Bauchverletzung)
5	katastrophale/tödliche Verletzungen, Tod, lebensgefährliche Verletzungen (z. B. Rückenmarksverletzungen, Amputation von Gliedmaßen, Schädelbruch)

661 Beide Kategorien, Wahrscheinlichkeit und Schadensausmaß, sind durch Tatsachen belegbare, geschätzte oder statistisch belegte Werte.

662 d) Schritt 4: Risikobewertung/Schadenserwartungswert

Die mit der Risikoanalyse ermittelten Daten werden in einen Bezug zueinander gesetzt und der Schadenserwartungswert ermittelt. Dieser Wert beantwortet dann die Frage, ob das identifizierte Risiko für die Verantwortlichen akzeptabel ist oder ob Maßnahmen zur Risikominimierung erforderlich sind.

663 Die zur Ermittlung des Schadenserwartungswertes regelmäßig angewandte Formel lautet:

> **Eintrittswahrscheinlichkeit (E) x Schadensausmaß (S)**
> **= Schadenerwartungswert (SW)**

664

Ermittelter Wert	Risiko-einschätzung	Bewertung
R = 12 bis 25	Gefahren-bereich	**Risiko ist zwingend durch Schutzmaßnahmen zu minimieren** Das Risiko ist durch Kompensations- oder Schutzmaßnahmen nicht weiter zu reduzieren → Vorhaben / Tätigkeit kann so nicht erfolgen.
R = 6 bis 10	Besorgnis-bereich	**Das Risiko ist durch Anwendung von Schutzmaßnahmen zu minimieren** Ist das nicht möglich → Vorhaben / Tätigkeit kann nur besonderen Vorsichtsmaßnahmen erfolgen.
R = 1 bis 5	Akzeptanz-bereich	**Risiko ist tolerabel** Zusätzliche Schutzmaßnahmen sind nicht zwingend erforderlich.

Der Schadenerwartungswert hilft bei der Einstufung und Einschätzung des einzelnen Risikos.

Grafik: Olaf Jastrob

Abbildung 52: Schadenserwartungswert

665

Vielfach wird das Ergebnis auch in Form einer Risikomatrix dargestellt:

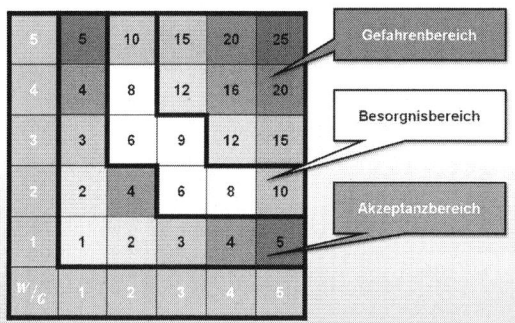

Grafik: Olaf Jastrob

Abbildung 53: Risikomatrix

666

Ergibt die Bewertung aus möglichem Schadenausmaß und Wahrscheinlichkeit ein Risiko im Gefahrenbereich, muss dieses zwingend reduziert werden. Risiken im Besorgnisbereich sollten reduziert werden, können unter bestimmten Voraussetzungen aber auch akzeptiert werden.

667

Als Empfehlung hier gilt, dass nicht akzeptierbare Risiken durch „weglassen" der Ursache am besten entschärft werden. Ist das nicht möglich, sind zur Risikoreduzierung und ggfls. Kompensation technische, organisatorische und/oder personelle Maßnahmen einzuplanen. Ziel dabei ist es, für alle Risiken, die im Besorgnisbereich oder Gefahrenbereich liegen, die Eintrittswahrscheinlichkeit und/oder das Schadensausmaß zu verringern.

Sollte das nicht vollständig möglich sein, können im Besorgnisbereich aber auch begleitende Maßnahmen zur Schadensbewältigung eingeplant werden.

668 Danach wird der Sachverhalt vollständig unter Berücksichtigung der geplanten Maßnahmen erneut bewertet.

669 In manchen Fällen kann die Eintrittswahrscheinlichkeit nicht bzw. nicht ausreichend reduziert werden, z. B. die Bewertung von Unwettern bei Open-Air-Veranstaltungen. Die damit einhergehenden Risiken lassen sich deshalb oft nicht reduzieren und erreichen regelmäßig eine Einstufung im Besorgnisbereich. Gleichwohl können sie trotzdem akzeptiert werden. Voraussetzung ist aber, dass sie mit geeigneten Maßnahmen zur Schadensbewältigung unterlegt werden. Diese Maßnahmen sind dann als Szenario darzustellen, um sicherzustellen, dass bei Schadenereignissen schnell und richtig reagiert wird (s. auch Rn. 689 ff.).

670 Präventive Maßnahmen zur Reduktion der Eintrittswahrscheinlichkeit und Maßnahmen zur Schadensbewältigung sind im Sicherheitskonzept ausführlich darzustellen.

671 Im Idealfall sollte am Ende dieses Prozesses kein Risiko mehr im inakzeptablen Bereich liegen. Das Urteil kann aber auch lauten, dass die Gefährdung durch organisatorische oder personelle Maßnahmen nicht auf ein akzeptierbares Maß begrenzt werden kann und eine Veranstaltung wegen des weiterhin zu hohen Risikos nicht stattfinden darf.

672 Obwohl die Risikomatrix vielfach Verwendung findet, ist diese Art der Risikobeurteilung immer auch mit einem gesunden Maß an Skepsis anzuwenden. Es ist nur eine sehr starre punktuelle Bewertung von Einzelrisiken, die in der Regel Wechselwirkungen nicht berücksichtigt oder darstellt. Mögliche Abhängigkeit von Risikoereignissen werden nicht erfasst. Bekannt ist aber, dass die Eintrittswahrscheinlichkeiten verschiedener Risikoereignisse voneinander abhängig sein können. So kann der Eintritt eines Risikoereignisses ein anderes wahrscheinlicher machen oder umgekehrt es auch verhindern.[54] Außerdem basiert die Matrix überwiegend auf individuellen Einschätzungen mit einer nicht vollkommen zu vermeidenden Fehleranfälligkeit.

673 Eine Bewertung kann *bei kleineren*, überschaubaren oder häufig wiederkehrenden *Veranstaltungen* mit einem *Formblatt* erfolgen. Bei solchen Veranstaltungen ist die Beurteilung relativ einfach: Die eingebrachte Technik und die Besonderheiten der Veranstaltungsstätte sind ausreichend bekannt und es besteht im Vorfeld genügend Zeit, sich damit auseinanderzusetzen.

---

54 Rohrschneider und Spang: Risiken und Chancen, in: Gessler (Hrsg.) „Kompetenzbasiertes Projektmanagement (PM3), Nürnberg 2009"

Ein Muster findet sich online unter: https://www.expertenrat-besuchersicherheit.de/checklisten/

Das o. a. Muster ist so aufgebaut, dass ab einer Einstufung in „Gelb" Einschätzungen kommentiert und ggfls. geeignete organisatorische Maßnahmen beschrieben werden müssen, die geplant und umgesetzt werden, um die Gefährdung zu minimieren. Es sind aber neben dem Muster viele andere Formen und Inhalte denkbar. Jeder kann hier sein für ihn passendes Format entwickeln.

Standardisierte Checklisten mit einer vereinfachten Form der Gefährdungsanalyse dürfen aber nicht betriebsblind machen. Vor jeder Veranstaltung – auch wenn sie zum wiederholten Male durchgeführt wird – sind die Parameter neu zu bewerten. Jede Veranstaltung ist individuell anders und bereits kleine Abweichungen können zu abweichenden Konsequenzen und Entscheidungen führen.

Grundsätzlich gilt außerdem: Alle Einschätzungen müssen objektiv nachvollziehbar sein.

Ein weiterer positiver Nebeneffekt der schriftlichen Veranstaltungs- und Gefährdungsbeurteilung liegt in der gesteigerten Transparenz der Veranstaltung für die anderen an der Produktion beteiligten Personen.

3. Crowd Management

Forschungen zur sicheren Vorhersage des Verhaltens von Menschenmassen und Einflussmöglichkeiten gibt es seit Beginn der 80'er Jahre. Bei einem Konzert der Band „The Who" im Riverfront Coliseum in Cincinnati 1979 waren 11 Personen bei einem Gedränge vor dem noch verschlossenen Einlass zu Tode gekommen. Bei der juristischen Aufarbeitung wurde der Begriff durch den amerikanischen Wissenschaftler John J. Fruin 1993 als „die systematische Planung für eine geordnete Ansammlung von Menschen und deren kontinuierliche Überwachung und Steuerung definiert.[55]

In Deutschland wurde der Begriff im Rahmen der strafrechtlichen Aufarbeitung des Loveparade-Unglücks durch die Gutachten des britischen Panikforschers Keith Still und Prof. Jürgen Gerlach (Bergische Universität Wuppertal) bekannt. Vielfach wurde er aber leider auch häufig fehlinterpretiert und/oder mit Crowd Control verwechselt. Auch beim Gesetz- und Verordnungsgeber setzte sich die Erkenntnis durch, dass man zur Verhinderung von Unglücksfällen bei Großveranstaltungen mehr braucht als die üblichen baurechtlichen Vorschriften. Das Verhalten von Menschen, bisher

---

[55] First International Conference on Engineering for Crowd Safety, London, England, März 1993. Elsevier Science Publishers B.B.

wenig berücksichtigt, rückte verstärkt in den Fokus der Genehmigungsbehörden und Veranstaltungsplaner. Das wird durch den neuen Orientierungsrahmen des NRW-Innenministeriums deutlich, in dem auf die besondere Bedeutung ausdrücklich hingewiesen wurde.

Foto: Holger Gerdes

Abbildung 54: Crowd Management

679 Crowd Management ist eine vielschichte Betrachtung und Bewertung von verschiedenen Faktoren, die auf das Verhalten von Menschenmassen einwirken:
- Psychologische Verhaltensmuster von Menschen im Normal- und Notfall,
- Flächenplanung
- Eingesetzte Technik
- Risikoidentifikation, -analyse und -bewertung
- Notfallplanung
- Bewegungsmuster
- Verhalten in Paniksituationen
- Personendichten (Berechnung, Bewertung, Beobachtungsmethoden)
- Einlass- und Auslassmanagement,
- Durchflussmengenberechnungen,
- Besucherlenkung,
- Absperrungen, Abschrankungen und Barrikadenplanung
- Kommunikationsmöglichkeiten intern und mit dem Besucher
- Flächenberechnung,
- Design (Gestaltung der Veranstaltungsfläche und der Wege),
- Monitoring,
- Führungsorganisation,
- Risikomanagement,
- Projektmanagement,
- Teamführung,
- Gesetzliche Vorschriften.

680 Alle Faktoren sind zu berücksichtigen, auch mit ihren Wechselwirkungen untereinander. Im Mittelpunkt aller Betrachtungen steht der Mensch und

sein erwartbares Verhalten. Crowd Management ist somit mehr als eine technische Planung von Abläufen und erfordert viel Kompetenz und interdisziplinäres Denken.

Damit ist im Gegensatz zum Crowd Control das Crowd Management ein **präventives** Mittel bei der Planung und Überwachung von Veranstaltungen jeglicher Art. Anhand der ganzheitlichen, systematischen und aktiven Planung im Vorfeld einer Veranstaltung sollen mögliche kritische Situationen frühzeitig erkannt und vermieden werden. Durch Beobachtung während der Veranstaltung wird der Erfolg überwacht und so im Zusammenspiel die optimale Sicherheit der Besucher erreicht. Grundsätzlich gilt, dass die Bedeutung der Methoden des Crowd Managements mit der Größe und Komplexität einer Veranstaltung und ihrer Infrastruktur wächst.

Crowd Control beschreibt hingegen personelle oder technische Maßnahmen, mit denen auf unerwünschte Ereignisse und Entwicklungen aktiv regiert werden kann. Das Wissen und die richtige Einschätzung beider Methoden sind sowohl für die proaktive Sicherheitskonzeption einer Veranstaltung als auch für die reaktive Notfallplanung von großer Bedeutung.

Methodisch wird im Rahmen des Crowd Managements versucht, die Anzahl der Besucher und deren erwartbares Besucherverhalten einzuschätzen und die dabei erworbenen Kenntnisse auf die vorhandene Infrastruktur der Versammlungsstätte, die aktuelle Planungen und die organisatorischen Vorkehrungen zu übertragen und kritisch zu hinterfragen. Bei dieser Betrachtung ist die Zusammensetzung des Publikums (Alter, Geschlecht …) ebenso zu bewerten wie die Art der Veranstaltung (Rockkonzert, Klassikkonzert, Volksfest …).

Die hierbei gewonnenen Erkenntnisse über die zu erwartenden physischen und psychischen Bedürfnisse der Besucher bilden im nächsten Schritt die Grundlage, um die Veranstaltungsplanung auf ihre Eignung zu überprüfen. Das gilt besonders für:
- Flächenplanung inkl. Aus- und Eingänge, Fluchtwege
- Position von Angeboten mit „Magnetwirkung"
- Personaldispositionen, fachliche Qualität und Anzahl des eingesetzten Personals sowie deren konkrete Aufgabenzuteilung und Verantwortlichkeiten
- die technischen Einrichtungen und Kommunikationsmöglichkeiten
- die Notfallplanungen/das Risikomanagement/Plan B.

Oberstes Ziel dabei ist es, die Veranstaltung so zu planen, dass Bewegungen von Menschenmassen in die richtige (gewollte) Richtung gelenkt werden und unkontrollierte Bewegungen sowie Drucksituationen z. B. durch unorganisierte Rückstaus vermieden werden.

686 Die im Rahmen des Crowd Managements durchgeführten Bewertungen und Planungen dürfen sich aber nicht nur auf die reine Veranstaltungszeit und den Veranstaltungsort beschränken. Auch die Zeit vor und nach der Veranstaltung und die Verkehrswege und Einlass- und Auslassbereiche außerhalb der Versammlungsstätte sind einzubeziehen. Die Organisation des Einlasses und der Kartenkontrolle kann beispielsweise großen Einfluss auf die Besucherströme ausüben. Die Anordnung von Toilettenanlagen ziehen größere Menschenmengen besonders in der Pause an und können ebenfalls zu unerwünschten Menschenansammlungen und Staus in den Verkehrswegen einer Versammlungsstätte führen. Gleiches gilt auch für Cateringstände, Garderoben und andere Verkaufsstände.

687 In den Situationen, in denen das Crowd Management an seine Grenzen stößt und Störungen in den geplanten Abläufen zu erwarten sind (oder bereits eingetreten sind), wird dann über die Methoden des Crowd Control versucht, zum planmäßigen Zustand zurückzukehren. Das kann durch das Absperren von Bereichen, aktive Verkehrslenkung durch Ordner und Sicherheitskräfte geschehen.

688 Die Methoden des Crowd Management setzen umfangreiches Wissen und Verständnis sowohl über die Grundlagen des Veranstaltungsmanagements als auch des menschlichen Verhaltens voraus.

4. Szenarien

689 Notfälle passieren selten. Deshalb haben die meisten Mitarbeiter einer Veranstaltung kaum Erfahrung damit. Erfolgreiches und sicheres Handeln in Notfällen ist jedoch in einem hohen Maße abhängig von Kompetenz und Handlungssicherheit sowie einer großen Stressresistenz der handelnden Personen. Das kann nicht bei allen in einer Veranstaltung eingesetzten Personen vorausgesetzt werden.

690 Neben der Handlungssicherheit ist auch die Zeit ein entscheidender Faktor bei der Bewältigung der Lage. Im Fall der Fälle darf keine Zeit dafür verschwendet werden, über geeignete Verfahren zur Gefahrenbewältigung, Vorgehensweisen oder Zuständigkeiten nachzudenken oder sogar zu diskutieren. Das würde wertvolle Zeit kosten.

691 Werden bereits in der Planungsphase Szenarien für mögliche und nicht gänzlich auszuschließende Notfälle entwickelt und dokumentiert, hilft das den handelnden Personen zeitnah und zielgerichtet, die notwendigen Maßnahmen einzuleiten und durchzuführen. Im Mittelpunkt der Planungen stehen die Alarmierung, Zuständigkeiten sowie das strukturierte und prozessorientierte Arbeiten der notwendigen Kräfte.

V. Instrumente für eine sichere Veranstaltung

692 Szenarien sind feste und wichtige Bestandteile eines Sicherheitskonzeptes. Es gibt zwar keine gesetzliche Verpflichtung, sie sind aber als Stand der Technik anzusehen. Fast alle Veröffentlichungen zu Sicherheitskonzepten fordern sie einhellig[56].

693 Szenarien zeigen Handlungswege, weisen Zuständigkeiten zu, stellen Kommunikationswege klar und beschreiben die notwendigen Sachmittel zur Umsetzung der Maßnahmen. Sie sind elementarer Bestandteil der professionellen Vorbereitung einer Veranstaltung. Sie erzeugen die notwendige fachliche Kompetenz der handelnden Personen durch klar und präzise vordefinierte Abläufe von Maßnahmen in Notfällen. Sie sind wichtige Handlungshilfen für die betroffenen Mitarbeiter in einer Stresssituation und tragen zur Handlungssicherheit des Einzelnen entscheidend bei. Die erforderliche psychische Stabilität wird so gestärkt und Stress reduziert. Das ist auch im Hinblick auf die Wirkung beim Besucher wichtig.

694 Mit der kompetenten Planung von Szenarien dokumentiert der Veranstalter oder Betreiber darüber hinaus, dass er seiner Garantenpflicht für einen sicheren Veranstaltungsablauf nachkommt. Das schafft das notwendige Vertrauen sowohl im Genehmigungsverfahren als auch in der Abstimmung mit polizeilichen und nichtpolizeilichen Beteiligten.

695 Bei der Planung der Szenarien werden die in der Risikoanalyse identifizierten Gefahren im Besorgnisbereich einzeln abgehandelt und die zur Risikominimierung erforderlichen Maßnahmen in der angezeigten chronologischen Reihenfolge beschrieben. Das kann nur auf der Grundlage gesicherter und realistischer Basisinformationen erfolgen. Wichtig dabei ist, dass auch Verantwortlichkeiten und Zuständigkeiten unzweifelhaft zugewiesen werden. Die Frage, wer den Alarm auslösen darf, wer die notwendige Durchsage machen muss und wer das Fluchttor öffnen muss, funktionsscharf definiert sein.

696 Ein Teil der Szenarien besteht aus grundlegenden Maßnahmen und Vorplanungen. Diese können auch Standardvorgaben sein, die unabhängig vom konkreten Anlass bei verschiedenen Störungen angewandt werden. Dazu gehören

- Veranstaltungsabbruch,
- Teilabbruch der Veranstaltung (z. B. ein örtlich begrenzter Unfall),
- Gesamtabbruch der Veranstaltung
- Planbarer Abbruch (z. B. Gewitterfront bewegt sich auf die Veranstaltung zu),
- Ad hoc Abbruch (z. B. Anschlagsszenario),

---

56 u. a. „Sicherheit von Veranstaltungen im Freien mit erhöhtem Gefährdungspotenzial", Orientierungsrahmen für die kommunale Planung, Genehmigung, Durchführung und Nachbereitung, Ministerium des Innern NRW November 2021

- Räumung/Evakuierung,
- Kommunikation mit Besuchern,
- Kommunikation mit Mitarbeitern, Ordnungsdienst und Einsatzkräften,
- Aber auch: Presse- und Öffentlichkeitsarbeit.

697 Daneben enthalten Szenarien anlassbezogene Handlungsanweisungen bei konkreten Störungen. Das können sein:

- Unwetterlagen,
- Überfüllung
- Störungen durch Zuschauerverhalten (Überklettern von Absperrungen etc.),
- Technische Störungen
- Brandereignis
- Einsätze Sanitäts- und Rettungsdienst
- Störungen der Infrastruktur
- Störungen auf den relevanten Verkehrswegen außerhalb der Veranstaltung
- Bombendrohungen oder das Auffinden verdächtiger Gegenstände,
- Ggfls. auch Gegenveranstaltungen/Proteste bei politischen Veranstaltungen
- Ggfls. Fehlverhalten/Gewalt durch Besucher (z. B. bei Fußballspielen).
- …

698 Die im Sicherheitskonzept dargestellten Szenarien mit dem dazugehörigen Maßnahmenkatalog können nicht alle denkbaren Risiken abdecken. Die Szenarien sollten deshalb so konzipiert sein, dass sie auch auf andere Vorkommnisse angewandt werden können und in nicht vordefinierten Lagen eine wertvolle Entscheidungshilfe darstellen. Auf keinen Fall dürfen die Szenarien die notwendige Flexibilität des Handelns in besonderen Lagen unzulässig einschränken.

699 Eine sinnvolle Ergänzung von Szenarien können bei komplexeren Abläufen spezielle vorgefertigte Checklisten sein. Sie helfen, auch unter Stress den Überblick zu behalten und einen geordneten Ablauf sicherzustellen.

700 Bei den Planungen und Festlegungen von Szenarien muss unbedingt bedacht werden, dass die mit den Maßnahmen verbundenen Eingriffe in den regulären Ablauf auch Einfluss auf andere Bereiche der Veranstaltung oder des öffentlichen Raumes haben können. Ein Szenario, dass nur die Evakuierung der Veranstaltungsstätte beschreibt, kann sich nicht nur auf dieses Ziel beschränken. Vielmehr ist es auch wichtig, die möglichen Einflüsse auf andere Bereiche wie den öffentlichen Verkehrsraum oder den ÖPNV im Auge zu behalten. Eine schnelle Räumung einer Veranstaltung, die zu einer stark befahrenen Straße führt, kann neue Gefahren heraufbeschwören, auch wenn diese nicht gekreuzt werden muss. Bei einer entsprechend

V. Instrumente für eine sichere Veranstaltung

hohen Anzahl von Menschen kann sich in dieser Situation der Gehweg zum Sammelplatz als zu schmal herausstellen.

701 Der Planer muss deshalb „über den Tellerrand" hinausblicken. Ein anschauliches Beispiel war vor einigen Jahren der Parteitag einer rechten Partei im Großraum Berlin. Hier war im Vorfeld allen Beteiligten klar, dass der Parteitag Gegenproteste vor der Versammlungsstätte provozieren würde. Der öffentliche Raum dort war aber zugleich die ausgewiesene Sammelstelle im Evakuierungsfall. Das hätte im Notfall zu einem Zusammentreffen der Gruppen und eventuell zu einer gewalttätigen Eskalation der Situation geführt.

702 Der Betreiber hatte das Problem erkannt und die Rettungswege in Absprache mit den zuständigen Behörden verlegt und eine temporäre Sammelstelle auf der Gegenseite des Gebäudes eingerichtet. Das hat sich bewährt, denn tatsächlich musste das Gebäude aufgrund eines Fehlalarms der Brandmeldeanlage vorübergehend geräumt werden.

703 Einzelne Szenarien müssen deshalb aufeinander abgestimmt sein und ggfls. mit weiteren Sicherungsmaßnahmen ergänzt werden. Grundsätzlich sollen gute Szenarien nie am Ausgang enden, sondern immer das Wohl der Besucher und Mitarbeiter bis zum Erreichen einer sicheren und vertretbaren Situation im Auge behalten. Das ist besonders wichtig bei Wetterszenarien. Gewitter kommen häufig mit kurzen Vorwarnzeiten und der Weg zum eigenen Auto ist oft weit. Deshalb sollte in einer solchen Situation auch ein Plan existieren, wo und wie die Besucher Sicherheit finden können. Das könnten U-Bahn-Stationen oder Parkhäuser sein. Aber deren Nutzung muss vorbereitet und abgesprochen sein.

704 Ein seriös und gut geplanter Regelbetrieb ist der für alle Beteiligten sicherste Zustand einer Veranstaltung. Deshalb gilt bei Störungen der Rückkehr in den Regelbetrieb die oberste Priorität. Der Abbruch oder Teilabbruch einer Veranstaltung ist meistens mit eigenen zusätzlichen Risiken verbunden. Das sollte daher nur die Ultima Ratio sein.

705 Es bietet sich an, den Aufbau der einzelnen Szenarien thematisch zu gliedern, zum Beispiel in

Abschnitt 1:	Voralarm und Maßnahmen
Abschnitt 2:	Alarmierung und Maßnahmen
Abschnitt 3:	Rückführung in den Regelbetrieb
Abschnitt 4:	Notwendige Mittel

706 Alle Szenarien sollten rechtzeitig vor der Veranstaltung auf ihre Wirksamkeit im Rahmen eines Stresstestes überprüft und gegebenenfalls angepasst werden. Danach sind sie den beteiligten Personen zur Verfügung zu stellen.

Bei Großveranstaltungen empfiehlt es sich auch, mit den hauptverantwortlichen Personen der Veranstaltungsleitung und Führung die Szenarien im Rahmen eines Workshops durchzuspielen.

707 Neben dem praktischen Nutzen für die Sicherheit einer Veranstaltung sind gut durchdachte und ausgearbeitete Szenarien außerdem in der Lage, die Genehmigungsbehörden davon zu überzeugen, dass der Antragsteller die Seriosität, Kompetenz und Mittel hat, um die Veranstaltung sicher durchzuführen.

Szenario Teilräumung

Im Verlauf der Veranstaltung kann es aus verschiedenen Gründen (Bombendrohung, Brand, Überfüllung) notwendig werden, eine Teilräumung des Veranstaltungsgeländes durchzuführen.

1. Voralarm und Maßnahmen

Die Veranstaltungsleitung prüft als Folge anderer Szenarien, ob eine Teilräumung erforderlich ist. Hierbei wird besonders das Umfeld um den zu räumenden Bereich auf mögliche Ausweichflächen, Hindernisse und freie Wegeführung überprüft.
Der jeweilige Abschnittsleiter, die Feuerwehr, der Sanitätsdienstleiter und der Ordnungsdienstleiter werden informiert, dass es zu einer Teilräumung kommen kann.

2. Alarmierung und Maßnahmen

Sofern die Koordinierungsgruppe nicht bereits zusammengetroffen ist, erfolgt die Alarmierung über das Code Wort Rhein1000. Die Koordinierungsgruppe wird durch die Veranstaltungsleitung über die Lage informiert und berät über notwendige Maßnahmen.
Diese sind:

- Information an Abschnittsleiter, Sanitätsdienst, Feuerwehr, Ordnungsdienst,
- Caterer, ÖPNV,
- Abfrage an Ordnungsdienst, ob die zu nutzenden Ausweichflächen bereit sind,
- Öffnen der betroffenen Fluchtwege durch den Ordnungsdienst und Unterbinden des Zustroms von Besuchern.
- Information an Besucher und Teilnehmer (Durchsagetext);
- Unterstützung der Teilräumung durch den Ordnungsdienst, Rückmeldung über den Verlauf der Maßnahme durch den Ordnungsdienst
- an die Veranstaltungsleitung.

V. Instrumente für eine sichere Veranstaltung

3. Rückführung in den Regelbetrieb
- Die Veranstaltungsleitung informiert die Koordinierungsgruppe über die Lageänderung.
- Die Abschnittsleiter melden die Verkehrssicherheit der Veranstaltungsflächen und fliegenden Bauten an die Veranstaltungsleitung.
- Information an Abschnittsleiter, Sanitätsdienst, Feuerwehr, Ordnungsdienst, ÖPNV
- Information an Besucher und Teilnehmer.

4. Notwendige Mittel
- Durchsageeinrichtung (Marktplatz, Verpflegungsbereich, Domplatz, Startbereich)
- 2 Megafone (Laufstrecke) je Verpflegungsstation
- 1000 Meter Absperrband je Abschnitt
- 20 Absperrbarken

5. Der Ordnungsdienst

Eine zwingende Notwendigkeit für die Verpflichtung eines Ordnungsdienstes ergibt sich aus § 43 MVStättVO. Eine weitere Grundlage können entsprechende behördliche Auflagen sein. Ansonsten muss sich jeder Veranstalter die Frage nach der Notwendigkeit selbst stellen. Hier gelten die gleichen Vorgaben wie für das Sicherheitskonzept. Oftmals sprechen aber auch wirtschaftliche oder arbeitsrechtliche Aspekte für die Verpflichtung eines Ordnungsdienstes. Spätestens aber dann, wenn qualifizierte Kontroll- und Bewachungsfunktionen gefordert sind, ist die Einbeziehung eines Ordnungs- bzw. Sicherheitsdienstes erforderlich.

Hierbei muss unterschieden werden zwischen
- Dem „Ordner" an der Tür, der z. B. den Einlass oder den Befüllungsgrad überwacht.
- Dem „Security-Mann" daneben, der bei Störungen einschreitet und das Hausrecht durchsetzen kann.
- Dem „Wachmann", der Personen und Sachen bewacht.

Für den *Ordner* gibt es keine gesetzlichen Mindestanforderungen. Selbstverständlich sollte eine Einweisung in Aufgabe und Versammlungsstätte erfolgt sein (besonders dann, wenn der Ordner zusätzlich als Räumungshelfer fungiert). Typische Aufgaben sind:
- Kartenkontrolle und Platzanweisung,
- Ansprache zum Freihalten von Gängen in Stuhlreihen oder Mundlöchern,
- Kartenkontrolle an Zuschauer-Blöcken/Bereichen,

- Kontrolle von Akkreditierungen (Zutrittsberechtigung ähnlich dem Ticket),
- Steuerung von Menschenströmen durch Information,
- Zufahrtskontrolle auf Berechtigung,
- Räumungshelfer,
- Mengenkontrolle der Bereiche,
- Bergen von hilfsbedürftigen Personen,
- Lenkung des ruhenden und fließenden Verkehrs auf dem Veranstaltungsgelände,
- Freihalten von Flucht- und Rettungswegen.

711 Immer dann, wenn eine Personalaufsicht ausgeübt wird, Tätigkeiten nach b) und c) ausgeübt werden oder die Einhaltung und Durchsetzung des Hausrechts zur Aufgabe gehört, sieht die Gewerbeordnung und Bewachungsverordnung seit Januar 2003 verschiedene Qualifikationen als Voraussetzung für die Ausübung dieser Tätigkeiten vor. Das geht vom einfachen Unterrichtungsnachweis bis zu einer formalen Erlaubnis der zuständigen Behörde (§ 34a GewO) und ggfls. einem IHK-Abschluss. Wenn diese Aufgaben anfallen, kann auf einen professionellen Ordnungs- und Sicherheitsdienst nicht verzichtet werden.

712 Wichtig bei der Aufgabenzuteilung des einzelnen Ordnungsdienstmitarbeiters ist, dass die einzelnen Positionen nicht mit Aufgaben überfrachtet werden. Ist beispielsweise ein Sicherheitsmitarbeiter zusätzlich als Ersthelfer eingeplant, muss er im medizinischen Notfall eingreifen und seine Sicherungsaufgabe vernachlässigen. Das Ordnungsdienstkonzept würde damit unterlaufen und aus dieser Situation könnten neue ernste Gefahren heraufbeschworen werden.

713 Das Bewachungsgewerbe ist eine sensible Dienstleistung, in der ein hohes Maß an Vertrauen in den Auftragnehmer unabdingbar ist. Gleichzeitig ist es aber auch ein hart umkämpftes Geschäft mit einer großen Anzahl größerer und kleinerer Serviceanbieter. Den richtigen Partner für die Veranstaltung zu finden ist daher oft nicht leicht. Folgende Indikatoren können aber wichtige Hinweise liefern:
- Wegen der besonderen Garantenstellung des Bewachungsunternehmens sind bei öffentlichen Ausschreibungen Referenzen als Auswahlkriterien ausdrücklich erlaubt[57].
- Größe und Personalbestand des Unternehmens muss zur Aufgabe passen. Hier können u. a. auch aus den Umsatzzahlen der letzten Geschäftsjahre wichtige Erkenntnisse erzielen lassen.
- Die Höhe der Versicherung für Personenschäden, Sachschäden, Vermögensschäden und das Abhandenkommen von bewachten Sachen. Min-

---

57 § 43 Abs. 2 S. 2 Nr. 2 Unterschwellenvergabeordnung (UVgO).

destanforderung ist der Nachweis einer Haftpflichtversicherung in Höhe der gesetzlich geforderten Mindestdeckungssumme gemäß § 34a Gewerbeordnung, bzw. 4.2 der DIN 77200-1.
- Gut ausgebildetes und kontinuierlich geschultes Personal ist im Sicherheitsgewerbe ein Garant für gute Dienstleistung. Deshalb sollten Nachweise einer regelmäßigen Schulung der Mitarbeiter und die Vorlage eines Schulungsplans bzw. -Konzeptes eingefordert und bewertet werden. Hierzu gehören auch Zusatzausbildungen z. B. als Ersthelfer, Brandschutzhelfer oder Evakuierungshelfer.
- Ein schlüssiges Firmenportrait mit – Organisationsstruktur und Anzahl der Mitarbeiter in der Verwaltung und dem operativen Wachdienst (Verhältnis) – Art und Inhalt der Dienstanweisung für den Wachdienst.

Bei öffentlichen Aufträgen gilt außerdem erleichternd, dass die Leistungen des Bewachungsgewerbes zu den unter CPV-Code 79700000-1 bis 79721000-4 gelisteten besonderen Dienstleistungen gehören, bei denen gemäß Anhang XIV der Richtlinie 2014/24/EU eine europaweite Ausschreibung erst ab einem Gesamtwert von mehr als 750.000 € erforderlich ist.

Der Ordnungsdienst einer Veranstaltung wird in der Regel mit einer klaren Hierarchie geführt. § 43 MVStättVO fordert explizit, dass der Ordnungsdienst von einem Ordnungsdienstleiter geführt wird. Dieser Ordnungsdienstleiter ist vom **Betreiber oder Veranstalter** zu benennen (§ 43 Abs. 3 MVStättVO). Die Führungsstruktur des Ordnungsdienstes ähnelt der Organisation der Veranstaltungsleitung.

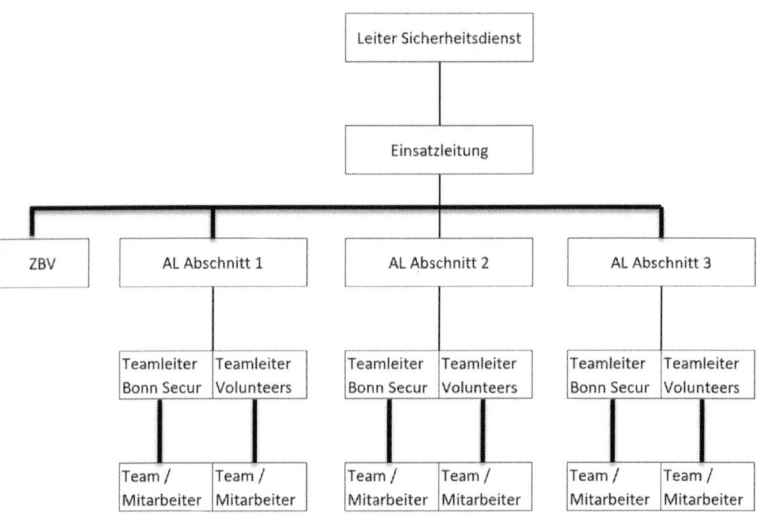

Grafik: Olaf Jastrob

Abbildung 55: Ordnungsdienst

6. Hygienekonzepte

715 Der Begriff Hygienekonzept ist seit Ausbruch der Corona-Pandemie in aller Munde. Auch wenn die aktuelle Situation Auslöser ist, dass sich verstärkt Personen, Unternehmen, Behörden und Institutionen diesem Thema zuwenden, so ist die Betrachtung von Infektionsgefährdungen und Schutzmaßnahmen keine neue Erfindung. Auch bei Veranstaltungen spielen Hygiene und Infektionsschutz schon immer eine Rolle, taten das aber mehr im Verborgenen.

716 Lebensmittelsicherheit, Keimschutz beim Trinkwasser und Hygienemaßnahmen bei Toiletten und Abwasser waren schon immer geforderte Schutzmaßnahmen. Deren Beachtung durch den Dienstleister wurde bisher meistens vorausgesetzt, ohne dass darauf besonders hingewiesen wurde oder sie Einzug in Sicherheitskonzepte gefunden hätten.

717 Von medizinischen Einrichtungen fordert das Infektionsschutzgesetz bereits seit Längerem die Aufstellung und Dokumentation von innerbetrieblichen Verfahrensweisen zur Infektionshygiene, also die Ausfertigung und Umsetzung von Hygienekonzepten.

V. Instrumente für eine sichere Veranstaltung

Auch andere Wirtschaftsbereiche mit sensiblen Produkten, wie die Lebensmittelindustrie, kennen Hygienekonzepte und Hygienepläne schon lange. Die Corona-Pandemie trifft jetzt aber alle Bereiche der Gesellschaft gleichermaßen, Beschäftigte und Nichtbeschäftigte, Wirtschaft, Kunst und das allgemeine gesellschaftliche Leben. Sie hat erhebliche und zum Teil einschneidende Auswirkungen auf das Leben jedes Einzelnen. Die für die Veranstaltungsbranche neue Situation hält weiterhin an, und es ist zu befürchten, dass die damit verbundenen Einschränkungen und Anforderungen nicht so schnell wieder verschwinden werden. **718**

Sowohl für den Schutz des Besuchers als auch für den Arbeitsschutz haben sich neue Herausforderungen ergeben. Die Maßnahmen des Arbeitsschutzes ergeben sich aus dem am 16. April 2020 erstmalig vom Bundesarbeitsministerium veröffentlichten SARSCoV-2-Arbeitsschutzstandard und die am 10. August 2020 veröffentlichte SARS-CoV-2-Arbeitsschutzregel. Mit ihnen ist der Infektionsschutz am Arbeitsplatz zu einem verpflichtenden Thema aller Arbeitgeber in Deutschland geworden. **719**

a) Infektionsschutz am Arbeitsplatz

Zur Verhinderung von Infektionen ist jetzt der Arbeitgeber zusätzlich zu den üblichen allgemeinen und besonderen Arbeitsschutzvorkehrungen für die Umsetzung aller notwendigen Infektionsschutzmaßnahmen verantwortlich. Ein bis dahin meist nebensächlicher Aspekt in den meisten Betrieben wurde damit über Nacht zu einem wichtigen Schutzziel der Arbeitssicherheit. Ziel der besonderen Arbeitsschutzvorgaben ist es, durch anlassbezogene und zeitlich beschränkte besondere Maßnahmen die Gesundheit der Beschäftigten zu sichern, Infektionsketten zu unterbrechen und damit auch die Gesamtbevölkerung zu schützen. Aber auch der Erhalt der wirtschaftlichen Leistungsfähigkeit der Gesamtgesellschaft steht im Fokus der Verordnung. **720**

Der SARS-CoV-2-Arbeitsschutzstandard fordert explizit nur, dass „jedes Unternehmen in Deutschland auch auf Grundlage einer angepassten Gefährdungsbeurteilung (dabei darf auch die psychische Belastung nicht vergessen werden) sowie betrieblichen Pandemieplanung ein Hygienekonzept umsetzen muss". Daraus lässt sich zunächst ableiten, dass in einem ersten Schritt die Aktualisierung der Gefährdungsbeurteilung verpflichtend ist. **721**

Aber was folgt danach? **722**

Die Verordnung ist da wenig konkret. Ist zusätzlich zur Gefährdungsbeurteilung ein Hygienekonzept zu erstellen und welche Anforderungen sind mit Blick auf die konkrete Gefährdungslage zu erfüllen? **723**

Die Deutsche Gesetzliche Unfallversicherung (DGUV) hat die Verordnung des BMAS zu dieser Frage ergänzt. Die DGUV sieht keine Verpflichtung **724** des Arbeitgebers, schriftliche Hygienekonzepte und ggfls. separate Dokumentationen zu erstellen und zu führen. Vereinfacht bedeutet das, dass es am Arbeitsplatz ausreicht, nach der Aktualisierung der Gefährdungsbeurteilung die im SARS-CoV-2-Arbeitsschutzstandard und der SARS-CoV-2-Arbeitsschutzregel beschriebenen Hygienemaßnahmen verbindlich einzuhalten.

725 **Vorsicht:** Können die Hygienemaßnahmen nicht durchgängig eingehalten werden, dann ist aus Gründen der Rechtssicherheit eine schriftliche Beschreibung der Kompensationsmaßnahmen in einem Hygienekonzept ebenso unumgänglich wie auch eine Dokumentation ihrer Durchführung. Auch branchenspezifische Vorgaben der Berufsgenossenschaften und Unfallkassen können die allgemeinen Hygienemaßnahmen um besondere Schutzmaßnahmen ergänzen.

b) Infektionsschutz für Besucher einer Veranstaltung

726 Außerhalb des Arbeitssektors ergibt sich eine differenzierte Lage. Zuständig für den Infektionsschutz ist hier nicht der Bund. Die Zuständigkeit liegt bei den einzelnen Bundesländern.

727 Die Länder legen ihren Fokus auf die allgemeinen Gegebenheiten und das aktuelle Infektionsgeschehen vor Ort und versuchen, mit eigenen Regelungen dem regionalen Infektionsgeschehen gerecht zu werden. Hierdurch existiert derzeit keine einheitliche Rechtslage. Allen gemein ist aber, dass sie zusammen mit dem Infektionsschutzgesetz das öffentliche Leben stark einschränken.

728 Die Corona-Schutzverordnungen der Bundesländer sind Ergänzungen der Arbeitsschutzmaßnahmen mit weiteren Vorgaben und Verpflichtungen zur Sicherstellung des bestmöglichen Infektionsschutzes in der Öffentlichkeit.

729 Aus den Länderverordnungen ergeben sich besondere Verpflichtungen für Einrichtungen, in denen Menschen abseits ihres Arbeitsplatzes zusammenkommen können. Besonders betroffen sind z. B. die Gastronomie, Beherbergungsbetriebe und die Event-Branche.

730 Die Ziele dieser Länderverordnungen ähneln denen in der Arbeitswelt: Vom konkreten Gesundheitsschutz bis hin zur Unterbrechung von Infektionsketten.

731 Die in den Verordnungen der Länder für Veranstaltungen beschriebenen Vorgaben differieren stark voneinander. Hier gab und gibt es leider keine einheitliche Linie. Teilweise wurde sogar bei Veranstaltungen die Einsetzung eines Hygienebeauftragten gefordert, ohne Qualifikationen, Aufgaben und Kompetenzen genauer zu beschreiben.

Allen Vorschriften ist gemeinsam, dass Veranstaltungen nur unter strengen, aufeinander abgestimmten Regeln stattfinden dürfen. Das setzt strukturierte Planungen und Konzepte sowie eine verlässliche und überprüfbare Durchführung voraus. Unter diesen Bedingungen sind eigene maßgeschneiderte Hygienekonzepte unverzichtbar.

c) **Vorgaben zu Hygienekonzepten und Form**

Hygienekonzepte sind nicht an eine besondere Form gebunden. Der Verordnungsgeber macht keine Vorgaben. Inhaltlich soll es alle geforderten und geeigneten Maßnahmen definieren, die zu einem effektiven und funktionellen Infektionsschutz gehören.

Die einzelnen Maßnahmen sollten einfach, verständlich und unkompliziert sein. Mitarbeiter und Besucher müssen die Maßnahmen und ihren Sinn schnell erkennen können. Damit erhöht sich die Akzeptanz.

Ein Hygienekonzept enthält schriftlich niedergelegte Anweisungen zur Einhaltung und Gewährleistung bestimmter Hygienestandards, um die Verbreitung und Infektionen des Coronavirus zu vermeiden oder vorzubeugen. An eine bestimmte Form ist das Konzept nicht gebunden. Bei der Gestaltung lässt der Gesetzgeber den betroffenen Stellen und Einrichtungen freie Hand.

Als brauchbare Vorlage könnten hier jedoch – in reduzierter Form – Sicherheitskonzepte für Veranstaltungen herangezogen werden. Beide folgen vergleichbaren Ansätzen und haben ähnliche Ziele.

Die einzelnen Konzepte können sich stark voneinander unterscheiden. Das liegt in der Natur der Sache. Die Einstufung der besonderen hygienischen Bedingungen, z. B. eines Veranstaltungsortes oder der Veranstaltungsart, die Anzahl an Mitarbeitern und deren unvermeidbaren Kontakte zu Dritten und auch die zu erwartenden Besucher, sind nur Beispiele der Faktoren, die Einfluss auf das jeweilige Hygienekonzept haben.

Die Einflussfaktoren sollten bei einer Bestandsaufnahme genau festgehalten, bewertet und anschließend im Hygienekonzept berücksichtigt werden. Auch hier gilt wie im Sicherheitskonzept: Können Gefährdungen nicht vermieden werden, sind wirksame Kompensationsmaßnahmen zu ergreifen.

d) **Ziel eines Hygienekonzepts**

Das Hygienekonzept hat den Zweck, Planung und Ziele logisch und funktional aufeinander abzustimmen. Sowohl Mitarbeiter als auch Besucher sollen durch allgemeine und besondere Schutzmaßnahmen aktiv und passiv vor der Infektion und der Verschleppung der Keime geschützt werden. Gleichzeitig dient es dazu, die vorgesehenen Maßnahmen und Verantwortlichkeiten zum Infektionsschutz gegenüber den zuständigen Behörden transparent zu dokumentieren und damit die Umsetzung überprüfbar zu machen. Besonders die Planung der besonderen Maßnahmen, die über die allgemeinen Schutzmaßnahmen hinausgehen, muss maßgeschneidert sein. Deshalb müssen vor der Erstellung eines Hygieneplans sowohl die Gesamtsituation als auch die hygienischen Anforderungen der unterschiedlichen Bereiche festgestellt werden.

740 Der durch die CoronaSchVO geforderte Hygienestatus ist die Ausgangsbasis für die Erstellung der Pläne. Jeder einzelne Einflussfaktor auf den Hygienestatus ist einzeln zu bewerten. Mithilfe der möglichen Schutz-, Reinigungs- und Desinfektionsmaßnahmen wird dann der jeweilige Einflussfaktor bewertet.

7. Protokolle und Dokumentationen

741 Eine allgemeine Pflicht zur Protokollierung oder Dokumentation von Veranstaltungen besteht nicht. Lediglich in Teilbereichen sind Betreiber und Dienstleister zur Dokumentation ihres Handelns verpflichtet, etwa Caterer durch die Hygieneverordnung, Arbeitgeber durch § 6 ArbSchG oder Sicherheitsunternehmen, wenn sie nach DIN 77200 zertifiziert sind[58].

742 Die Planungsschritte, Genehmigungsschritte und den Ablauf einer Veranstaltung, auch mit Störungen und Maßnahmen, zu dokumentieren, ist aber auch ohne eine gesetzliche Verpflichtung sinnvoll.

743 Protokolle und Dokumentationen tragen dazu bei, Transparenz zu schaffen sowie Informationen und Erfahrungen weiterzugeben. Das erzeugt Handlungssicherheit für alle Beteiligten und ermöglicht besonders bei wiederkehrenden Formaten, Planungen und Leistungen zu optimieren. Dabei dürfen Fehler nicht verschwiegen werden, denn aus Fehlern zu lernen ist eine gute Gewähr, in Zukunft ähnliche Fehler zu vermeiden.

744 Durch den Wissenstransfer wird außerdem Zeit und Geld eingespart. Die Organisation muss beim nächsten Event unabhängig von der personellen Besetzung nicht bei null anfangen.

745 Aus den Dokumentationen lässt sich als zusätzliche Arbeitserleichterung eine stets aktuelle To-do-Liste generieren, in der transparent zu erkennen ist, was passiert ist, welche Maßnahmen eingeleitet wurden, wer sich darum kümmert und in welchem Stadium sich die Maßnahme befindet oder auch schon abgearbeitet ist.

---

58 Niederschrift der Ständigen Konferenz der *Innenminister* und -senatoren der Länder am 17.10.2014
DIN 77200 Ziffer 4.14

V. Instrumente für eine sichere Veranstaltung

746 Nicht zuletzt haben unterschriebene Protokolle und Dokumentationen im Schadensfall großen Nutzen bei der Beweisführung. Sie tragen somit zur Rechtssicherheit bei.

747 Die Form der Dokumentation ist nebensächlich, solange sie angemessen, übersichtlich und zweckdienlich ist. Checklisten zu Standardaufgaben sind auch bei der Dokumentation sehr hilfreich, aber auch Film- und Fotoaufnahmen können Veranstaltungen gut verwertbar dokumentieren. Hierbei ist aber unbedingt der Datenschutz zu beachten. Für die Dokumentation und Protokollierung der Arbeit von größeren Veranstaltungsleitungen haben sich vermehrt EDV-gestützte Systeme etabliert.

748 Neben der Gefährdungs- bzw. Risikoanalyse sollte die Dokumentation die vollständigen Verzeichnisse der Aufgaben und konkreter Aufgabenübertragungen, Nachweise ihrer Erfüllung, Eintragungen im Terminplan, Führen von Unterweisungsnachweisen, Besprechungsprotokolle und ggfls. das Veranstaltungstagebuch enthalten.

749 Die einzelnen Protokolle und Dokumente sollten im Rahmen einer fundierten und zielgerichteten Nachbereitung der Veranstaltung zu einer Dokumentation der gesamten Veranstaltung zusammengeführt werden. Es ist ratsam, sich die Zeit für eine Nachbereitung immer zu nehmen, auch wenn andere Arbeiten anstehen oder bereits die nächste Veranstaltung ihre Schatten voraus wirft. Nur so lassen sich Problembereiche identifizieren und Maßnahmen und Lösungsansätze zur nachhaltigen Behebung entwickeln. Das macht auch dann Sinn, wenn es keine unvorhersehbaren Ereignisse oder Schwierigkeiten gab. Optimierungsbedarfe und Möglichkeiten beschränken sich nicht auf die sicherheitsrelevanten Bereiche einer Veranstaltung.

750 Zur Nachbereitung sollten alle relevanten Akteure der Planung und Durchführung einer Veranstaltung eingeladen werden. Bei großen Veranstaltungen bietet es sich an, auch den Genehmigungsbehörden, Feuerwehr und Polizei Gelegenheit für eine Teilnahme zu ermöglichen.

F. Vorbereitung auf den Notfall

1 Notfälle passieren selten. Deshalb haben die meisten Menschen **kaum Erfahrung** mit diesen Situationen. Erfolgreiches Handeln in Notfällen ist jedoch in einem hohen Maße erfahrungsabhängig und benötigt eine große Stressresistenz. Von den verantwortlichen Personen wird deshalb in einem Notfall eine hohe fachliche und persönliche Kompetenz gefordert.

2 Zur professionellen Vorbereitung auf einen Notfall im Vorfeld einer Veranstaltung sind durchdachte und geeignete Notfallorganisationen ebenso notwendig wie Ausbildung und Übung. Nur so erreichen sie eine resiliente Veranstaltungsstruktur und die notwendige fachliche Kompetenz der handelnden Personen. Die erforderliche psychische Stabilität wird durch eine so aufgebaute Kompetenz zusätzlich gestärkt.

3 Klar und präzise vordefinierte Abläufe sind weitere zusätzliche Handlungshilfen. Sie sind eine für alle Mitarbeiter und Helfer bekannte und verbindliche Handlungsanweisung und tragen zur Handlungssicherheit des Einzelnen entscheidend bei.

4 Eine gewissenhafte Vorbereitung auf Notfälle erfordert in der Regel auch *präventive Maßnahmen* in der Planung. Eine frühzeitige Identifizierung von Gefahren und deren Auswirkungen auf eine Veranstaltung sowie die Planung von Maßnahmen zur Gefahrvermeidung oder kompensierenden Maßnahmen sind Attribute einer verantwortungsvollen und kompetenten Veranstaltungsplanung. Hier sind viel Erfahrung und Kompetenz der Planer gefragt. Aber auch die zielgerichtete Auswertung von verfügbaren Daten im Vorfeld und während der Veranstaltung kann sehr hilfreich sein.

5 *„Prävention bezeichnet Maßnahmen zur Abwendung von unerwünschten Ereignissen oder Zuständen, die mit einer gewissen Wahrscheinlichkeit eintreffen könnten, falls keine Maßnahmen ergriffen werden."*

6 Während die Prävention versucht, nicht erwünschte Entwicklungen zu vermeiden, reagiert die Intervention auf bereits eingetretene unerwünschte Zustände. Hierbei sind oftmals die einfachsten Maßnahmen und Strukturen die besten.

F. Vorbereitung auf den Notfall 7–14

Komplizierte Planungen, die hohe Ansprüche an die handelnden Personen stellen und dadurch fehleranfällig sind, versagen in der Realität oft. Deshalb folgt die MVStättVO dem Arbeitsschutz und gibt automatisierten Maßnahmen den Vorrang vor personellen Maßnahmen, weil sie in vielen Bereichen zuverlässiger und schneller greifen. 7

Abstrakte Gefahr erfordert Prävention. Konkrete Gefahr erfordert Handeln! 8

Ist der Notfall eingetreten, werden bei allen Menschen menschliche Bedürfnisse freigesetzt. Zudem tendieren sie in Notfällen zu: 9
- Verunsicherung (Kontrolle geht verloren),
- Hoher Handlungs- und Bewegungsbereitschaft,
- Eingeschränkter Wahrnehmung (Tunnelblick),
- sprunghaften Handlungen.

Und das gilt für Besucher, Mitarbeiter, Fremdpersonal und Helfer gleichermaßen. 10

Gleichzeitig entwickeln Menschen aber auch ein ausgeprägtes Ausschlussverhalten inklusive der Bereitschaft, sich zum (unbewussten) Stressabbau durch andere Personen führen zu lassen. Dieses Verhaltensmuster bietet der Notfallplanung die Möglichkeit, durch Führung Einfluss auf das Verhalten der Gäste zu nehmen. 11

Die Notfallorganisation muss sich auf diese Bedürfnisse einstellen und sie durch organisatorische Maßnahmen erkennbar sicherstellen: 12
- Bestimmtheit und Kontrolle
- Soziale Bedürfnisse (Geborgenheit, Akzeptanz)
- Physiologische Bedürfnisse (Grundbedürfnisse, z. B. Atmung)
- Sicherheit/Schutz vor Verletzungen.

Grundvoraussetzungen für eine wirkungsvolle Intervention im Notfall sind eine strukturierte und fundierte Planung, aber vor allem eine gute Vorbereitung des eigenen Personals, das im Notfall die Führung in der konkreten Situation übernehmen soll und das auch können muss! 13

Im Notfall ist Kommunikation besonders wichtig. Mitarbeiter und Helfer sollten deshalb vorab darin geschult werden. Die richtige Form der Kommunikation mit den Besuchern ist im Notfall besonders wichtig. Die Kommunikation sollte knapp, ehrlich und konkret sein, Aufträge klar formuliert werden. Vorgaben können sein: 14
- Sprechen Sie Personen konkret an („ich brauche Ihre Hilfe" usw.).
- Sagen Sie, was das Problem ist („der Mann hat wohl einen Herzinfarkt"...).
- Sagen Sie, dass Hilfe gebraucht wird.

- Konkrete und klar verständliche Anweisungen sind zu erteilen („rufen Sie bitte die 112").

15 Ein weiteres gutes Beispiel für eine verantwortungsvolle Vorbereitung auf den Notfall ist die Bildung von Teams: Mitarbeiter und Helfer erfahren ein deutliches Mehr an Sicherheit und Geborgenheit, aber auch Handlungssicherheit, wenn sie nicht allein agieren müssen. Das gemeinsame sichere Auftreten erhöht die Akzeptanz gegenüber dem Besucher. Mögliche Fehler können durch den Anderen korrigiert werden. Das hilft dem Einzelnen, seine Verantwortung besser wahrzunehmen und damit die Sicherheit der Veranstaltung zu verbessern.

16 Als Grundlage für eine gute Vorbereitung des Personals auf den Notfall gilt:

- Klare Notfallplanung und Ansprachen	Bestimmtheit gibt Halt
- Einweisen und Üben	Gibt Handlungssicherheit
- Klare Führung	Gibt Psychologische Sicherheit
- Teams einsetzen	Gibt Fürsorge und Geborgenheit
- Schutzausrüstung	Gibt Fürsorge und Sicherheit

17 **Keine Angst vor Fehlern!**

I. Gefahren bei Veranstaltungen

18 Störungen und Notfälle können in einer Veranstaltung jederzeit, auch bei besten Planungen, plötzlich eintreten. Sie gelten daher als nicht gänzlich unerwartetes Ereignis, das eine drohende Gefährdung für die körperliche Unversehrtheit von Menschen oder Sachen nach sich ziehen kann. Darin unterscheidet sich eine Veranstaltung zunächst nicht vom Alltag auf der Straße, denn auch dort drohen stets Gefahren. Wegen der besonderen Fürsorgeverpflichtung gegenüber den Gästen, aber auch um Störungen und Notfälle beherrschbar zu halten, ist es unbedingt erforderlich, dass sich ein verantwortungsbewusster Organisator darauf einstellt und vorbereitet.

19 Dementsprechend sollte die Notfallorganisation fester Bestandteil der normalen Aufbau- und Ablauforganisation einer Veranstaltung sein. Ziel ist es immer, einen noch größeren individuellen Schaden (des Betroffenen) und gleichzeitig weitergehende Störungen in der Veranstaltungsstruktur zu verhindern und damit die Veranstaltung gegen Störungen resilient zu machen.

20 Das ist bei Notfällen durch technische Störungen meist relativ einfach durch redundante Systeme zu bewerkstelligen (fällt der Strom aus, brennen die Akkuleuchten weiter; fällt eine Person aus, ist ein Ersatz eingeplant). Medizinische Notfälle haben meist keine direkte Auswirkung auf die Ver-

anstaltung, verlangen aber eine mindestens genauso gewissenhafte Vorbereitung auf den Ernstfall.

Grundsätzlich gilt: Sicherheit ist mehr als kein Unfall! **21**

Gefahrenquellen für Veranstaltungen	
Störungen durch Zuschauerverhalten Pyrotechnik Vandalismus Überklettern von Abschrankungen Werfen von Gegenständen Gedränge Überfüllung Besucherdruck Sicherheitsrelevante Personengruppen **Wetterereignisse** Sturm Hagel Starkregen Gewitter/Starkregen Überflutung/Hochwasser Hitze Kälte **Verkehrswege** Ausfall von Verkehrswegen (Stau/Sperrungen/ Unfall) Ausfall des ÖPNV/der Bahn	**Bedrohungen von außen** Bombendrohung Attentat Amok **Sanitäts- und rettungsdienstliche Ereignisse** Verletzungen MANV Erkrankungen/Epidemie/Vergiftungen Drogen- und Alkoholmissbrauch **Technische Störungen** Brand Explosion Stoffaustritt Stromausfall Ausfall sicherheitstechnischer Einrichtungen Einsturz von Bauteilen/Absturz von Bauteilen und Geräten Ausfall der Infrastruktur (Wasser, Abwasser ...) Sonstige technische Störungen

II. Besondere Gefahren durch Brandereignisse

Brandereignisse gehören zu den gefährlichsten Störungen einer Veranstaltung. Sie gefährden massiv die Gesundheit und das Leben der Besucher und Beschäftigten und verursachen regelmäßig große finanzielle Schäden. Die sind oft so existenziell, dass in Deutschland fast 50 Prozent der durch einen Brand betroffenen Betriebe trotz Versicherungsschutz ihr Geschäft aufgeben müssen. Auch massive Umweltschäden können durch Brände verursacht werden. **22**

Wie bereits geschildert, sind Brandereignisse Risiken des Alltags[1]. Deshalb müssen auch Betreiber einer Versammlungsstätte, Veranstalter und deren Vertreter jederzeit mit ihnen rechnen und entsprechende Vorkehrungen zur Gefahrenabwehr treffen. Das gilt unabhängig davon, ob das Risiko durch Menschen oder Technik verursacht wird. **23**

---

1 OVG Münster 10A 363/86 vom 11.12.1987

24 Die Brandursachen sind mannigfaltig. Die Zündung einer Verbrennung ist von vier Voraussetzungen abhängig, die gleichzeitig und örtlich eng begrenzt vorliegen müssen:
- Es muss brennbares Material vorhanden sein,
- zusätzlich muss Sauerstoff vorhanden sein,
- hieraus ein zündfähiges Gemisch entstehen,
- das mit einer Zündquelle mit ausreichender Energie in Kontakt kommt.

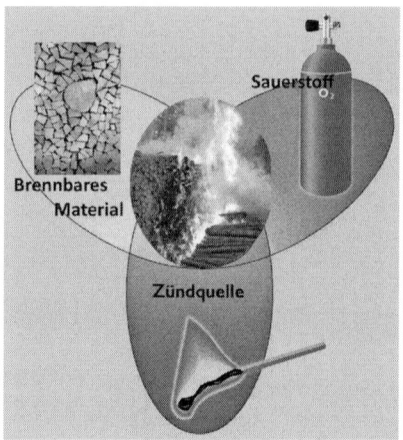

Grafik: Holger Gerdes

Abbildung 56: Voraussetzungen für die Entstehung eines Brandes

25 Ein Brand kann nicht entstehen, wenn einer dieser Bestandteile fehlt!

26 Bei der Bewertung der Brennbarkeit eines Materials gilt grundsätzlich, dass alle Materialien in der richtigen Konstellation von Masse, Oberfläche, Temperatur und Kontakt mit Sauerstoff brennen können. Die Gefährlichkeit bestimmt sich bei festen Stoffen nach der **Zündtemperatur**, bei flüssigen Stoffen nach dem **Flammpunkt** und bei gasförmigen Stoffen nach dem **Stoffmengenanteil** eines brennbaren Gases, Dampfes, Nebels oder Staubes in der Luft.

27 Gute Beispiele mit Bezug zu Veranstaltungen sind

Staub

28 Hier trifft wenig Masse, aber viel Oberfläche (durch jedes einzelne Staubkorn erzeugt) auf eine große Kontaktfläche mit Sauerstoff. In Verbindung mit einer geeigneten Zündquelle können gewaltige Durchzündungen ähnlich einer Mehlstaubexplosion entstehen. Deshalb sehen die MVStättVO und die DGUV Vorschrift 17 auch strenge Regeln zur Sauberkeit von Lagern, Magazinen und elektrischen Anlagen vor.

Stahl
Hier würde jeder zunächst keine Brandgefahr vermuten. Gleichwohl brennt auch Stahl, wenn seine kompakte Masse mit wenig Oberfläche aufgelöst wird und dadurch viel Oberfläche entsteht. In Form von Stahlwolle findet man das an vielen Bühnen als Reinigungsutensil. Trifft die Stahlwolle in einem Abfallbehälter auf eine 9-Volt-Batterie, die der Tontechniker entsorgt hat, dann reicht das als Zündquelle aus. Die anderen Sachen, die sich in einem Müllcontainer finden lassen, liefern zusätzliches Brandmaterial für ein ernst zu nehmendes Brandereignis.

Veranstaltungen bergen grundsätzlich eine Vielzahl von offensichtlichen Zündquellen. Die Gefahren von offenem Feuer bei Arbeiten oder Aufführung sind allgemein bekannt. Brände aufgrund offenen Feuers entstehen deshalb relativ selten. Professionelle Bühnentechniker wissen auch um die Gefahren von heißen Oberflächen an Bühnenleuchten und überlasteten elektrischen Leitungen. Auch Reibungswärme z. B. durch heiß gelaufene Lager, der Funkenflug bei Schleifarbeiten oder elektrischen Schaltungen können Brände auslösen.

Eine weitere zu beachtende Zündquelle sind besonders nach Ausbruch der Corona-Pandemie chemische Reaktionen. Zur Pandemiebekämpfung wurden nahezu flächendeckend Desinfektionsmittel etabliert, die zum einen selbst über eine hohe Brandlast verfügen, gemischt mit anderen Substanzen (z. B. Putzmittel), aber auch chemische Reaktionen auslösen können. Viele Verantwortliche haben keine Praxis im Umgang mit solchen Stoffen. Die Bedingungen für eine sichere Anwendung und Lagerung sind deshalb nicht durchgängig bekannt.

Fehlende Unterweisung der Beschäftigten und mangelndes Gefahrenbewusstsein gehören statistisch zu den häufigsten Ursachen für Brände[2]. Brandereignisse schädigen durch Zerstörung (Feuer), Kontamination und Vergiftung. Außerdem treten regelmäßig große Wasserschäden auf (Löschwasser).

---

2 IFS Schadensdatenbank 2020

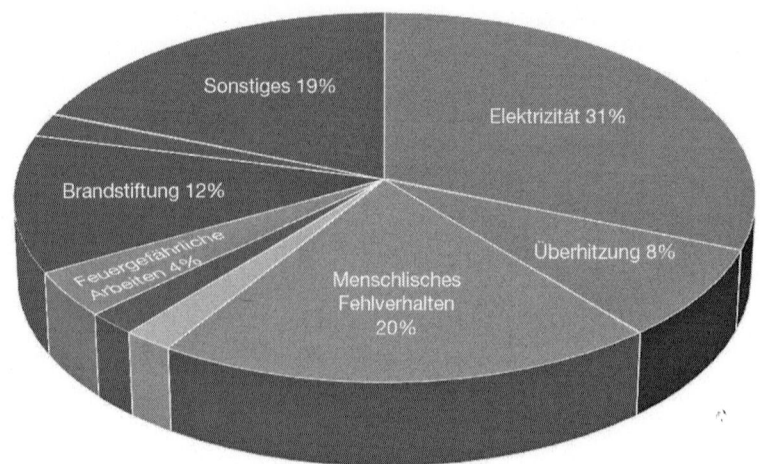

Quelle: „Logistik heute"

Abbildung 57: Brandursachen in Deutschland 2020

33 Besonders gefährlich für Leib und Leben ist der Rauch. Er gilt als die größte Gefahr für Mitarbeiter und Besucher in einer Veranstaltung. Nur wenige Personen sterben bei Bränden an Brandwunden. Alle 17 Todesopfer des Flughafenbrandes in Düsseldorf 1996 starben an Rauchgasvergiftungen.

34 Rauchgase enthalten neben Ruß Kohlenmonoxid, in der Regel Cyanid und bis zu 5.000 weitere Giftstoffe. Das Volumen der Rauchgasentwicklung ist enorm. Aus nur 10 kg Papier oder Pappe werden bei einem Brand etwa 8.000 m³ bis 10.000 m³ Rauchgas freigesetzt. Das bedeutet, dass der Brand eines Papierkorbs einen 3 Meter hohen Büroraum von 3.000 m² Fläche in kürzester Zeit mit Rauch ausfüllt; von Wand zu Wand, von der Decke bis zum Boden.

35 Noch verheerender sieht die Rauchgasbilanz bei Schaumstoffen oder Styropor aus. Hier werden aus 10 Kilogramm Material rd. 20.000 m³ Rauchgas freigesetzt. Um 1 m³ Rauchgas zu neutralisieren, werden je nach verbranntem Material 500 – 1.500 m³ Frischluft benötigt.

36 Bei der Inhalation dieser giftigen Gase kommt es bereits nach wenigen Atemzügen zu einer lebensbedrohlichen Vergiftung. Besonders heimtückisch ist, dass die Vergiftungserscheinungen erst mit zeitlicher Verzögerung eintreten können. Übelkeit, Kreislaufprobleme bis zur Bewusstlosigkeit, dann zum Atemstillstand und schließlich Herzstillstand können dann die Folge sein.

II. Besondere Gefahren durch Brandereignisse

Zusätzlich zu den Vergiftungen führt Rauch auch zu Orientierungsproblemen. Oft dauert es weniger als drei Minuten, bis der Brandrauch von der Decke absinkt. Dann sinkt häufig sehr schnell die Sichtweite so weit ab, dass betroffene Personen die Orientierung verlieren und sich nicht mehr in Sicherheit bringen können.

Brandrauch breitet sich schnell und oft unberechenbar aus. Er folgt dabei nicht nur der Thermik durch seine eigene Temperatur, sondern auch anderen Einflüssen wie natürlichem Luftzug, Umgebungstemperatur oder den Einflüssen von Lüftungs- und Klimaanlagen.

Neben dem Brandrauch kann auch Asche erheblichen wirtschaftlichen Schaden verursachen. Asche ist der nicht brennbare Rückstand von Brandlasten. Er kann giftbelastet sein wie Rauch. Durch die feine poröse Struktur kann sich Asche in der Thermik eines Feuers fast genauso leicht verteilen wie Rauch.

Rauch und Asche bleiben deshalb nicht auf den Ort des Brandes örtlich beschränkt, sondern können Technik, Gebäude und Umwelt stark und nachhaltig kontaminieren. Die Reinigungs- und Sanierungskosten können die primären Brandschäden schnell übersteigen.

1. Lärm

Der Lärm einer Veranstaltung und die Folgen für die Gesundheit von Besuchern, Mitarbeitern und Anwohnern werden häufig unterschätzt oder übersehen. Bei Veranstaltungen und Großveranstaltungen gehört Lärm in vielerlei Form oft dazu. Viele Besucher einer Veranstaltung haben das unbewusst akzeptiert oder erwarten das auch (z. B. bei Rockkonzerten), ohne sich über die Auswirkungen Gedanken zu machen. Der Lärmschutz bei einer Veranstaltung gehört gleichwohl zu den gesetzlich geforderten Fürsorgepflichten der Verantwortlichen.

Dabei ist zwischen dem Lärmschutz für Besucher, Anwohner und Arbeitnehmer zu unterscheiden. Alle Verpflichtungen leiten sich aus unterschiedlichen gesetzlichen Vorgaben mit unterschiedlichen Schwellenwerten ab. Die Messung dieser Schwellenwerte ist eine Angelegenheit für Fachleute, die normgerechte Messungen des Schallpegels vornehmen. Damit kann später nachgewiesen werden, dass der Schalldruck im gesetzlich geregelten Rahmen lag. Heute gängige Handy-Apps zur Lautstärkenmessung sind für eine verlässliche und gerichtsfeste Messung nicht geeignet.

Beim Besucherschutz leitet sich die Verpflichtung aus der allgemeinen Verkehrssicherungspflicht des Betreibers und/oder Veranstalters ab. Das ist über die Jahre durch mehrere Gerichtsurteile manifestiert worden[3]. Allge-

---
3 U. a. OLG Koblenz vom 13.9.2001 – 5 U 1324/00

mein verbindliche gesetzliche Vorgaben zum maximalen Schalldruck existieren nicht. Die Gerichte ziehen regelmäßig die DIN 15905-5 als Grundlage für die Urteilsfindung heran. Diese Praxis wurde durch den Bundesgerichtshof bestätigt.[4]

44 Die DIN 15905-5 nennt einen maximalen durchschnittlichen Schalldruck von 95 dB(A) (bzw. 99 dB(A) bei Bereitstellung von Gehörschutz) über einen Zeitraum von 30 Minuten und einen maximalen Spitzenpegel von kurzfristig 135 dB(C). Diese Werte gelten an jeder Stelle der Versammlungsstätte, die von Besuchern genutzt werden kann. Die Planung optimaler Lautsprecherpositionen, ein genaues Einpegeln und eine gleichmäßige Verteilung des Tons sind zur Einhaltung der Schwellenwerte unbedingt erforderlich.

45 Die Einhaltung von Schallpegeln nach DIN 15905-5 allein reicht der Rechtsprechung jedoch nicht aus, um vor Schadensersatzansprüchen aus Verletzung der Verkehrssicherungspflicht sicher zu sein. Vielmehr fordert der BGH in seinem Urteil vom 13.3.2001 eine umfassende eigenverantwortliche Prüfung aller zumutbaren Schutzmaßnahmen. Dazu gehört regelmäßig auch die Informationspflicht. Das können entsprechende Hinweise durch Aushang oder auf Eintrittskarten sein oder entsprechende Veröffentlichungen auf den Buchungsportalen.

46 Aber auch die kostenlose Bereitstellung von Hörschutz kann eine angemessene Schutzmaßnahme sein. Das verlagert die Verantwortung zu einem Teil auf die Besucher und ihr Selbstbestimmungsrecht. Eine Kontrolle, ob von diesen Schutzmaßnahmen tatsächlich Gebrauch gemacht wird, ist dann regelmäßig nicht notwendig.

47 Im Arbeitsschutz sieht das grundlegend anders aus. Die Arbeitsstättenverordnung sagt hierzu aus, dass der Arbeitgeber verpflichtet ist, Arbeitsstätten so einzurichten und zu betreiben, dass Gefährdungen für die Sicherheit und die Gesundheit der Beschäftigten möglichst vermieden und verbleibende Gefährdungen möglichst gering gehalten werden.[5] Daraus ergibt sich die Verpflichtung, auch in Veranstaltungen den Schalldruckpegel so niedrig wie möglich zu halten.

48 Die Messung und Bewertung des Schallpegels erfolgt an dem jeweiligen Arbeitsplatz in einem Frequenzbereich zwischen 16 Hz und 16 kHz. Die Lärm- und Vibrations-Arbeitsschutzverordnung sieht in § 6 von der DIN 15905-5 abweichende Schwellenwerte und verpflichtende Schutzmaßnahmen vor, die vom Arbeitgeber überwacht werden müssen. Schwellenwerte und Maßnahmen sind gestaffelt. Ab einem Tagesschallpegel von 80 dB(A)

---

4 BGH vom 13. März 2001 – VI ZR 142/00
5 § 3a Arbeitsstättenverordnung „Einrichten und Betreiben von Arbeitsstätten"

II. Besondere Gefahren durch Brandereignisse 49–54

über 8 Stunden oder einem Spitzenpegel von 135 dB(A) ist der Arbeitgeber verpflichtet, die betroffenen Arbeitgeber darüber zu informieren. Bei Werten darüber muss er zudem Gehörschutz zur Verfügung stellen und eine arbeitsmedizinische Vorsorge anbieten.

Liegt der Tageswert über 85 dB(A) oder der Spitzenschalldruckpegel über 137 dB(C), werden die Angebote für den Beschäftigten verpflichtend und die Nutzung ist durch den Arbeitgeber zu kontrollieren und zu dokumentieren. Außerdem ist der betroffene Bereich zu kennzeichnen und zu prüfen, ob und wie eine Lärmminderung erreicht werden kann. **49**

Die detaillierte Beschreibung und Ausgestaltung der Vorgaben durch die Lärm- und Vibrations-Arbeitsschutzverordnung erfolgt in den erlassenen Technischen Regeln zur Lärm- und Vibrations-Arbeitsschutzverordnung. **50**

Die gesetzlichen Grundlagen des Lärmschutzes für die Allgemeinheit (Anwohner) leiten sich aus dem Bundesimmissionsschutzgesetz, den jeweiligen Landesimmissionsschutzgesetzen, der TA Lärm (Technische Anleitung zum Schutz gegen Lärm) und weiterer Verordnungen und Richtlinien der Bundesländer ab. **51**

Die TA Lärm setzt Immissionsrichtwerte fest (Nr. 6.1), definiert die maßgeblichen Immissionsorte außerhalb und innerhalb von Gebäuden (Nr. 6.2) und die Bewertungszeiten (Nr. 6.4). **52**

	Tags über 6:00 bis 22:00 Uhr	Während der Nacht 22:00 bis 6:00 Uhr +/1 Stunde
in Industriegebieten	70 dB(A)	70 dB(A)
in Gewerbegebieten	65 dB(A)	50 dB(A)
in urbanen Gebieten	63 dB(A)	45 dB(A)
in Kerngebieten, Dorfgebieten und Mischgebieten	60 dB(A)	45 dB(A)
in allgemeinen Wohngebieten und Kleinsiedlungsgebieten	55 dB(A)	40 dB(A)
in reinen Wohngebieten	50 dB(A)	35 dB(A)
in Kurgebieten, an Krankenhäusern und Pflegeanstalten	45 dB(A)	35 dB(A)

2. Unsicherheitsfaktor Besucher

Einer der größten Unsicherheitsfaktoren bei der Planung einer Veranstaltung ist der Mensch. Das gilt sowohl für das Verhalten im „Regelbetrieb" als auch besonders in Notfällen. **53**

Menschen sind unterschiedlich. Ihre Bewegungsmuster in Veranstaltungen sind individuell und nur schwer vorhersehbar. Das individuelle Besucher- **54** verhalten ist sehr flexibel und abhängig von Persönlichkeit, Konstitution, Erfahrung, Ausbildung, Wissen, und der eigenen Wahrnehmung und Bewertungen von Risiken. Zusätzlich ist es auch durch die Kultur und die gesellschaftlichen Werte geprägt.[6]

55 Auch individuelle Bedürfnisse spielen eine große Rolle. Die beste Sicht auf die Bühne, oder ihr möglichst nahe zu kommen sind bekannte Bedürfnisse, die auf das Verhalten vieler Besucher einwirken. Aber auch Verpflegungs- oder Merchandisingstände und sogar Toiletten können Bedürfnisse auslösen, die das Verhalten spontan beeinflussen können. Rückstaus vor ungünstig angeordneten Toiletten können in Stoßzeiten (Anreise/Pause/Ende) zu erheblichen Beeinflussungen auch anderer Veranstaltungsbereiche und Verkehrswege führen.

56 Bei der Voraussage eines erwarteten Besucherverhaltens spielen auch vermehrt die Einflüsse von sozialen Medien eine immer stärkere Rolle. Die jederzeit und fast überall verfügbare Vernetzung mit anderen Personen kann Bedürfnisse, Erwartungen oder Ängste auslösen und damit das individuelle Verhalten beeinflussen.

57 Es ist also nicht so einfach, das Verhalten der Besucher einer Veranstaltung vorherzusagen. Hier kann meistens nur auf Erfahrungswerte zurückgegriffen werden, wohlwissend, dass es auch anders kommen kann. Deswegen ist es immer wichtig, für sicherheitsrelevante Bereiche über einen Plan B zu verfügen.

58 Ein besonderes Problem bei der geplanten Steuerung der Besucher liegt darin, dass die meisten ortsfremd sind oder sich nur wenig mit den Örtlichkeiten auskennen. Nur wenige orientieren sich in der fremden Umgebung nach Sicherheitsaspekten (wo ist der Notausgang, wo finde ich Hilfe …). Oder wer hat sich schon einmal im Theater zunächst den ausgehängten Rettungswegeplan angeschaut?

59 Vielmehr fesseln die meisten Veranstaltungsstätten durch ihr allgemeines Ambiente, ein attraktives Catering, eine aufwendig gestaltete Bühne oder das Programm und lenken von Sicherheitsmaßnahmen ab.

60 Notfälle treffen die Besucher deshalb meistens unvorbereitet. Er setzt sie unter Stress und lässt bei vielen Menschen eine angstbesetzte Verhaltensweise in den Vordergrund treten. Unterbewusst wird dann auf bekannte und eingeübte Verhaltensmuster zurückgegriffen. Deshalb kann z. B. regelmäßig davon ausgegangen werden, dass Menschen in fremder Umgebung zum Verlassen einer Veranstaltung **den gleichen Weg nehmen werden, den sie gekommen sind.** Alternative Notausgänge werden häufig nicht erkannt und genutzt.

---

[6] „Mythen der Entfluchtung" – Zinke, Künzer, Hofinger & Strohschneider, 2010

II. Besondere Gefahren durch Brandereignisse 61–64

61 Sie müssen aber auch mit irrealem Verhalten rechnen. Nicht selten gehen Besucher auch unter dem Zeitdruck eines Notfalls erst zur Garderobe, um ihre Jacke zu holen oder warten auf den Kellner, um die Rechnung zu begleichen. Dieses bekannte Verhalten stellt zusätzliche Anforderungen an die Durchsetzung der Notfallmaßnahmen.

62 Bei der allgemeinen Bewertung des Gästeverhaltens ist aber auch die soziale Zusammensetzung der Besucher von besonderem Interesse. Es kann davon ausgegangen werden, dass sich Gruppen in Notfällen selbst organisieren und auf Gefahren besser reagieren als Einzelbesucher. In einer Gruppe wird in der Regel eine soziale Verantwortung für die anderen Gruppenmitglieder gelebt. Man kümmert sich umeinander und hilft sich. In nahezu jeder Gruppe entwickelt sich im Notfall schnell der Anführer oder der Kümmerer, der Führung, Halt und Sicherheit gibt. Zudem kontrollieren sich die Gruppenmitglieder gegenseitig (sind wir vollzählig, braucht jemand Hilfe …). Gruppen sind deshalb wesentlich unkritischer zu bewerten als Einzelpersonen. Einzelpersonen tendieren im Notfall zu unsicherem Verhalten, Lähmung in der Situation und sogar – wie bereits beschrieben – zu irrationalen Handlungen.

63 Verschiedene psychologische Studien haben das menschliche „Hilfe-Verhalten" untersucht.[7] Die meisten Menschen verhalten sich in Gefahrensituationen weder egoistisch noch unüberlegt. Oft zeigen sich Pflichtbewusstsein, Hilfsbereitschaft, Altruismus und gegenseitige Hilfe. Als typisch für Menschen in besonderen Situationen konnte zudem festgestellt werden:

- Je mehr Personen anwesend sind, umso mehr Zeit vergeht, bis Hilfe geholt oder geleistet wird (Bystander-Effekt)
- Je gefährlicher eine Situation ist, umso eher wird Hilfe geleistet.
- Je mehr Zeitdruck besteht, umso weniger Hilfe wird geleistet.
- Verantwortung zu übernehmen und zu helfen, wird anderen zugeschrieben (Verantwortungsdiffusion).
- Angst vor der Blamage/Unsicherheit bei der Situationsbewertung.
- Das Verhalten anderer wird zur Vorlage des eigenen Verhaltens.

Sich auf solche bekannten Verhaltensmuster einzustellen und sie ggfls. auch zu nutzen, ist Aufgabe der Notfallorganisation.

Verhalten von Personen im Brandfall
64 Wie bereits geschildert, ist das Verhalten von Besuchern schwer vorhersehbar, für die Planung der Rettungswege aber von besonderer Bedeutung.

---

7 U. a. Thomas Moriarty, „Crime, commitment and the responsive bystander" 1975, Journal of Personality and Social Psychology; oder
John M. Darley, und C. Daniel Batson. „From Jerusalem to Jericho": A study of situational and dispositional variables in helping behavior." 1973 *Journal of personality and social psychology*

Deshalb soll an dieser Stelle das menschliche Verhalten im Brandfall gesondert beleuchtet werden.

65 Bei einem Brandereignis durchläuft der Besucher fünf Phasen, bis er auf die Situation reagiert:

Phase – Wahrnehmung:	Sind meine Alarmierungsmöglichkeiten ausreichend und für das erwartete Publikum geeignet?
Phase – Verstehen:	Sind meine Alarmierungsmöglichkeiten für das erwartete Publikum eindeutig genug?
Phase – Als echt identifizieren:	Kann ich die Alarmierungsmöglichkeiten personell unterstützen?
Phase – Auf sich beziehen und als wichtig anerkennen:	Sind persönliche Ansprachen notwendig?
Phase – Entscheiden und reagieren:	Klare und eindeutige Kommunikation begünstigt zügige Entscheidungen und sichere Reaktionen

66 Die konkreten Reaktionen der Menschen in Extremsituationen sind grundsätzlich uneinheitlich. Ein Alarm ist für den Besucher eine Konfrontation mit einer unbekannten und ungeübten Situation. Das löst häufig Unsicherheit aus. Die Bedrohung durch ein Brandereignis wirkt zudem auf alle menschlichen Sinne. Er ist optisch wahrnehmbar, wirkt akustisch durch das Warnsignal, ist oft auch spürbar durch die nicht zu unterschätzende Hitzeentwicklung und lässt sich schmecken und riechen durch die Rauchentwicklung. Jedes Symptom signalisiert dem Unterbewusstsein Gefahr. Diese zunächst unbewusste Reaktion ist für die betroffenen Menschen mit besonderem Stress verbunden. Die Kombination einzelner oder aller Wahrnehmungen kann diesen Effekt verstärken.

67 *„Stress ist ein Muster spezifischer und unspezifischer Reaktionen eines Organismus auf Reizereignisse, die sein Gleichgewicht stören und seine Fähigkeiten zur Bewältigung strapazieren oder überschreiten"*[8]

---

8 Philip G. Zimbardo. „Psychologie Zimbardo Springer-Lehrbuch". Springer, Berlin. 1992.

II. Besondere Gefahren durch Brandereignisse 68–72

Verstand
Informations- und Denkblockade, Tunnelblick
Aggressionen steigen, Situation wird falsch eingeschätzt

Verhalten
Aktionismus, Ruhelosigkeit
Handlungs- und Bewegungsbereitschaft steigt
Sprunghaftes Verhalten
Egoismus steigt. Weder Hunger noch Durst

Körper
Körper schaltet auf Überlebensprogramm
Puls erhöht sich, Durchblutung steigt, höhere Atemfrequenz Bronchien erweitern sich zur besseren Atmung
Adrenalin wird freigesetzt, Zuckerspiegel steigt

Emotionen
Verunsicherung, Bereitschaft zur Unterordnung
Apathie, soziale Bindung nimmt zu

Grafik: Holger Gerdes

Abbildung 58: Verhalten von Personen im Brandfall

Stress bewirkt beim Menschen die Ausschüttung verschiedener Hormone, die sowohl auf den Körper als auch auf die Verstandesebene wirken. Sie lösen außerdem Emotionen auf und beeinflussen unser Verhalten. 68

Damit folgt das Unterbewusstsein einem tief in unserer Evolution verankerten Überlebensreflex. Durch die Reaktion wird der Körper auf ein Notfall- und Überlebensprogramm umgeschaltet, das für das Überleben in Notsituationen optimiert ist. 69

In Notfallsituationen ist besonders fatal, dass der Mensch unter Stress zunächst die am besten gelernten Verhaltensmuster abruft. Alternative und neue Verhaltensmuster haben meistens keine Chance, weil es im Stress kein Lernen gibt. 70

Genau deshalb benutzen viele Menschen zur Flucht automatisch den Weg, auf dem sie das Gebäude betreten haben. Hier kann der Mensch auf unterbewusst gelerntes zurückgreifen, was den Weg attraktiver erscheinen lässt als den unbekannten Flucht- und Rettungsweg, zu dem er noch nicht auf Erfahrungen zurückgreifen kann. 71

Neben den Stresserscheinungen sind aber auch noch weitere Verhaltensweisen beobachtet worden, auf die es sich einzustellen gilt. Gerade Brandereignisse ziehen verschiedene Menschen geradezu magisch an. Neugier tritt an die Stelle von Angst. Die zerstörerische Kraft von Feuer und Hitze wird dabei ebenso unterschätzt wie die tödliche Gefahr von Brandrauch. Die Sensation und das schnelle Video mit dem Mobiltelefon bekommen Priorität vor dem schnellen Verlassen der Gefahrenstelle. Diese Verhaltens- 72 weisen treffen dann sehr schnell auf eine physische und psychische Überforderung der betroffenen Personen. Gerade Brandsituationen können sich sehr schnell ändern und eine Umorientierung in der persönlichen „Rettungsstrategie" erforderlich machen. Das setzt einen kühlen Kopf und die volle Aufmerksamkeit auf die Situation voraus.

73 Für Veranstalter und Betreiber von Versammlungsstätten ist es sehr wichtig, die Gründe für das Verhalten ihrer Besucher zu kennen und zu verstehen, um sich gezielt darauf einzustellen. Gerade diese besonderen Reaktionen von unvorbereiteten Personen in Brandsituationen erfordern eine kompetente und beruhigende Unterstützung durch geschultes und bestens vorbereitetes Personal.

3. Panikreaktion

74 Panikreaktionen im Zusammenhang mit der Notfallorganisation sind von pathologischen Panikattacken oder Panikzuständen aufgrund von Angststörungen oder anderen psychischen Erkrankungen abzugrenzen. Die für die Notfallprävention maßgebliche Definition von Panik beschreibt den Zustand intensivster Angst vor einer lebensbedrohlichen Bedrohung. Der Körper reagiert auf die Bedrohung mit einer starken Stressreaktion, die den Menschen auf der vegetativen, körperlichen und psychischen Ebene beeinflusst.[9]

75 Für das Auslösen einer Panik sind vier äußere Voraussetzungen notwendig:
- Das gleichzeitige Vorhandensein einer Vielzahl von Menschen (zufällig oder geplant, ohne Zeitvorgabe)
- Die Menschenmenge befindet sich in einem begrenzten Raum. Das Verhältnis Personenanzahl zu Grundfläche ist entscheidend (hohe Personendichte)
- Die Menschenmenge fühlt sich fiktiv oder tatsächlich bedroht, das Gefühlsleben wird massiv beeinflusst
- Ein Auslöser muss auftreten. Das können externe Bedingungen sein (z. B. Brand, Erdbeben, Unwetter) und/oder innere Einwirkungen (z. B. Fußballfans) und/oder technische und bauliche Mängel (z. B. verschlossene Türen, Nicht-Beachten von brandschutztechnischen Vorschriften)[10]

76 Panik kann verschiedene unbewusste Verhaltensweisen auslösen. Oft geht sie zunächst mit einem intuitiven und unbewussten Fluchtverhalten einher. Die typische Fluchtbewegung führt immer weg von der (vermeintlichen)

---

9 Horst Berzewski: *Der psychiatrische Notfall*, 2009. Springer-Verlag
10 Markus Ehm & Jan Linxweiler, Grundlagen von Evakuierungsberechnungen bei Sonderbauten mit dem Programm buildingExodus, Technische Universität Braunschweig Institut für Baustoffe, Massivbau und Brandschutz 2004

Gefahrenquelle und folgt dem Weg, den auch die anderen Fliehenden nutzen.

Signalisiert das Unterbewusstsein, dass Flucht nicht möglich ist, können weitere paniktypische Verhaltensweisen auftreten, beispielsweise rücksichtsloses und egoistisches Verhalten, ein Verlust der Selbstbeherrschung (*Distress Vocalisations*) oder ein Erstarren in der Situation (*Freeze-Reaktion*). Auch die Gedächtnisleistung kann dann stark eingeschränkt sein.

Die Panikanfälligkeit von Menschen wird stark durch seine kognitiven Eigenschaften und dem sozialen Umfeld bestimmt. Im „Normalbetrieb" steuert unser Gehirn alle Vorgänge unseres bewussten Fühlens, Handelns und Denkens. Es ist die Steuer- und Informationszentrale, die direkt oder indirekt unsere Reaktionen lenkt. Findet jedoch eine Überforderung statt, werden geübte Verhaltensmuster eingeschränkt und die Angst übernimmt die Steuerung.

Für das Auslösen einer Panik ist es unerheblich, ob die Bedrohung real ist oder sich nur im Kopf der Menschen abspielt. Allein das individuelle Empfinden und der persönliche Eindruck zu einer Situation reichen aus. Rationale Bewertungen einer Situation haben in diesem Zustand keine Bedeutung mehr und auch Risikoabwägungen finden nicht mehr statt. Die eigene Reaktion wird nicht mehr in Relation zur tatsächlichen Gefährdung gesetzt. Menschen sind dann auch bereit, durch einen verrauchten Bereich zu laufen, obwohl jeder schon einmal zumindest davon gehört hat, dass das sehr gefährlich ist.[11]

In den Medien wird häufig im Zusammenhang mit Berichterstattungen über Unglücke der Begriff „Panik" oder „Massenpanik" benutzt. Das wird der Sache in den meisten Fällen nicht gerecht. Viele wissenschaftliche Forschungen zeigen sogar, dass Panik in Ausnahmesituationen eher selten auftritt.[12] Meistens verbergen sich hinter diesen Meldungen andere Gründe, die teils wissentlich, teils aber unwissentlich damit verschleiert werden. Auch hier ist das Loveparade-Unglück von 2010 ein gutes Beispiel. Die Analyse des umfangreichen Videomaterials zeigt, dass das Unglück nicht durch eine Massenpanik ausgelöst wurde. Es kam zwar besonders im Bereich zwischen Zugangstunnel und Veranstaltungsbereich zu individuellen Panikreaktionen. Diese haben sich aber nicht in der Menschenmenge ausgebreitet und zu den dramatischen Ergebnissen nicht beigetragen.

Angstzustände und hektisches Verhalten von Menschen allein sind noch keine Panik, sondern Anzeichen von Stress. Echte Panikreaktionen geschehen eher selten. Konkrete Zahlen zur Wahrscheinlichkeit von Panikreaktio-

---

11 Mythen der Entfluchtung, Laura Künzer, Robert Zinke, Dr. Gesine Hofinger, Friedrich-Schiller-Universität, Jena 2012
12 Künzer, L. & Hofinger, G. (2019). Panik und Brandschutz. FeuerTRUTZ Magazin 2/2019

nen wurden bisher noch nicht erhoben. Schätzungen gehen davon aus, dass nur etwa 10 Prozent einer Menschengruppe panisch auf eine Bedrohung reagieren.

82 Panikprävention beginnt mit der Bewertung der möglichen Gefahren und der vorhandenen oder temporären Notfallinfrastruktur. Hierzu gehört die Überprüfung der Eignung und Einsatzbereitschaft am Veranstaltungstag. Besonders wichtig ist die Vorbereitung der Mitarbeiter eines „Notfallteams". Mit ausreichender Information und – wenn möglich – Übungen müssen die Helfer auf den Notfall vorbereitet sein, damit sie eine innere, psychische Distanz zum Geschehen herstellen können. Jeder Helfer muss wissen, wie er sich an seiner Position zu verhalten hat. Wissen und Übung sind die besten Voraussetzungen für ein situationsbedingtes und angemessenes Handeln. Das sichere und ruhige Auftreten von Helfern wirkt auch auf die Besucher und hilft ihnen, die eigene Selbstkontrolle zu bewahren.

83 Eine Panik entsteht nicht von „jetzt auf gleich". Es gibt erkennbare Anzeichen, die es zu erkennen gilt. Die Abstände der Besucher untereinander, ihre Bewegungsmuster und die stressbedingte Bewegungsdynamik, die Körpersprache sind Signale, die auf eine beginnende Panikreaktion hinweisen können. In diesem Stadium kann durch gezieltes Eingreifen noch wirksam entgegengesteuert werden. „Panikmacher" sollten direkt angesprochen, beruhigt und ggfls. isoliert werden, damit ein Überspringen auf andere Personen vermieden werden kann.

84 Panikreaktionen gehen immer mit zusätzlichen Gefahren einher. Deshalb muss weiterhin versucht werden, Panikreaktionen einzudämmen und zurückzufahren. Hat die Panikreaktion erst einmal um sich gegriffen, reduzieren sich die Erfolgsaussichten eines Eingreifens sehr schnell. Der mentale Zugang zu den Besuchern geht schnell verloren, Argumente und Hinweise fruchten dann nicht mehr sicher.

85 Um die im Verlauf immer geringer werdenden Chancen auf eine Beeinflussung des Verhaltens der Besucher zu wahren, ist es von elementarer Bedeutung, auf die Besucher weiter mit gezielten und klar strukturierten Aufforderungen einzuwirken. Steuern Sie durch wahre und gezielte Informationen und zeigen den Besuchern damit, dass Sie Herr der Lage sind. Das schafft Vertrauen und ist geeignet, eine stressige Gesamtsituation zu beruhigen. Drohungen oder Verharmlosungen der Situation sind kontraproduktiv und können die Situation eher verschlimmern.

86 Der Kölner Arzt Stephan A. Padosch hat in seinem Fachartikel „Panikreaktionen und Massenphänomene" folgende Eingriffsmöglichkeiten definiert:[13]

---

13 www.ai-online-info 2012

II. Besondere Gefahren durch Brandereignisse

- „Panikpersonen" identifizieren und isolieren
- klare, eindeutige und gut hörbare Lautsprecherdurchsagen
- ein weiterer Ablauf, der Gelassenheit und Routine ausdrückt (ggfs. sogar das Weiterlaufen eines Fußballspiels trotz Panik auf den Rängen)
- „Berufene" (z. B. Vorgesetzte oder Ordnungskräfte), bei deren Fehlen auch Selbstberufene, übernehmen die Initiative und treten bestimmt und gelassen für Beruhigung und vernünftiges Reagieren ein
- Beruhigung durch „Autorität des Megaphons" fördern
- „Inseln der Besonnenheit" bilden; menschliche Zuwendung und beruhigender Zuspruch durch Besonnene
- keine Beschimpfung, Drohung oder Gewalt (Eingeständnis eigener Hilflosigkeit!)
- eine überraschende, schockartige Intervention (z. B. schriller Pfeifton)
- der Einsatz von Ritualen, z. B. Gebet, Bundeshymne oder Einspielen klassischer Musik
- das Stellen einer einfachen Aufgabe, die Aufmerksamkeit bindet (z. B. „Achten Sie bitte auf die Kinder")
- Kommunikation (wieder)herstellen und so die Selbstkompetenz Anderer aktivieren
- Fluchtströme aufteilen.

G. Zusammenfassung

87 Die im Buch angeführten Vorschriften, Forderungen und Bedingungen für eine sichere Veranstaltung rechnen der Sicherheit der Besucher und Mitarbeiter in einer Veranstaltung oberste Priorität zu. Sie sind aber nicht abschließend anzusehen. Oftmals ist bei der Planung und Leitung ein Blick über den Tellerrand unabdingbar, denn es gibt leider nicht das eine Gesetz, das alles regelt.

88 Deshalb sind die genannten und zitierten Vorschriften lediglich als Mindestanforderung zu sehen. Mögliche „Gesetzeslücken" in Teilbereichen einer Veranstaltung sind möglich und durch die analoge Anwendung von Vorschriften aus anderen Rechtsbereichen zu füllen, soweit das sinnvoll und angemessen ist.

89 Auch die Individualität jeder Veranstaltung stellt immer wieder neue Herausforderungen an alle Verantwortlichen. Die Anforderungen verändern sich durch die Komplexität der Veranstaltung, Größe und Gefährlichkeit. Es ist deshalb wichtig, auch bei sich wiederholenden Veranstaltungen ein waches Auge zu haben, kritisch zu bleiben und in jedem Einzelfall zu prüfen, ob aufgrund der spezifischen Umstände Maßnahmen anzupassen oder zu ergänzen sind.

90 Grundsätzlich sind Planung und Leitung einer Veranstaltung komplexe und verantwortungsvolle Aufgaben, die viel Wissen erfordern. Das wird leider von Außenstehenden häufig unterschätzt. Auch die damit verbundenen körperlichen und psychischen Belastungen sind häufig groß und dürfen nicht außer Acht gelassen werden. Zum Schluss erfordern die Aufgaben eine offene Bereitschaft zur kritischen Analyse und einem ständigen Dazulernen, um die nächste Veranstaltung noch besser und reibungsloser durchzuführen.

91 Jeder Beteiligte an einer Veranstaltung sollte deshalb die Grenzen seiner Kompetenz und seine physische und psychische Belastbarkeit kennen.

92 Betreiber von Versammlungsstätten und Veranstalter sind deshalb gut beraten, die Personalauswahl bei der Delegation ihrer Verpflichtungen sehr

G. Zusammenfassung

ernst zu nehmen und die Aufgabe grundsätzlich nur in kompetente Hände zu geben. Und das sollte natürlich auch entsprechend honoriert werden.

Viele Behörden, Institute, Organisationen und Vereine haben Informationsschriften, Checklisten und weiteres hilfreiches Material zum Themenbereich Veranstaltungssicherheit veröffentlicht:
- Deutscher Expertenrat Veranstaltungssicherheit,
- Stadt Kiel: „Leitlinie zur Erstellung von Sicherheitskonzepten für Veranstaltungen",
- Stadt Hannover: „Musteraufbau für Sicherheitskonzepte für öffentliche Veranstaltungen in Hannover",
- Stadt München: „Veranstaltungssicherheit",
- Stadt Bonn: „Informationssammlung für die sicherheitstechnische Betrachtung von Außenveranstaltungen"
- Land Nordrhein-Westfalen: „NRW-Orientierungsrahmen 2021":
- Forschungsprojekt BaSiGo,
- Land Rheinland-Pfalz: „Gefahrenvorsorge und Gefahrenabwehr bei öffentlichen Veranstaltungen unter freiem Himmel in Rheinland-Pfalz – Anwendungshinweise",
- Land Hessen: „Leitfaden Sicherheit bei Großveranstaltungen"
- VBG Verwaltungsberufsgenossenschaft: „Sicherheit bei Veranstaltungen und Produktionen" und „Zwischenfall, Notfall, Katastrophe -Leitfaden für die Sicherheits- und Notfallorganisation"
- Arbeitsgemeinschaft der Leiter der Berufsfeuerwehren In der Bundesrepublik Deutschland: „Sicherheitskonzepte für Versammlungsstätten"
- Forschungsgesellschaft für Straßen- und Verkehrswesen – AG Verkehrsplanung: Empfehlungen zum Verkehrs- und Crowdmanagement für Veranstaltungen
- Deutsche Gesetzliche Unfallversicherung: „Grundsätze der Prävention"
- Deutscher Städte- und Gemeindebund: „Besuchersicherheit – Veranstaltungen zeitgemäß umsetzen"
- Bundesamt für Bevölkerungsschutz und Katastrophenhilfe: „Sicherheit bei Großveranstaltungen"

Stichwortverzeichnis

Die Ziffern verweisen auf die Randnummern der jeweiligen fett gedruckten Kapitel.

A
ABC-Löscher E, 259
Abschrankungen E, 37, 185, 189, 193, 313, 318 ff., 322 f., 343, 519, 535, 544, 575, 679; F, 21
Absturzsicherung E, 190, 589
Abtrennungen E, 187
Aerosole E, 257
akustische Signale E, 171
Alarm E, 473
Alarmeinrichtung E, 239
Alarmierung E, 170 ff., 312, 468 f., 472
Alarmierungsanlagen E, 223, 276, 485
Aluminium E, 259
Amtsveterinär C, 22
Angst F, 74
Annahmeverschulden D, 23
Anscheinsveranstalter D, 13
Anwesenheitspflicht D, 10
Arbeitsgalerie E, 258, 305
Arbeitsschutz B, 14; E, 131, 328, 358, 360, 396, 450, 551, 556 f., 568, 577, 582, 584, 586, 637, 646, 719; F, 7, 47
Arbeitsschutzgesetz E, 554, 558, 562, 564 f., 576
Arbeitsschutzmaßnahmen C, 13
arbeitsschutzrechtlichen Bestimmungen E, 191
Arbeitsschutzrichtlinie E, 139, 235
Arbeitsschutzvorschriften E, 23, 230, 256, 560
Arbeitssicherheit
– Fachkraft C, 18
Arbeitsstätten
– Technische Regeln C, 52
Arbeitsstättenverordnung F, 47
ASR E, 139, 141, 256, 441, 492
Aufbewahrung A, 21; E, 352
aufsichtsführende Person E, 415, 547
Aufstellflächen E, 326, 498
Aufzug E, 141, 168, 283

Ausgänge E, 67, 131, 144, 237 f., 240, 321, 450, 535
Ausnahmen C, 57; E, 42, 141, 185, 193, 478
Ausschmückung A, 11; E, 120 f., 159, 273, 345, 347, 349
Ausschreibungen C, 11
Ausstattungen E, 116, 118
Auswahlverantwortung C, 33; E, 382
Auswahlverschulden C, 33
Autorennstrecken E, 126

B
barrierefreie Rettungswege E, 167, 175
Barrierefreiheit E, 167, 174 f., 203, 205, 210, 212 f., 217, 472, 478
Bauamt C, 37
Bauaufsichtsbehörde E, 324
Baubehörde E, 338
Baugenehmigungsverfahren E, 248
bauliche Anlage E, 26, 53, 61, 86, 123
Bauordnung C, 52; E, 20, 44, 524
Baustellen E, 334
BC-Löschpulver E, 259
Bedienung E, 18
Bedienung technischer Anlagen E, 18
Befähigungszeugnis D, 25; E, 358, 400
Befüllungsgrad C, 14
Begleitperson E, 219
Behinderte E, 208
Behinderung E, 206 f., 211 ff., 215, 239
Beleuchtung A, 7; E, 152, 233, 236, 400, 414
Berufsfeuerwehren A, 17
Berufsgenossenschaft E, 258, 560 f., 574, 646
Besitzstand E, 401
Bestandsschutz E, 535, 538 f.
Bestuhlung C, 21, 25, 37; E, 176 f., 184, 337 ff., 341, 387, 521 f., 524
Bestuhlungsplan E, 183, 338 ff., 523 f.

235

Stichwortverzeichnis

Besucher **C**, 32, 54; **E**, 21, 25, 33, 147, 177, 194, 311, 650, 683; **F**, 41, 54
Besucherplätze **E**, 162, 200, 337, 339, 411, 544
Besucherschutz **E**, 371
Besuchersicherheit **A**, 3; **E**, 258, 288
Besucherzahl **D**, 26; **E**, 133, 255, 340, 517 f., 522
Betreiber **D**, 1, 8 f., 20; **E**, 44, 151, 231, 274, 335, 374 f., 405 f., 432, 458, 544, 595, 617; **F**, 43; **G**, 92
– einer Versammlungsstätte **D**, 1
Betreiberpflichten **D**, 5, 16; **E**, 137, 151, 274, 335, 374, 404, 438, 444, 456, 458, 497, 507, 512, 535, 540, 544, 547, 584, 617
Betriebssicherheit **E**, 591
Bierausschank **E**, 196
BMZ **E**, 387
Bombendrohung **E**, 697, 707
Bombenentschärfung **E**, 459
Brand **E**, 165, 223, 243, 245, 471, 707; **F**, 75
Brandausbreitung **E**, 270
Brandbekämpfung **A**, 3; **E**, 130, 142, 234, 239, 584 f.
Brandfall **E**, 156, 159, 241, 283, 294, 452, 454, 481, 526
Brandfallsteuerung **E**, 142, 276, 286
Brandgefahr **E**, 418; **F**, 29
Brandmeldeanlage **E**, 223, 225, 276, 280, 285, 365 f., 470, 702
Brandmelder **E**, 281
Brandmeldezentrale **E**, 273, 278
Brandrauch **E**, 153
Brandschutz **E**, 407, 421, 447, 498, 528, 540
Brandschutzauflagen **E**, 159
Brandschutzbeauftragter **E**, 447
Brandschutzdienststelle **E**, 262, 422, 497
Brandschutzhelfer **E**, 455, 470, 713
Brandschutzkonzept **E**, 174, 221, 515, 524, 526 ff.
Brandschutzordnung **E**, 442 f., 445 ff., 450, 456, 485, 527
Brandschutztür **E**, 138
Brandschutzvorgaben **E**, 128
Brandsicherheitswache **E**, 304, 308, 356, 385, 418 ff., 422, 424, 544

Brandsicherheitswachkräfte **E**, 423
Brandverhütung **E**, 344, 353, 454
brennbare Flüssigkeiten **E**, 351, 544
Brennbarkeit **F**, 26
Budget **C**, 10
Budgetüberwachung **C**, 11
Bühne **C**, 22; **E**, 90, 193, 237, 259, 292, 297, 318, 349 f., 355; **F**, 29
Bühnenhandwerker **E**, 401, 414
Bühnenmeister **E**, 387
Bundeswehr **E**, 622
Bußgeld **E**, 333, 341, 513

C
Checklisten **E**, 391
Corona-Pandemie **E**, 257, 715; **F**, 31
CO_2-Löscher **E**, 259
Crowd Control **E**, 682
Crowd Management **E**, 679 ff., 683, 686 ff.

D
Dekoration **E**, 287
DFB **E**, 378
DGUV Vorschrift **E**, 193, 417, 438, 445, 561, 563, 565 ff., 588, 593
DIN **A**, 23
DIN-Normen **C**, 53
Drei-Sinne-Prinzip **E**, 172
Druckabfall **E**, 282
Durchsage **E**, 171

E
Eigenrettung **E**, 174
Einladung **C**, 5
Einrichtungsgegenstände
– beweglich **E**, 117
Einsatzfahrzeuge **E**, 326, 330
Einsatzkoordinierung **E**, 312
Einsatzkräfte **E**, 332, 500, 520, 696
Eiserne Vorhänge **E**, 296
Emotionen **E**, 369
Empfindungen **E**, 369
Entsorgung **C**, 15
Erdgas **E**, 259
Ersatzstromanlagen **E**, 227
Erste Hilfe **E**, 441, 584
Erste-Hilfe-Einrichtung **E**, 234
Erste-Hilfe-Stelle **E**, 239

Stichwortverzeichnis

Evakuierung E, 21, 135, 170 f., 225, 280, 459, 511, 584, 696
Evakuierungshelfer E, 713
Evakuierungskonzept E, 169, 174, 221
Evakuierungsplanung E, 466
Eventmanager D, 18

F
Fachkunde C, 26
Fahrgeschäfte E, 90
Falschparker E, 334
Fehlauslösung E, 273
Festzelte E, 90
Fettbrandlöscher E, 259
Feuer A, 7; E, 365, 368; F, 32, 72
Feuerlöschanlage E, 264
Feuerlöscher E, 260, 263, 420
– Anzahl E, 259
– Löschmitteleinheiten E, 261
– Positionierung E, 261
Feuerwehr A, 14; E, 241, 280, 312, 356, 471, 490, 498, 500, 508, 628, 707, 750
FIFA E, 378
Fliegende Bauten E, 87, 89, 123
Flucht- und Rettungswegeplan E, 139
Fluchttüren E, 129, 133 f., 137, 161 ff., 387
Fluchtwege E, 41, 131, 139, 190, 710
– Sorgfaltspflicht E, 139
Foyer E, 114, 237, 259
Freisportanlagen E, 48, 237

G
Garantenpflicht E, 15
Gas E, 357
Gastspielprüfbuch E, 530 ff.
Gebäudesicherheit D, 10
Gefährdung E, 375, 392
Gefährdungsanalyse E, 39, 434, 533, 638, 641 ff., 646, 675, 748
Gefährdungsbeurteilung E, 194, 440, 458, 503, 557, 569, 571, 573 ff., 611, 637, 645 f., 676, 721, 723
Gefährdungseinschätzung E, 27
Gefährdungspotential E, 595, 617, 620, 636
Gefahrenabwehr E, 14, 639
Gefahrenbewältigung E, 690
Gefahrenpotential A, 10

Gefahrenquellen A, 10
Gehbehinderte E, 219
GEMA-Anmeldung C, 12
Genehmigung E, 338
Genehmigungsbehörde C, 11, 35; E, 76
Genehmigungsverfahren C, 11
Generalklausel E, 77
Gesamtdisposition C, 28
Gesangsdarbietungen A, 2
Geschäftsführung C, 17
Gesundheit E, 375, 465; F, 41
Gesundheitsschutz E, 564, 578 f.
Gewinnerzielungsabsicht D, 13
Glasampullen E, 269
Gleichstellung E, 210
Großbühne E, 18, 104, 289 f., 302
Großveranstaltung A, 25; E, 425, 604, 606 f., 613

H
Haftungsansprüche C, 33; D, 23
Heizstrahler E, 357
Heizungsanlagen E, 249
Hinweisschilder E, 173, 219
Hitze F, 72
Höchstteilnehmerzahl E, 39
Hygienekonzept E, 715

I
Infektionsschutz E, 715, 717, 719, 728, 739
Informationssystem E, 218
Infrastruktur C, 21
Innenbereich E, 124, 312 f., 326
Innenraum E, 313
Integration E, 208
ISO-Normen C, 53

K
Katastrophenmanagement E, 612
Kerze E, 362
Kinder E, 188
Klassikkonzert E, 196
Kohlendioxid E, 243
Kohlenmonoxid E, 243 f.; F, 34
Kommunalverwaltung E, 629
Kommunikationswege A, 14
Kontrolle E, 325
Konzertbesucher E, 317

Stichwortverzeichnis

Konzerte E, 322
Körperbehinderung E, 210
Kraftfahrzeuge E, 200
Krankheit E, 211
Kriegsversehrter E, 207
Kritikfähigkeit C, 8

L
Lagerräume E, 287, 589
Lärmschutz F, 51
Laserklasse E, 368
Lasershow E, 370
Laserstrahlen E, 370
Lebensrisiko
– allgemein E, 17
Lithium E, 259
Löschanlage E, 273, 280
Löschmitteleinheiten E, 262
Löschwasser F, 32
Luftaustausch E, 253, 255
Lüftungsanlage E, 249, 253, 519

M
Magazin E, 287
Manipulation E, 229
Mehrzweckhalle E, 109, 312
Meldeeinrichtung E, 239
Methan E, 259
Mobilität
– eingeschränkt E, 200
Mobilitätseinschränkungen E, 168
Motivwagen C, 41
Muster-Verkaufsstättenverordnung E, 95
Musterversammlungsstättenverordnung C, 48

N
Notausgänge A, 11; E, 234, 337, 467
Notfall E, 171, 462, 493, 679; F, 1 f., 9, 13 ff., 82
Notfallmanagement E, 225
Notfallorganisation F, 19
Notfallplanung E, 614
Notfallsituationen E, 177
Notstromversorgung E, 169
Notwendige Flure E, 138, 156 f.
Notwendige Treppenhäuser E, 138
Notwendige Treppenräume E, 156

Nutzungsänderungen
– genehmigungspflichtig C, 22
Nutzungsbedingungen E, 110
Nutzungserlaubnis C, 37

O
Oberbühne E, 108
Oktoberfestveranstaltung E, 196
Open-Air-Veranstaltung E, 48, 198, 601, 603, 669
Ordnungsdienst D, 2; E, 139, 385, 508, 510 ff., 544, 696, 707 f., 711, 714
Ordnungsrecht C, 47; E, 77
Organisatoren
– ehrenamtlich D, 15

P
Panik F, 79, 81, 83
Panikreaktion E, 318; F, 74, 83 f.
Parkplätze E, 218
Personendichte E, 38
Personendruck E, 321
Personenschäden E, 10
Pferderennbahnen E, 126
Pflichtenübertragung E, 406
Planungsfehler C, 4
Planungsschritte C, 10
Planungssicherheit E, 436
Podien E, 192
Polizei E, 312, 385, 471, 508, 620, 625
Portalöffnung E, 102
Profiboxkampf D, 12
Propan E, 259
Prozessbeteiligte C, 17
Prüfbuch E, 89, 592
Prüfnachweis E, 592
Pyrotechnik E, 353, 356, 365, 368, 434
Pyrotechnische Gegenstände E, 351

Q
Qualifikationen C, 33

R
Rampe E, 218, 239
Rauch E, 153, 160, 241, 243, 245, 247, 365; F, 33, 37, 39 f.
Rauchableitung E, 241, 246
Rauchabschnitte E, 157
Rauchabzug E, 225, 280

Stichwortverzeichnis

Rauchabzugsanlage E, 309
Rauchen E, 353, 356
Rauchgas F, 34 f.
Rauchgasvergiftung E, 153
Rauchschutztüren E, 156, 165
Rauchvergiftung E, 244
Raumluft E, 257
Räumung E, 465, 470, 475, 477 f., 493
Räumungsalarm E, 471
Räumungshelfer E, 136, 174, 465, 470, 474, 479 ff., 484, 486 f., 489, 492, 494, 496, 710
Räumungskonzepte A, 25; E, 463
Räumungsorganisation E, 484
Redner E, 219
Regieplan C, 27
Reinigung C, 15
Requisiten E, 117
Rettungsdienst D, 2; E, 425, 427, 429, 431, 490, 508, 620, 628, 697
Rettungskräfte E, 131, 153, 313, 489
Rettungstore E, 313
Rettungswege E, 18, 124, 129 f., 134 f., 137, 143 ff., 147, 161 f., 169, 173, 175, 177, 218, 234, 238 f., 258, 277, 329 ff., 336, 339, 387, 452, 454, 491, 495, 516, 520 ff., 524, 544, 710
– Dimension E, 35
Rettungswegeplan E, 18, 479; F, 58
Rettungsweggestaltung E, 170
Risiko
– wirtschaftliches D, 13
Risikoanalyse E, 638, 642 f., 648, 662, 695, 748
Risikobeurteilung E, 672
Risikobewertung E, 503 f., 644
Risikoermittlung E, 644
Risikominimierung E, 662
Risikoreduzierung E, 667
Rollstuhlfahrer E, 200 f., 205
Rollstuhlrampe E, 212
Rosenmontagsumzug C, 41
Rufanlagen E, 239
Rüttelmatratzen E, 172
RWA-Anlagen E, 248

S
Sachschäden E, 10
Sachverständige E, 496

Sanitätsdienst C, 13; E, 425, 430 f., 436 ff., 631, 697, 707
Sanitätspersonal E, 320
Sanitätswache D, 2; E, 385
Schadensersatzpflicht E, 10
Schauspiel A, 2
Schlussbesprechung C, 16
Schutztüren E, 158
Schutzvorhang E, 293, 364
schwerbehinderte Personen E, 202
Schwerbehindertenrecht E, 210
Seeschlachten A, 2
Sehbehinderungen E, 152, 217
Seniorennachmittag E, 428
Sicherheit B, 2; E, 375
Sicherheitsanforderungen E, 87
Sicherheitsbeleuchtung E, 225, 232 f., 235 ff., 367
Sicherheitsdienst E, 708, 711
Sicherheitseinrichtung C, 14; E, 296
Sicherheitskonzept C, 12; E, 343, 502, 507 f., 512, 596 ff., 604, 608, 610, 612 ff., 629 f., 634, 641, 670, 692, 698
Sicherheitsstromversorgung E, 221, 226 f., 310
Sicherheitszeichen E, 238
Sicherungsaufgaben C, 34
Signal E, 172 f.
Sonderbauten E, 20
Speiseöl
– Brand E, 259
Sponsoring D, 13
Sportstadien E, 48, 122, 237, 311 ff., 505
Sprengstoff E, 351, 358 f.
Sprinkleranlage E, 266, 268, 271
Sprinklerköpfe E, 267, 302
Sprühwasserlöschanlage E, 302, 305, 309, 365
Sprühwasserlöschanlagen E, 272
Stahlwolle E, 259
Starkregen E, 222
Stehplatzbereich E, 315, 321
Stehplätze E, 535
Stellplatz E, 201 f.
Stellplatz-Richtzahlen E, 203
Strafverfolgung E, 15
Strom E, 223
Stromausfall E, 164, 221 ff.
Studios E, 112

239

Stichwortverzeichnis

Stuhlreihen **E**, 179
Sturm **E**, 222
Szenenflächen **E**, 97

T
TA Lärm **F**, 52
Tanzkurs **D**, 12
Technische Anlagen **E**, 18
Technisches Hilfswerk **E**, 620, 628
Teilhabe **E**, 208
Temporäre Bauten **E**, 91
Terroranschläge **B**, 9
Theater **A**, 2, 5
Theaterbetrieb **E**, 300
Theaterbrände **A**, 10
Thermik **E**, 245; **F**, 38 f.
Toilettenanlagen **E**, 195, 686
Treppen **E**, 160, 188, 218
Tribünen **E**, 90, 123, 192
Trockenanlage **E**, 266

U
Überdachung **E**, 111
Unfall **E**, 696
Unfallschutz **E**, 584
Unfallverhütung **E**, 568, 586
Unfallverhütungsvorschriften **C**, 52; **E**, 23, 230, 358, 552, 560 f., 566 f.
Unfallversicherung **E**, 593, 724
– gesetzliche **D**, 14
UN-Konvention **E**, 209
Unterbühne **E**, 104, 289

V
VDE-Normen **E**, 230
Veranstalter **E**, 198, 375
– Versammlungsgesetz **D**, 11
Veranstaltung
– bestuhlt **E**, 36
Veranstaltungsablauf **C**, 28
Veranstaltungskaufmann **D**, 18
Veranstaltungsleiter **D**, 1; **E**, 374, 379 f., 396 ff., 410, 586

Veranstaltungsleitung **C**, 17; **E**, 480, 618, 707, 747
Veranstaltungsplanung **E**, 216, 636
Veranstaltungsraum **E**, 177
Veranstaltungssicherheit **C**, 8; **E**, 594
Veranstaltungstechnik **A**, 2; **E**, 375, 387, 399 f., 407, 409 f., 544
– Meister **E**, 372, 400
– Verantwortlicher **D**, 24
Verbrennung **E**, 244
Verbrennungsgase **E**, 250
Verfassungsschutz **E**, 626
Verfügungsgewalt **D**, 6
Verkehrs- und Rettungswege **C**, 25
Verkehrssicherheit **E**, 707
Verkehrssicherungspflicht **E**, 1, 9, 416
Verkehrswege **E**, 139, 173, 216, 234
Versammlungsstätte
– Betreiber **D**, 1
Versammlungsstätten **E**, 21, 128, 144, 163
Versammlungsstättenverordnung **C**, 37
Versorgungssicherheit **E**, 229
Vibrationsalarm **E**, 172
Vorbesichtigung **C**, 23

W
Wandhydranten **E**, 263
Wärme **E**, 245
Wegeführung **A**, 3
Wellenbrecher **E**, 315 f., 519, 535
Werbemaßnahmen **C**, 12
Werkstätten **E**, 287, 589

Z
Zeltbuch **E**, 89
Zelte **E**, 91
Zirkusvorführungen **E**, 33
Zuschauerhaus **E**, 100
Zuständigkeit
– federführend **C**, 37
Zwei-Sinne-Prinzip **E**, 172